交通职业教育教学指导委员会推荐教材

高等职业院校汽车运用技术专业教学用书

高等职业教育汽车运用技术专业规划教材

Xiandai Qiye Guanli

现代企业管理

主编 李 皖

主审 高启成

人民交通出版社

China Communications Press

内 容 提 要

本书是高等职业教育规划教材，也是汽车运用与维修专业技能型紧缺人才培养培训教材。由交通职业教育教学指导委员会汽车运用与维修学科委员会根据高职院校汽车运用与维修专业技能紧缺人才培养培训指导方案以及交通行业职业技能规范和技术工人等级标准组织编写而成。

本书主要内容包括总论、决策与计划、生产与经营、组织与领导、控制、创新等六个单元，涵盖了企业与现代企业制度、现代企业管理概论、现代维修企业管理、决策、计划、生产管理、质量管理、劳动管理、财务管理、营销管理、企业组织、领导、激励、企业人力资源开发与管理、控制、创新等方面的内容。本书选材新颖，既紧扣职业教育的需要，又较好地反映了现代企业管理的新进展。

本书主要供高等职业学校汽车运用技术专业教学使用，同时可作为其他非管理专业教材，还可用作各种培训学校的教材。另外，也可供企业管理人员、社会读者参考。

图书在版编目(CIP)数据

现代企业管理/李皖主编 .—北京：人民交通出版社，2005.8(重印 2008.5)

ISBN 978-7-114-05671-0

Ⅰ.现… Ⅱ.李… Ⅲ.企业管理-高等学校：技术学校-教材 Ⅳ.F270

中国版本图书馆 CIP 数据核字(2005)第 082059 号

书　　名：现代企业管理
著 作 者：李　皖
责任编辑：张　淼
出版发行：人民交通出版社
地　　址：(100011)北京市朝阳区安定门外外馆斜街 3 号
网　　址：http://www.ccpress.com.cn
销售电话：(010)59757969，59757973
总 经 销：北京中交盛世书刊有限公司
经　　销：各地新华书店
印　　刷：北京牛山世兴印刷厂
开　　本：787×1092　1/16
印　　张：13
字　　数：236 千
版　　次：2005 年 8 月第 1 版
印　　次：2010 年 2 月第 4 次印刷
书　　号：ISBN 978-7-114-05671-0
印　　数：11001-14000 册
定　　价：23.00 元
(如有印刷、装订质量问题的图书由本社负责调换)

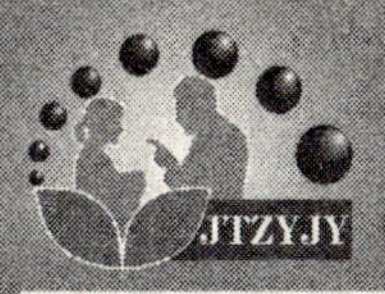

前 言 QIANYAN

为贯彻《国务院关于大力推进职业教育改革与发展的决定》以及教育部等六部委《关于实施职业院校制造业和现代服务业技能型紧缺人才培养培训工程的通知》精神，全面实施《2003—2007年教育振兴行动计划》中提出的“职业教育与培训创新工程”，积极推进课程改革和教材建设，为职业教育教学和培训提供更加丰富、多样和实用的教材，更好地满足职业教育改革与发展的需要，交通职业教育教学指导委员会汽车运用与维修学科委员会组织全国交通职业技术院校的专业教师，按照教育部颁布的《汽车运用与维修专业领域技能型紧缺人才培养培训指导方案》的要求，紧密结合目前汽车维修行业实际需求，编写了高等职业教育规划教材，供高等职业院校汽车运用技术专业教学使用。

本系列教材符合国家对技能型紧缺人才培养培训工作的要求，注重以就业为导向，以能力为本位，面向市场、面向社会，为经济结构调整和科技进步服务的原则，体现了职业教育的特色，满足了汽车运用技术领域高素质专业实用人才培养的需要。

本系列教材在组织编写过程中，认真总结了全国交通职业院校多年来的专业教学经验，注意吸收发达国家先进的职教理念和方法，形成了以下特色：

1. 专业培养目标设计基本指导思想是以行业关键技术操作岗位和技术管理岗位的岗位能力要求为核心，确定专业知识和能力培养目标，对实际现场操作能力要求达到中级技术工人水平，在系统专业知识方面要求达到高级技师水平，并为毕业生在其职业生涯中能顺利进入汽车运用工程师行业奠定良好发展基础；

2. 全套教材以《汽车文化》、《汽车专业英语》、《汽车电工与电子基础》、《汽车机械基础》、《汽车发动机构造与维修》、《汽车底盘构造与维修》、《汽车电气设备构造与维修》、《汽车维修质量检验》八门课程搭建专业基本能力平台，以若干专门化适应各地各校的实际需求；

3. 打破了教材传统的章节体例，以专项能力培养为单元确定知识目标和能力目标，使培养过程实现“知行合一”；

4. 在内容的选择上，注重汽车后市场职业岗位对人才的知识、能力要求，力求与相应的职业资格标准衔接，并较多地反映了新知识、新技术、新工艺、新方法、新材料的内容；

5. 本套教材将力图形成开放体系，一方面除本次推出清单所列教材之外，还将根据市场实际需求，陆续推出不同车系专门化教材；另一方面，还将随行业实际变化及时更新或改编部分专业教材。

《现代企业管理》是汽车运用与维修专业领域技能型紧缺人才培养培训课程之一，内容包括：总论、决策与计划、生产与经营、组织与领导、控制和创新六个单元，涵盖了企业与现代企业制度、现代企业管理概论、现代维修企业管理、决策、计划、生产管理、质量管理、劳动管理、财务管理、营销管理、企业组织、领导、激励、企业人力资源开发与管理、控制、创新等方面的内容。本书选材新颖，既紧扣职业教育的需要，又较好地反映了现代企业管理的新进展。

本书单元一由李皖、田兴强合编；单元二由王强编写；单元三由叶晓梅（贵州大学管理学院）、王强、李皖合编；单元四由李皖、黄荣伟合编；单元五由张玉杰编写；单元六由任洲麒（贵州大学 MBA 培训中心）编写。全书由李皖最后统稿，黄荣伟协助进行了全书的修改、着色、校对工作。本书由贵州交通职业技术学院李皖任主编，陕西交通职业技术学院高启成担任主审。

限于编者经历和水平，教材内容难以覆盖全国各地的实际情况，希望各教学单位在积极选用和推广本系列教材的同时，注重总结经验，及时提出修改意见和建议，以便再版修订时改正。

交通职业教育教学指导委员会
汽车运用与维修学科委员会
2005 年 5 月

目录 MULU

单元一 总 论

学习目标

1. 正确描述企业的概念、性质及特征;企业制度及其演化过程;

2. 正确描述企业管理、现代企业制度的概念、原理、职能、研究方法;

3. 简单叙述现代企业管理的历史演进过程;

4. 会分析汽车运输业的特点和维修企业管理内容。

管理是人类生活中最常见、最普遍的活动之一。管理无处不在,无时不有。

学习现代企业管理的意义

在人类社会的发展历程中,管理学是近百年来发展最为迅猛、对社会经济发展影响也最为重大而深远的一门学科。现代企业管理的发展和演进,总是与企业的兴衰成败、发展变化紧密地联系在一起。例如,在世界汽车的发展史上,1907年亨利·福特发明了T型车并首创了流水线生产方式,使汽车的生产效率提高了50倍,把汽车变成了一项普及性的大众商品,既打败了汽车发明地的欧洲,也使他创立的福特汽车公司挤身美国三大汽车公司前列。任何一种管理理论与方法的诞生,大多是针对当时企业的发展状况而展开的。在市场经济条件下,现代企业的生产经营管理活动是一项极具挑战性和创新性的事业,必须具有管理的专门知识和经验。因此,学习现代企业管理,具有重要和现实的意义。能否全面正确地认识和理解企业与企业制度,是我们学习现代企业管理的出发点和基石。

1 企业与现代企业制度

1.1 企业的涵义、性质及特征

企业是国民经济的细胞。现代企业管理是以企业为主体、依靠全社会进行的管理。要学习有关企业管理、现代企业制度的知识,必须首先弄清楚企业的概念以及企业的性质和特征。

1.1.1　企业的涵义

企业的涵义

企业(Enterprise)在英文中的原意是指雄心勃勃的事业或雄伟艰巨的计划,代表一种进取和冒险精神。

在市场经济条件下,企业泛指一切从事商品生产、流通或服务性活动,独立核算、自主经营、自负盈亏,通过满足社会需要来达到营利目的,具有法人资格的经济组织。

作为非常重要的市场生产经营的主体,企业既是市场上资本、技术、劳动力、土地等生产要素的购买者和提供者,又是多种消费品的生产者和销售者。它通过商品的生产和流通,为商品的消费者提供了使用价值,同时也取得了合理的利润,实现了自身的价值。

由于现代经济生活纷繁复杂,也使企业千姿百态。通常我们可以从不同的角度对企业作不同的分类:

(1)按企业自身的规模大小,可把企业分为大型企业、中型企业、小型企业;

(2)按企业生产要素所占比重,可分为劳动密集型企业、资本密集型企业、技术密集型企业、知识密集型企业;

(3)按企业组织形式,可分为业主制企业、合伙制企业、公司制企业;

(4)按产品的经营性质,可分为生产资料企业、生产消费资料企业;

(5)按企业所属的经济部门,可分为工业企业、农业企业、建筑企业、交通运输企业、服务企业、信息企业、金融企业、旅游企业等等。

1.1.2　企业的性质

企业的性质

通过对企业概念的深入研究,我们还可以全面了解企业的属性。作为具有独立法人资格的基本经济单位,企业具有如下基本性质:

(1)企业是一个在法律上和经济上独立自主的实体,是具有法人资格且权利义务相统一的组织。

根据《公司法》和相关法律,企业要取得法人资格,必须依法申请并按法定程序成立;必须有明确的名称、场地、组织机构;必须有自己的财产;必须能独立承担民事责任和经济责任。另外,说它是独立自主的经济实体,是指它拥有自主经营发展的多种权利,政府部门和其他组织无权干预企业的生产经营活动。

(2)企业是一个资源转化的单位。

企业进行生产经营的过程实质就是一个资源转化过程。这个过程可用图1-1表示：

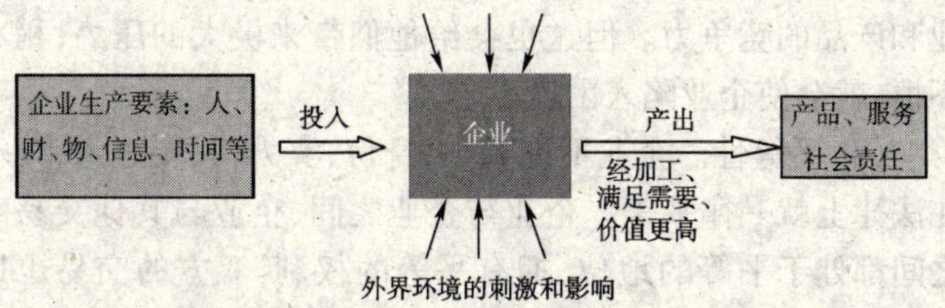

图1-1 企业投入产出图

由图1-1可见，将人、财、物、信息、时间等多种生产要素和资源输入企业，经过企业生产加工后转化为满足社会需要、价值更高的产品、服务或社会责任。在这一过程中，企业扮演了一个资源转化的角色。

(3)企业具有明确的产权归属关系。

产权明晰是建立现代企业制度的首要条件。谁投资谁受益，谁投资谁承担经营风险，企业本身的产权关系必须首先界定清楚。只有明晰了产权关系，企业才能快速健康发展。

(4)企业的一切生产经营活动必须以市场为中心，以赢利为目的。

企业的生产经营活动具有明确的指向性，必须以市场为中心，以市场为导向。"以销定产"使丰田汽车公司有时"机器停着也能赚钱"。时下火爆的车市，由于有消费者需求的刺激，各生产厂家产能不断扩大，款式快速更新，促销手段千奇百怪。企业生产什么车型、生产多少，完全根据市场的需求进行决策，以想方设法满足市场来获得赢利。

1.1.3 企业的特征

企业的特征

企业是独立的社会法人组织，无论什么企业，一般来说都具有以下5个特征：

(1)赢利性。追求利润是企业生产经营活动的最终目的，是企业的天性。在市场经济条件下，企业自主经营、自负盈亏，要想求得生存和发展，就必须千方百计追求利润最大化。企业就是这样的"经济人"。反之，若出现亏损、入不敷出，企业就可能破产、倒闭、陷入危机。

(2)经济性。企业本身就是一个从事经济活动的组织。它通过商品生产和流通，为消费者提供商品、服务等使用价值，并借以实现自身的价值。

(3)风险性。市场竞争遵循"优胜劣汰，适者生存"的丛林规则,并且竞争激烈、冷酷无情,因此企业生产经营具有风险性。极高的风险会给企业经营者以极大的激励,高风险伴随着高回报,这会使他们不断努力,改善经营与管理,提高企业和产品的竞争力。但这也会给他们带来极大的压力,稍有不慎,就会使企业陷入困境。

(4)平等性。企业不论大小、身份、实力,只要进入市场,在法律上就一律平等。企业与企业之间、企业与其他交易者之间都处于平等的地位,拥有平等的权利,双方的交易也以“等价交换、平等自愿”为原则。

(5)社会性。企业是社会的一部分。现代企业是一个向社会全面开放的系统,它必须履行自己的社会义务,承担相应的社会责任。企业的社会性要求企业的管理者要满足社会需要,兼顾经济利益和社会利益,除把企业作为经济组织经营外,还应把企业建成合格的社会组织。

1.2 企业制度及其演化

1.2.1 企业制度的概念

对企业制度的理解

企业制度是关于企业组织、管理、运营等一系列行为规范和模式。它的内容非常丰富,通常包括企业产权制度、领导制度、组织制度、管理制度、用工制度、分配制度、企业法律制度、企业制度环境以及国家与企业关系,企业所有者、经营者、生产者之间的关系,企业与社会关系等多方面的内容。

企业制度从性质来看,它属于经济方面的制度,是基本经济制度的一个重要方面。企业制度概括起来通常包括两个方面:一是企业形态,指企业的所有制关系和反映这种关系的法律表现,通常表现为企业的所有制形式、企业经营形式、企业法律形态等。二是企业管理制度,主要指企业内部的领导制度、组织结构和经营管理制度。

我们要学习企业制度,重点就是学习企业的产权制度和企业的组织制度。

1.2.2 企业产权制度

何谓企业产权制度

产权是经济学上的一个重要范畴。所谓产权是指资产的所有者对资产所拥有的占有权、收益权、经营权和处置权。产权关系是经济运行中实质意义上的财产关系,是社会所强制实施选择一种经济品的使用权利。

在企业制度中,产权制度是最重要的方面,是核心和基础。产权制度是指具有一定法律约束的财产关系。它通过确立一种共同遵循的准则来界定人们对稀缺资源的配置权利,促进人们更好地运营其资本。产权制度最基本的功能在于明确规定了产权主体对客体的关系,即谁所有、谁支配、谁受益。

企业制度是以产权制度为核心构建的,产权制度的变化会引起企业组织形式发生变化。当企业产权制度及其他一系列关系已作为前提存在时,企业制度就仅仅是指企业的组织制度了。因此,研究企业制度实际上就是探讨企业的组织形态。

1.2.3 企业制度的演化

企业制度的演化过程

企业制度是具体的、历史的,它总是与不同时期生产力发展的状况联系在一起。从历史上看,尽管不同国家各个时期的法律对企业制度的规定各有不同,但纵观整个商品经济发展史,企业制度都经历了三个阶段,出现了三种形态:个人业主制企业、合伙制企业和公司制企业,并且一直延续至今。

(1)个人业主制

个人业主制的定义及特点

这是一种由单独一个人出资,由出资者个人所有并且直接经营和控制的企业形式。它又可以叫个体企业或私营企业。它是与小商品经济相适应的企业制度,是一种最古老、最普通和最简单的企业形态。

个人业主制在发展过程中具有以下特点:

① 产权和责任非常明确。自己当老板,享有企业全部经营所得,并对企业债务承担无限责任。如果经营失败,即使倾家荡产也必须自己偿债。

② 企业规模较小,内部管理简单,经营方式灵活,经营利润独享。但企业融资能力差,抗风险能力弱,经营成败极大地依赖业主的个人素质和能力。

③ 从法律的角度来看,它属于一种自然人企业,不具备真正的法人资格。

④ 个体企业数量巨大,占一个国家企业总数的绝大部分,但它在整个经济中并不占支配地位。

在西方发达国家,个人业主制的企业很多,它们通常存在于自由职业、零售商业、个体农业等领域,如注册律师、注册医师、杂货店、家庭农场等等。在我国,随着市场经济的发展,以个人业主制为标志的个体、私营小企业,也日益发展壮大,成为我国经济的重要组成部分和国家大力发展的对象,表现在增加税收、扩大就业、发展经济、繁荣市场、出口创汇、促进经济持续快速健康发展、提高人民生活水平、维护社会安定等方面。

(2)合伙制

合伙制的定义

这是指由两个或两个以上的个人共同投资、合伙经营、共同所有、联合组成的牟利企业。合伙人共同分享企业所得,并且要对企业承担无限责任。这种企业形式常适合于需要合伙人信誉较好的企业,如会计师事务所、诊所等。它一般规模也较小,资金需求量不大。

合伙制企业比个人业主制企业具有更多优点,如企业融资、筹资能力较高;经营决策能力增强,企业规模可进一步扩大;经营风险降低,等等。但是这种企业形态也有明显的缺点:合伙人之间的合伙契约关系复杂,不易接纳新合伙人和增加资金;人人都有决策权,重大决策需人人同意,易造成决策失误或延误;所有合伙人对企业债务都有无限清偿责任,如果一个合伙人挥霍了一大笔钱,其他合伙人必须负责"买单",增大了企业的经营风险。因此,关于合伙制企业的法律地位问题,德国、日本等国把以无限责任公司形式出现的合伙企业承认为法人组织,而英、美等国不承认合伙企业的法人地位,仅把它看成自然人企业。

(3)公司制

公司制的定义

公司是指依照法定的程序成立、以营利为目的的社团法人,它有自己独立的民事权利和义务。公司制企业是指由两个或两个以上的投资者以一定形式共同投资,依照一定的法律程序组建,并且以盈利为目的的法人企业。这是一种比个体业主企业和合伙企业更优的企业组织形态,它是发达的商品经济即现代市场经济条件下的现代企业制度的主要形式。我们将在后面专门研究。

现在世界500强的企业、大型跨国公司,如沃尔玛、丰田汽车公司、通用汽车公司、IBM公司等等,无一不是采用公司制这样的组织形式。

由企业制度的演进可见,不同的企业制度是与生产力发展状况、社会经济的发展现实相联系的。个人业主制、合伙制、公司制企业三者之间依次产生,逐步发展。在现代经济条件下,它们又同时存在,互为补充,各有各的优势和生命力,并且相互溶合,交叉渗透。当今世界,各国的企业制度都是多种企业制度并存的混合企业制度。随着生产力水平不断提高和市场经济逐步完善,企业制度也逐渐演化为由公司制占主导地位。因此我们将公司制企业制度这种典型的形式就称为现代企业制度。

1.3　现代企业制度概述

1.3.1　现代企业制度的概念和特征

(1)什么是现代企业制度

现代企业制度的定义

现代企业制度是指适合现代市场经济体制要求,以完善企业法人制度为基础,以有限责任制度为保证,以公司企业为主要形态,以产权明晰、权责明确、政企分开、管理科学为特征的新型企业制度。

根据这个界定,我们还可以展开进行如下分析:

①现代企业制度是一种微观经济体制。它使企业真正成为市场竞争的主体,成为面向市场、自主经营、自负盈亏的法人实体。

②现代企业制度是一种能适应现代市场经济要求的企业制度。

③现代企业制度是一种制度体系。它不仅包括了企业内部的各种制度,而且还包括企业的各种制度环境,甚至包括了现代市场经济下处理企业之间以及企业与各方面之间关系的行为规范、准则及方式等等。

(2)现代企业制度的特征

现代企业制度的基本特征

现代企业尤其是国有企业,在概括现代企业制度的基本特征时,通常表现为16个字:产权明晰、权责明确、政企分开、管理科学。下面我们分别进行分析讨论。

①产权明晰

产权明晰特征

产权明晰就是指以法律形式明确企业出资者与企业的财产关系,尤其要明确国有资产的直接投资主体,主要表现在实现了出资者所有权与企业法人财产权的有效分离。即企业资产的所有权属于出资者(其中企业的国有资产所有权属于国家),出资者享有所有者权益。企业拥有出资者投资形成的全部法人财产权,成为享有民事权利、承担民事责任的法人实体。企业以其全部法人财产依法自主经营,自负盈亏,并对出资者承担资产保值、增值的责任。

产权是否明晰关系重大。若产权关系不清楚,产权责任不明确,产权权益就得不到有效保障,产权转让就容易导致国有资产流失。因此,应尽快明晰企业的国有产权,确定国有资产的投资主体,建立新的国有资产产权运营机制。此外,还应依法并实事求是地对现有的国企进行清产核资,界定清楚产权,清理债权债务,并对其中的国有资产办理国有资产登记。

产权制度的建立，谁投资谁受益，使我国的企业政策大大推进了一步。国有资产所有权与企业法人财产权的分离，是中国走向市场经济的一大突破，是现代企业制度的一个重要特征。

②权责明确

权责明确特征

在现代企业制度下，企业的权利，就是指企业能够做什么，即企业运用其全部的法人财产可以依法进行自主经营、独立核算、自负盈亏、自我发展，具有独立的法人地位。企业的责任，则是指企业应履行的义务，也就是对国家社会照章纳税，对出资者保值、增值。企业的权利责任关系是统一的。我国现代企业制度中，企业责任只是一种有限责任。即企业以它的全部法人财产为限，对其债务承担有限责任，这种有限责任是出资者实行自我保护的有效形式。

③政企分开

政企分开特征

这是指企业的政企职责分开，它有别于过去计划经济时代的政企不分或政企合一。所谓政企分开指的是在理顺产权关系的基础上，实行企业与政府的职能分开，建立企业与政府之间适应市场经济体制的新型的政企关系。这种关系表现为：政府依法管理企业，政府与企业之间的关系体现为法律关系；企业依法经营，不受政府部门直接的行政干预，政府不再直接对企业的生产经营活动发号施令，而是用金融手段、法律手段对企业进行宏观管理、调控或监督。

现代企业制度中的政企分开表现在：其一，把政府的社会管理职能与国有资产所有权职能分开。其二，把政府的行政管理职能与企业的经营管理职能分开，取消企业与政府之间的行政隶属关系和企业的行政级别，政府不再参与企业的经营管理，企业也不再依赖政府，即政府不再办企业，而企业也不再办社会。

政企分开，既是现代企业制度的根本要求，也是反腐败的制度保证。只有实现政企分开，才能使国家、政府对企业财产在法律上的所有权与企业的法人财产权真正分离。反之，若政企不分，不仅使企业经济效益低下，"吃大锅饭"，而且使国有资产严重流失，为腐败、犯罪提供可乘之机。

④管理科学

管理科学特征

现代企业制度是体现组织管理科学的企业制度。在制度与企业组织结构、企业的权利和监督机构、决策机构与执行机构之间权责明确、相互独立且相互制约，它主要体现在组织制度科学和现代企业制度科学两个方面。

首先,科学的组织制度,设计了一套完整而科学的法人治理结构,使企业的权力机构、监督机构、决策机构和执行机构职责分明,且相互制约。根据这一原则建立的股东大会、董事会、监事会和管理层机构,各司其职,权责明确,分别行使决策权、监督权和执行权,使所有者、经营者和劳动者的积极性都得到调动,行为受到约束,利益得到保障。

其次,现代企业管理制度包括了企业的用人制度、工资制度、财会制度、机构设置等一系列的制度安排,也是科学合理的,在国有企业公司制改组的过程中发挥了重要的作用。

1.3.2 现代企业制度的内容

现代企业制度是一套完整、周密、科学的制度体系,它通常包括法人制度、组织制度、管理制度等一系列内容。

现代企业制度的内容

(1)现代企业的法人制度

法人企业是指独立于企业所有者之外的有自身财产、有自己的组织机构及自己的权利能力、行为能力的企业。完善企业法人制度是我国建立现代企业制度的首要任务。其中的关键,就是确立法人的财产权,理顺国家与企业的产权关系。

法人制度

(2)现代企业组织制度

指现代企业组织的形式。公司制是现代企业组织最主要的组织形式。

组织制度

(3)现代企业管理制度

主要包括企业机构设置、用工制度、工资制度、财会制度等。在我国,建立合理、科学的企业组织机构;建立企业与职工双向选择、维护企业与职工双方权益的用工制度;建立现代企业工资制,制定最低工资标准,使职工的收入货币化、规范化;加快企业财务制度改革,建立与国际规范接轨的企业财务制度;加强职工队伍建设,全面提高企业管理水平,如此等等,都是现代企业管理制度中的基本内容。

管理制度

1.3.3 现代企业制度的主要形式——公司制

公司制是企业制度中的一种,即公司法人制度,它是与现代社会化大生产相联系的一种企业组织形式。

(1)什么是公司?它是指依法定程序设立、以营利为目的的社团组织。它具有法人资格,有自己独立的民事权利。我国的《公司法》明确规定:有限责任公司由两个以上、五十个以下的股东共同出资设立。1999 年新修改的公司法中指出:股东大会是公司的最高权利机构;董事会是公司的经营决策机构,它执行股东大会决议,进行经营决策并对外代表公

公司的含义

司;监事会是公司的监督机构;总经理由董事会聘任,负责公司日常经营管理工作。

(2)公司的特征

公司的特征

一般来说,公司具有如下4个特征:

①法人性。即公司是具有法人身份的经济组织,具有独立法人地位,具有法人必备的组织特征、财产特征和人身特征,具有经济法律关系的主体资格。

②营利性。公司必须以营利为目的,实现利润最大化是公司企业进行生产经营的惟一动机和目的。

③由两个以上股东共同出资经营。出资是股东的义务,公司的财产由股东的出资转化而来,因此股东和他的权利也就成为公司权利的来源。

④依法登记注册。公司设立必须符合公司法的要求,并且必须订立章程,载明法律规定的必要事项,方能登记注册,具有法律效力。

(3)公司制的优势

公司制的优势

公司制是社会化大生产的必然产物,是市场经济发展对企业制度的现实选择。与业主制企业、合伙制企业相比,公司制企业具有独特的优势:

①公司独立于出资人而成为法人实体,实现了所有权与经营权的分离。

②企业承担有限责任。即投资者对企业以自己的投资额为限担负责任,企业对债务以法人财产为限承担责任。

③能筹集大量资金进行社会化大生产,扩大了企业的规模,使企业发展的可能性和发展空间扩大。

④实现了企业管理专门化、制度化。公司由专家管理,极大地提高了管理效率,促进了生产力的发展。

⑤企业成为法人实体,获得了永久生存权,因而企业寿命长。

(4)公司制的类型

公司的类型很多,但通常可把它作如下分类:

股份有限公司

①股份有限公司。这是一种由法定的一定人数或一定人数以上的人出资设立、全部资本划为均等股份、其股票可以在社会上公开发行并转让、其成员以其认购的股份金额为限对公司承担财产责任的公司类型。它是最典型的法人组织,也是最典型的资合公司。这种公司的股东必须达到法定的人数;且其资本被划分为均等的股份;公司的股东只承担有限责任,公司的财务必须向社会公开。

②有限责任公司。是指由若干人以上、一定人数以下的出资人共同出资组成，股东以其出资额为限对公司债务承担有限责任的公司。它的全部资本不划分为定额股份，股权证也不能上市公开发行和交易；它的股东人数具有严格的最低和最高人数的限制；股东仅就其出资额度为限对公司负责；这种公司的设立程序比较简单，但对股东出资的转让有严格的限制和规定。

有限责任公司

③无限责任公司。也叫无限公司，一般由两个以上的股东组成，对公司的债务承担连带无限责任。这种公司的特点为：第一，公司的信用主要基于个人的信用而不是公司资本，规模较小；两个以上的股东必须是自然人。第二，股东对公司的债务负连带无限清偿责任，股东个人责任重大，风险也大。

无限责任公司

④两合公司。两合公司是指由一个以上的有限责任股东和一个以上的无限责任股东组成，其有限责任股东对公司债务以其出资额负有限责任，无限责任股东则要对公司债务负连带无限责任的法人企业形式。它是一种介于有限责任公司和无限责任公司之间的公司形式。

两合公司

⑤股份两合公司。这是由一个人以上的无限责任股东和一定人数或一定人数以上的有限责任股东出资组成的法人企业。它的有限责任部分的资本要划分为定额的股份，可以通过公开发行股票来募集。与两合公司相似，它的有限责任股东仅就自己的出资额对公司债务承担有限责任，无限责任股东则要对公司的债务负连带无限责任。

股份两合公司

⑥控股公司。这是指通过持有其他公司一定比例以上的股份而对其实行控制的公司。控股公司主要是通过购买其他公司的股票、债券等，或者向其他公司投资入股等来掌握众多的资本，实现控股的目的。它实际上就是“母公司”，一般都掌握一个主要股份公司的股票控制权，并以其作“母公司”去掌握更多的子公司、孙子公司。

控股公司

⑦跨国公司。指以本国为基地或中心，在世界不同的国家或地区设立分公司、子公司或外国投资企业，从事国际性的生产经营活动的经济组织。诸如沃尔玛、丰田汽车等都是有名的跨国公司。但从严格的公司法意义上说，跨国公司不是一种公司，而是公司之间形成的一种特殊的联系及法律关系。

跨国公司

以上就是比较常见的公司类型。随着社会经济的发展，新的公司类型也在不断的涌现和发展之中。

2　现代企业管理概述

2.1　企业管理的性质与职能

2.1.1　企业管理的概念

管理活动自古有之,源远流长,凡是有人群的地方就存在管理。但把管理作为一门学科来研究并形成较完整的理论体系,却只是近百多年的事情。现在我们先从管理与企业管理的概念开始对现代企业管理进行学习探讨。

(1)管理的概念

管理的概念

什么是管理?很多人根据自己的研究给管理下了一些定义,比较典型的有:

①管理是由计划、组织、指挥、协调、控制等职能为要素组成的活动过程。这是现代管理理论的创始人亨利·法约尔于1916年提出的。他的观点经过近一个世纪的研究和实践,总的来说基本上仍是正确的,并成为管理定义的基础。

②管理就是通过计划、组织、领导和控制的诸过程来协调所有的资源,以便达到既定之目标,这是对管理概念的"3M"表述(由于资源主要包括资金、物质和人员三个方面,这三个英文单词的第一个字母都是M,因此简称"3M")。

③管理是在正式组织起来的团体中,通过他人并同他人一起把事情办妥的艺术。这是哈罗德·孔茨对管理下的定义。

④管理就是协调人际关系,激发人的积极性,以达到共同目标的一种活动。

⑤管理是一种以绩效责任为基础的专业职能。这是彼得·德鲁克提出的观点。

⑥管理就是决策。这是诺贝尔经济学奖得主赫伯特·西蒙提出的,它指出了管理的实质及核心。

⑦管理就是根据一个系统所固有的客观规律,施加影响于这个系统,从而使这个系统呈现出一种新状态的过程。这是系统论者的观点。

综合上述观点并结合前人的研究,我们认为管理的概念可作如下表述:

管理概念的表述

管理就是在社会组织中,为有效实现预定的目标,以人为中心进行的一系列计划、组织、领导、控制和创新活动。这个概念包含了几层意思:第一,管理的根本目的就是为了实现预期的目标。第二,管理的本质在于协调,每项管理职能、每个管理决策都要进行协调。第三,管理活动的中心是人。任何管理活动、任何资源分配都是以人为中心的。第四,管理的职能以及协调必定产生于社会组织之中,并成为社会组织必不可少的活动。

(2)企业管理的概念

企业管理的概念

企业管理就是根据企业发展客观规律的要求,运用管理的原理和方法有效地进行企业生产经营活动,以达到企业既定目标的一种综合功能。

2.1.2 企业管理的性质

企业管理的性质,是由管理的二重性派生出来的:一方面,它具有与生产力、社会化大生产相联系的自然属性;另一方面,它又具有与生产关系、社会制度等相联系的社会属性。

(1)企业管理的自然属性

企业管理的自然属性

由于管理是人类社会活动的客观需要,是社会分工所产生的社会劳动过程的一种特殊职能,因此,企业管理的自然属性,要求企业管理必须根据现代社会化大生产的客观规律,合理组织生产力,使企业资源得到最佳利用,从而取得最大的经济效益。

企业管理也是生产力。任何社会中的企业,其生产状况如何,取决于它拥有的各种资源、各种生产要素是否得到最有效的利用,取决于从事社会劳动的人的积极性是否得到充分发挥。在相同的外部环境中,不少企业的生产要素条件基本相同,但其经营结果却相差悬殊;同一个企业甚至是什么都没有变而只是更换了主要领导,就可能发生了根本的变化。这些事实都说明,企业管理的自然属性是一种客观存在,是完全不以人的意志为转移的。

(2)企业管理的社会属性

企业管理的社会属性

企业管理的社会属性,要求企业管理必须体现生产关系、社会制度的本质特征,实质就是体现"为谁管理"的问题。

在人类漫长的历史中,管理从来就是为统治阶级、为生产资料的占有者服务的,企业管理也必然是一定社会生产关系的反映。资本主义企业管理的社会属性具有剥削性和资本的独裁性。而社会主义的企业,其企业管理的社会属性应当体现在:任何企业任何个人在实行管理时都应从全社会、全体人民的利益出发,管理的预期目的都是为了使人与人之间、国家集体与个人之间的关系更加协调,树立正确的经济观念,正确处理国家、企业、职工之间的经济利益关系,体现社会主义经济制度的本质特征。

企业管理的二重性,是密不可分、合为一体的,这是由生产力、生产关系、上层建筑的相互关系决定的。因此,研究企业管理的二重性,对我们学习掌握企业管理体制的特点和规律具有重要意义。

2.1.3 企业管理的职能

企业管理的职能

企业管理的职能,是合理组织生产力的一般职能和完善生产关系的特殊职能的具体体现,并贯穿于企业生产经营活动的各个方面和环节中。这些职能是:

(1)决策职能:所谓决策就是从两个以上的备选方案中选出一个方案的过程。其目的是为了取得预期效果。决策是管理的核心,是管理最重要的职能,也是企业管理的首要职能。企业的一切经营活动都是以决策为前提的。决策尤其是战略决策是否正确,直接关系到企业的兴衰成败。实施决策的具体体现就是计划。

(2)组织职能:企业管理的组织职能,本质上就是设计和维持一套职位系统,并通过一定的规则把企业生产经营活动的各个方面、各个环节、各个要素合理地组织起来,既有分工又有合作,形成一个有机整体,使企业的人、财、物、信息、时间等得到最合理的利用。

(3)领导职能:领导是一种影响并感召人们去追求某些目标的行为过程。领导职能的内容包括激励、指挥、协调、沟通以及正确处理各种关系等。

(4)控制职能:就是根据企业内外的反馈信息,按照既定的计划对企业的生产经营活动及其成果进行检查、监督,以便发现偏差,查找原因,并即刻进行纠正。其实质就是使企业的实践活动符合于计划,主观符合于客观。

(5)创新职能:企业管理不仅需要保证企业按预定的方向和规则运行,还必须不断地调整企业活动的内容和目标,以适应环境变化的要求,这就是企业管理的创新职能。进入21世纪以来,社会经济活动空前活跃,市场需求瞬息万变,企业管理者若不创新就无法维持下去。只有不断进行机制创新、管理创新、技术创新、产品创新,才能在激烈的市场竞争中立于不败之地。

2.2 现代企业管理的历史演进——从传统管理到现代企业管理

管理现象随着人类共同劳动的出现已有几千年的历史,

在管理知识体系的发展过程中，经历了几个明显的发展阶段。回顾管理学的历史演进，对我们学好现代企业管理大有裨益。

2.2.1 传统管理思想阶段

(1)传统管理思想的形成及其社会文化背景

早期传统管理思想的形成

长期以来，只要提起管理理论的发展，人们会很自然地想到亚当·斯密、弗雷德里克·泰勒、亨利·法约尔等西方管理先驱的名字，而对中国的传统管理思想却知之甚少，似乎只有西方才是管理思想的起源地。事实上，管理的实践和理论是与各个民族的文明史和各个国家的社会文化背景联系在一起的，东西方各个国家和民族对管理学的发展都作出了贡献。因此所谓“西方中心论”完全不符合人类历史发展的事实。

历史上的管理实践主要始于四个方面的需要，即大规模的集体活动、政治控制的需要、战争以及宗教。无论从古老的金字塔、大运河等大型工程或历史遗迹，还是从东方文明中雄伟的长城、都江堰水利工程，我们都可以看出古人的高超组织才能、卓越管理技巧和灿烂辉煌成就。在人类长期的实践活动中，也留下了极其丰富的管理思想遗产，在历代典籍、史料中处处可见，闪烁着管理思想的火花。例如中国古代的《周礼》、《孙子兵法》、《管子》等都有管理理论和管理方法的记载。在西方，古巴比伦的汉谟拉比法典曾谈及证人、合同及经济责任；《圣经》有关于管理活动的建议；古罗马帝国则有成套的管理办法，并且几世纪绵延不绝。

西方早期传统管理思想介绍

(2)西方早期的传统管理思想。其主要代表人物有英国经济学家亚当·斯密以及查理·巴贝奇，还有英国的空想社会主义者罗伯特·欧文等。亚当·斯密于1776年发表其代表作《国民财富的性质和原因研究》(即《国富论》)，第一次系统地论述了古典政治经济学，对以后的管理理论产生了重大影响。他在研究经济现象时，提出了一个重要的论点，即经济现象是基于具有利己主义目的的人们的生活所产生的。他在分析增进“劳动生产力”的因素时，特别强调了分工的重要作用。他的主要观点为：①劳动是国民财富的源泉；②强调了劳动分工对劳动生产率提高的重要性；③提出“经济人”的观点。这些观点后来成为资本主义管理理论的重要依据之一。巴贝奇对劳动分工进行了深入地研究，提出了著名的“边际熟练”原则并对技艺水平、劳动强度定出了界限。他还重视人的作用以及对生产的研究和改进，提出了按照生产效率不同来确定报酬的具有刺激作用的制度。罗伯特·欧文经过一系列试验，大力减轻劳动强度，改善劳动条件，首先提出在工厂生产中要重视人的因素，要缩短工人的工作时间、提高工资、改善福利条件。他的实验证明，重视人的作用、尊重人的地位，也可以使工厂获得更多的利润。

中国古代的管理思想介绍

(3)中国古代的管理思想丰富多彩，博大精深，并且在中国古代的管理活动中具有不可忽视的重要作用。这些重要的管理思想主要有：

①以孔孟为代表的儒家管理思想。提出了以人为中心的管理哲学，特点是着重于对人类精神文明的研究。孔子认为管理的本质就是“治人”，管理的前提是“人性”，管理的方式是“人治”，管理的关键是“择人”，管理的组织原则是“人伦”，管理的最终目标是“安人”。总之，一切管理都离不开人。

②以老子为代表的道家思想。其根本精神是以“道”为中心，要“顺道”、“守常”、“循轨”、“守则”。老子提出“道法自然”的管理规律，要求管理者顺乎自然，遵守客观规律，通过最少的、必要的、有效的法律制度把社会干涉行为减少到最低限度，从而实现组织的自然和谐与人的自由协调发展。

③以韩非子为代表的法家管理思想，主张以“法”为中心进行管理。法家主张“法治”，反对“人治”，并提出“术”的管理技巧，认为管理者应具有管理权威。

④以孙武为代表的兵家管理思想。《孙子兵法》是其中最著名的代表作。兵家的活动领域主要在军事，但其阐述的“为将之道”、“用人之道”、“用兵之道”以及在各种复杂环境中为取胜而采取的战略、策略，凝聚了人类智慧的结晶。如在管理战略上孙子提出的依靠计谋取胜，“上攻伐谋”，“知己知彼”；在管理策略上“因变制胜”，“兵无常势”；在管理措施上的三项管理原则，“令文齐武”等等，在今天的企业商战中仍具有重要的指导意义。

总之，从传统管理思想发展的脉络来看，无论东方还是西方，对管理的研究已得到人们的广泛重视，处处闪烁着管理思想的火花。但因受当时生产力发展水平限制，这些管理思想是不系统、不全面的，没有形成专门的管理理论和学派，然而这些思想对于促进生产及后来管理理论的产生及发展，都产生了巨大而深远的影响。

2.2.2 科学管理理论的产生与发展

近代科学管理理论介绍

科学管理理论比较系统的建立是在19世纪末至20世纪三四十年代，又称为“古典管理理论”，其主要代表人物有美国的泰勒、法国人法约尔以及德国人马克斯·韦伯等。

(1)泰勒的科学管理理论。

泰勒的科学管理理论

弗雷德里克·泰勒于1856年生于美国费城,工人出身,是著名的管理学家,科学管理之父。他有着从普通工人提为工长、车间主任直至总工程师的经历,在技术水平、管理能力上得到过锻炼,他于1911年出版了代表作《科学管理原理》,标志着科学 管理思想正式形成并对世界产生了重大的影响。泰勒理论的主要观点如下:

①科学管理的实质是要求企业中的劳资双方在思想上来一次"精神革命",即劳资双方都应把注意力从盈利的分配转到使盈余增加上来。这是实施科学管理的核心。

②科学管理的根本目的是谋求最高工作效率。

③达到最高工作效率的重要手段,是用科学的管理方法代替旧的经验管理,建立各种明确的条例、规定、标准,使一切科学化、制度化。

④科学管理的中心问题就是提高劳动生产率。

根据上述观点,泰勒提出了以下的科学管理制度:

①对工人提出科学的操作方法,以便合理地利用工时,提高工效。通过科学观察、纪录和分析,进行时间动作研究,用科学操作方法代替了经验。

②实行差别计件工资制,并按照作业标准和时间定额的差别规定不同的工资率。

③提出能力与工资相适应的原则。为提高劳动生产率,必须为工作挑选一流的工人,并对他们进行培训与提高,激励他们尽最大努力去工作。

④把计划职能同执行职能分开,使管理和劳动相分离。管理者和劳动工人在工作中必须相互呼应,密切合作。

⑤制定科学的工艺规程,并用文件形式固定下来以利于推广。工人应采用标准化操作方法,而且使用的机器、工具、材料等都应标准化,以利于生产效率提高。

⑥在管理控制上实行"例外原则"。企业的高级管理人员把例行的一般日常性事务授权给下级管理人员去处理,自己只保留对例外事项的决定权和监督权。

泰勒的科学管理思想对以后数十年的管理实践产生了重大的影响,它不失为当时环境下的重要思想和管理创新。此外,与泰勒同一时代的亨利·甘特发明了甘特图、弗兰克·杰布雷斯夫妇对动作进行了系统而深入的研究,亨利·福特发明了流水线生产方式,极大地提高了工作效率,他们都对管理改革作出过贡献。

(2)法约尔的一般管理理论。

法约尔的一般管理理论

法国人亨利·法约尔是著名的管理学家,古典管理理论的创始人之一。他与泰勒是同时代人,但个人经历不同。法约尔长期担任法国一个大企业的高级管理人员,积累了管理大企业的经验,且一生中进行了许多研究,著述颇丰。1916年出版代表作《工业管理与一般管理》,提出了一般管理理论。法约尔的主要贡献是:从理论上概括了一般管理的原则、要素和原理,提出了管理的职能,把管理科学提到了一个新的高度并受到社会重视,为以后管理理论的发展奠定了基础。

法约尔一般管理理论的内容大概可分为3个部分:

①企业的6类活动:法约尔把企业所有从事的活动分为6类,具体为:

a. 技术活动:设计、制造、加工;b. 商业活动:采购、销售、交换;c. 财务活动:资金的筹集及使用;d. 安全活动:财产及人员保护;e. 会计活动:编制财产目录,成本统计;f. 管理活动:包括计划、组织、指挥、协调和控制。

在上述活动中,管理活动处于核心地位,企业自身需要管理,而其他5项活动也需要管理。

②管理的5项职能。法约尔认为,管理具有5项职能,分别是:

a. 计划职能:确定企业的目标,设计行动方案与步骤;b. 组织职能:合理配置人、财、物,并确定工作任务和管理机构;c. 指挥职能:指挥下级行动;d. 协调职能:协调各部门、各员工的行动,使他们目标一致,相互配合;e. 控制职能:确保实际工作与计划、目标相符。

③14条管理原则。法约尔在总结自己工作经验的基础上,提出了管理人员解决问题时应遵循的14条管理原则:

a. 分工;b. 权利与责任对等;c. 纪律;d. 统一指挥;e. 统一领导;f. 员工个人要服从整体;g. 人员报酬要公平;h. 适当的集权与分权;i. 等级链与跳板;j. 程序;k. 公平;l. 人员保持稳定;m. 首创精神;n. 团结合作。

法约尔关于管理过程和管理组织理论的开创性研究,特别是在管理范畴、管理的组织理论、管理的原则等方面提出了崭新的观点,对后来的管理理论及研究产生了非常深远的影响。

(3)马克斯·韦伯的行政组织理论

马克斯·韦伯的行政组织理论

马克斯·韦伯是德国著名的社会学家,他的主要贡献是提出了"官僚制"、"科层制"即所谓"理想行政组织体系"。

这一理论对工业化以来的各种组织类型产生了巨大的影响。其核心是组织活动要通过职务或职位，而不是通过个人或世袭地位来管理。他的主要观点为：

①权威的基础是以理性的、正式规定的制度规范为中心实施管理；

②组织成员间有明确的任务分工；

③上下层次之间有职位、责权分明的结构；

④人员任用完全根据职位要求，经过正式考试和教育训练来进行；

⑤组织内的任何人都必须遵循共同的法规和制度；

⑥组织中的人员关系不受个人情感影响。

2.2.3 行为科学理论的产生与发展

行为科学理论的产生与发展

行为科学是研究人类行为规范的科学，它起源于20世纪30年代。由于科学管理的方法存在局限性，在应用中常达不到预期的效果，这就促使管理学家们从另外角度即人类行为的角度对管理进行研究，于是出现了各种行为科学的理论。这些理论认为，人不单纯是"经济人"，而且还是"社会人"。他们从社会、心理、人类学的角度出发，强调人的需要、动机、人的相互关系等对生产经营活动的影响，力图克服科学管理理论的弱点，是管理发展史上的一个重要阶段。其有关理论及代表人物主要有：

(1)梅奥与人群关系理论

梅奥的人群关系理论

行为科学的发展是从人群关系理论开始的。人群关系理论的代表人物是埃尔顿·梅奥。梅奥曾从事过哲学、医学及心理学方面的研究，参加了1927至1932年在芝加哥西方电气公司霍桑工厂进行的著名"霍桑试验"。试验的目的是要找出工作条件对生产效率的影响，以寻求提高劳动生产率的途径。经过长达6年的试验研究，梅奥等人得出的主要结论是：生产效率不仅受物理的、生理的因素影响，而且还受到社会环境、社会心理等的影响。梅奥在实验结果的基础上发表了其代表作《工业文明中人的问题》和《工业文明中的社会问题》，从而创立了人群关系理论。这一理论的基本观点为：

①企业的职工是"社会人"，他们不仅追求金钱收入，还追求人与人之间的友情、安全感、归属感等社会和心理的欲望的满足。

②满足工人的社会欲望，提高工人的士气，是提高生产效率的关键。

③企业中实际存在着一种"非正式组织"，这种非正式组

织对工人的行为影响很大,是影响生产效率的重要因素,必须重视非正式组织的作用。

④企业应采取新型的领导方法,在领导者与被领导者之间建立良好的人际关系,使职工有机会参与管理,提高职工的满意程度。

人群关系理论是行为科学理论的早期思想,它只强调了要重视人的行为,而行为科学还要求进一步研究人的行为规律,并找出产生不同行为的影响因素。此后,许多人在这方面作了深入的研究,并形成了许多行为科学的理论,如马斯洛的需要层次理论、赫茨伯格的双因素理论、X、Y、Z 理论、亚马斯的公平理论等等。

(2)行为科学理论的特点

行为科学理论的特点

纵观行为科学理论及其各个流派,它都是从人的行为的本质中激发出动力,从而不断提高生产率,它都是以人为出发点进行研究的。其特点为:

①提出了"以人为本"的管理思想,主张以人为中心来研究管理问题。

②指出人不仅是"经济人",而且是"社会人",并具有多种层次的需要。

③肯定了人的社会性和复杂性。

2.2.4　现代管理理论的发展

现代管理理论的发展

第二次世界大战以来,生产力迅速发展,科学技术日新月异,也使管理学的发展百花齐放、学派林立,我们只能摘要介绍几种典型。

(1)社会合作系统学派

社会合作系统学派

其主要代表人物是美国的管理学家纳德。该学派认为组织是一个社会协作系统,强调正式组织的作用,并对权力进行了深入的探讨。

(2)管理过程学派

管理过程学派

该学派的创始人是法约尔,但其真正形式和完善是在二战后,主要代表人物为美国管理学家孔茨。这个学派把管理看作是使组织中的成员完成任务的过程,并认为不同组织及不同层次的管理者尽管面临的问题和所处的环境不同,但管理的过程都是相同的。

(3)决策学派

决策学派

该学派是在社会系统学派的基础上发展起来的,代表人物是美国管理学家赫伯特·西蒙。他认为"管理就是决策",并对经济组织内的决策程序进行了开创性的研究。他的理论的基本观点为:①决策贯穿于管理的全过程,突出了决策在管理中的地位和作用;②系统地阐述了管理原理;③特别强调了决策者的作用。

(4)管理科学学派

又称为数量学派、运筹学派或模式学派。该学派认为,管理就是用数学模式与程序来表示计划、组织、控制等合乎逻辑的程序,求出最优解以达到所要追求的目标。他们特别强调运用数学模型和计算机技术来进行管理和决策。

管理科学学派

(5)权变理论学派

该学派于20世纪70年代逐步形成和发展起来,其代表人物是美国学者卢桑斯。该学派认为,解决任何管理问题必须根据事实情况采取具体分析的办法,必须适合于解决这一特殊问题的特定环境、条件。所谓权变管理就是根据环境自变量及管理技术与因变量之间的函数关系来确定一种有效的管理方式。

权变理论学派

(6)经验主义学派

顾名思义,这个学派主张通过分析案例,凭借经验来研究管理问题,其代表人物有美国管理学大师彼得·德鲁克、纽曼等人。他们认为应以大企业的管理经验为主要研究对象,加以概括和理论化,向企业管理人员提供实际可行的建议。

经验主义学派

(7)企业战略与企业文化管理学派

20世纪70年代以后,战略管理风行全球,同时出现了把管理研究的重点由企业运行的经济因素转向非经济因素,注意对不同文化背景下的管理进行比较研究的“企业文化热”。企业文化研究的代表人物是美国人迪尔和肯尼迪。20世纪80年代后期,对战略和文化的研究日趋融合,出现了一些社团将理性化管理与人性化管理结合起来的理论模式。

企业战略与企业文化管理学派

2.2.5 现代企业管理的发展趋势

进入21世纪,随着经济全球化和信息时代的来临,引发了一场人类社会前所未有的深刻变化。信息时代表现出了网络化、知识化、全球化、信息化的特点,必然影响着现代企业的管理活动,使现代企业管理呈现出崭新的面貌,表现出如下几个方面的发展趋势:

现代企业管理发展趋势

(1)管理思想创新日益明显。

信息时代的企业管理将以知识的无限性和投资收益递增规律为指导思想。知识将成为创造财富的最重要的资本,以人为本的管理思想更加受到重视。

(2)企业管理创新将越来越受到重视。

企业只有牢固树立竞争意识和风险经营观念,并善于将企业资源转化为竞争优势,才能在竞争中取胜。

(3)企业经营目标创新具有特别重要的意义。这主要表现在:①以可持续发展代替利润最大化,企业将更多地注重对社会、对员工、对用户及相关利益者的责任。②以公司的市场价值代替了市场份额。

(4)企业组织结构将发生重大变化。企业内部结构将向扁平化方向发展,管理的层次将会减少而管理幅度将会增大,建立学习型组织成为企业追求的目标。

(5)企业的员工管理将是一种人性化的、开放式的、面对面的情感管理。

(6)企业管理将更善于借用外脑。依靠各种专家和顾问,洗脑、用金点子、作企业诊断,然后在生产、技术、营销、法律等方面作出正确的决策,使企业健康快速成长。

3 现代汽车维修企业管理概述

3.1 汽车运输业的特点

3.1.1 汽车运输的概念及优缺点

汽车运输的概念及优缺点

汽车运输是指在公共道路上使用汽车或其他运输车辆从事旅客或货物运输及其相关业务活动的总称。汽车运输始于19世纪末,由于汽车运输主要在公路上运送旅客和货物,也称公路运输或道路运输。汽车运输是目前普及最广、承担全社会运量最大的一种运输方式,其主要优点是:

(1)覆盖面广。公路通达城乡并形成网络,使各地之间得以连通。在各种运输方式中,汽车运输覆盖面最广、通达性最强。截至2003年底,我国公路里程已达176.5万公里,其中高速公路超过2万5千公里,仅次于美国。按国土面积计算,公路密度为17.7公里/百平方公里,按人口计算,公路密度为13.1公里/万人,全国已有99.3%的乡镇和91.8%的行政村通公路。可以说,汽车运输为我国城乡居民提供了最基本的通行条件。

(2)适应性强。汽车运输能够满足城镇、乡村、矿区、林区、边疆的运输需求,可以适应各种陆上运输环境,适应厂矿企业、农村、商店、部队、机关、学校以及不同家庭、个人的各种使用要求。不论旅客、货物的集散与多少,甚至随走随停等特殊要求都能得到满足。

(3)直达性好。汽车运输最大的优势是直达性好,可以实现门到门运输。水路、铁路、航空运输一般只能将客货运至港站、机场,两头则需汽车集疏。而汽车运输避免了这种缺陷,运客可以招手即停、送客到家;运货可以上门取货、送货到门,减少了周转环节。

(4)机动灵活。汽车单位运量小,调度灵活,既易于集中,也利于疏散,在突击抢运时优势更加明显。因此,汽车运输是连接其他交通方式的纽带。

(5)交通工具购置费用少,容易驾驶。汽车造价比飞机、火车、轮船低得多,不但经营者投资少,不少家庭也有能力购置,而且驾驶技术容易掌握。所以汽车可以在全社会普及,成为使用最广泛的现代交通工具。

汽车运输的缺点是道路占地多、交通事故多、对环境的影响大、能耗高,运价也相对较高。

3.1.2 汽车运输方式概述

汽车运输方式

道路旅客运输简称道路客运,是指以旅客为运输对象,以汽车为主要运输工具的营运组织方式。衡量道路旅客运输社会劳动量的尺度,是道路旅客运输量,包括客运量和旅客周转量。客运量的计量单位是“人次”,旅客周转量的计量单位是“人公里”。

(1)道路旅客运输的特点

道路旅客运输的特点表现

①道路旅客运输以汽车为主要运输工具,受道路条件的限制较少,比较灵活、机动、方便。

②客运线路纵横交错,客运设备和站点比较稠密,分布广阔,并能根据情况随时调整,能较好地满足群众多种多样的出行需要。

③始建投资少,资金回收较快,设备和设施容易更新。

道路客运与其他运输方式一样,其服务对象是人。与货物运输相比,运输质量的要求更突出,安全、方便、及时、舒适应当成为道路旅客运输质量和服务质量的基本要求。道路客运必须坚持“安全第一”的方针,把确保旅客的旅行安全作为头等大事来抓;牢固树立为人民服务的思想,为旅客提供周到的服务;要做到准时、准班、正点运行;要努力创造条件,逐步增加中、高档车型,为旅客创造一个舒适、良好的旅行环境。

道路客运以其具有的“面”上运输的特点,能够在更广阔的范围扩展其运输线路,成为联结城乡的主要运输方式。

(2)道路货运的特点

道路货物运输

道路货物运输简称道路货运,是指以货物为运输对象,以汽车为主要运输工具的营运组织方式。衡量道路货物运输社会劳动量的尺度是道路货物运输量，包括货运量和货物周转量。货运量的计量单位是“吨”，货物周转量的计量单位是“吨公里”。

道路货物运输是中短途运输的主力。汽车不仅为铁路、水路、航空运输起集散货物的作用，而且是厂矿企业内部运输及城市货运的重要工具。据统计，我国目前道路货运量，在全国总货运量中所占比重将近四分之三。道路货物运输能取得如此重要的地位，主要是因为具有这样几个特点：

道路货物运输的特点

①适应性。货运汽车按用途分有通用汽车、专用汽车；按道路适应分有普通汽车、越野汽车。在汽车技术功能设计上，一般汽车都能在山区及高原地带、严寒酷暑季节、风雪与雾中运行，受地理条件、天时气候、洪旱水位等限制较小，较之铁路、水路、航空有适应性强、运行范围广的特性。

②灵活性。货运汽车车型多样，单位运量小，运输灵活，在运用上既可完成小批量运输任务，又能随时集结承担大批量突击性运输。同时车随站点分布，线路交织成网，车辆来去方便，调度上可随机而动，具备了独特的机动灵活性。

③方便性。由于汽车承运货物既可在固定场站、港口、码头装卸，又可“以车就货”在街头巷尾、农村集镇、农贸市场就地装卸，实行“门到门”运输，比其他运输方式更为方便。

④快速性。道路货运可以在短暂的时间内装好就走，较之铁路经过编组场要快；汽车速度比轮船快，且不受顺流逆流影响。不论在城市还在乡村，易于组织直达运输，运转速度快。

⑤经济性。从各种运输方式的始建投资效果来看，公路修建与汽车制造，比起铁路、航空来说，一般投资较小，见效较快，甚至可以做到当年投资、当年投产、当年受益。从各种运输方式的运送效果来看，由于公路网密度大，加之汽车运行适应性强，这就给汽车带来了选走捷径而求实效的有利条件，能够取得较好的社会经济效益和企业经济效益。

⑥联合运输的广泛性。在开展联合运输中，汽车既可开展公铁、公水、公航等的联合运输，又可开展铁、公、水等“挑两头”的多种运输方式的联合运输。汽车运输本身还可开展干支线连接运输、区域联运、跨省联运等。这种广泛性的联运条件也是道路货运的一大特点。

3.2 汽车维修管理

汽车维修介绍

汽车维修是汽车维护与修理的泛称，其中包括汽车大修、总成修理、汽车维护、汽车小修。所谓汽车大修，是用修理或更换汽车零部件或基础件的方法，恢复汽车的完好技术状况和恢复汽车使用寿命的恢复性修理。所谓总成修理，是用修理或更换总成零部件或基础件的方法，恢复总成的完好技术状况和恢复总成使用寿命的恢复性修理。所谓汽车维护，是为维持汽车完好技术状况或工作能力而进行的维护性作业。所谓汽车小修，是用更换或修理个别零件的方法，保证或恢复汽车工作能力而进行的运行性修理。

3.2.1 汽车维修企业的分类

汽车维修企业分类

汽车维修行业属于技术密集型服务性行业，各类维修企业不仅其经营规模和经营项目差异很大，而且其技术水平、设备条件、厂房场地面积、人员技术素质和其他生产设施等也各不相同。为了使汽车维修行业管理实现系统化、规范化、科学化，必须对汽车维修企业实行分类管理。

(1)汽车维修企业的分类依据

汽车维修企业的分类依据

汽车维修行业管理部门根据以下条件制定各类汽车维企业的开业条件，确定和划分汽车维修企业的类别并限定其经营范围：

①生产规模。

②拥有的主要生产设备和检测设备。

③技术人员、生产技术工人的数量、工种的配备和技术素质。

④维修质量和质量保障体系，以及各种质量管理制度的完善程度。

⑤汽车维修业户的生产厂房，场地面积，生产、生活设施条件。

⑥汽车维修的技术标准、工艺文件、操作规程等的完善程度。

⑦各种计量器具是否齐全，是否符合国家的有关规定。

⑧汽车维修业户在环保、消防等方面的条件是否符合国家的有关规定。

⑨汽车维修业户的经营管理水平。

⑩汽车维修业户的流动资金占有和汽车维修配件的储备能力等。

(2)汽车维修企业的类别

汽车维修企业的类别

汽车维修企业的类别划分是按照其完成维修作业的最高类别确定的。按照GB/T 16739《汽车维修业开业条件》,汽车维修企业按经营项目可分为以下三个类别:

①一类汽车维修企业(汽车大修及总成大修类)——指从事汽车大修和总成大修的汽车修理企业。此类企业亦可从事各级汽车维护、汽车小修和汽车专项修理。

②二类汽车维修企业(汽车维护类)——指从事汽车一级维护、二级维护和汽车小修的企业。

③三类汽车维修企业(汽车专项修理类)——指专门从事汽车专项修理(或维护)的企业和个体户。其中,专项修理(或维护)的主要内容包括:汽车车身修理,汽车涂漆,汽车篷垫及内装饰修理,汽车电器仪表修理,蓄电池充电及修理,散热器、油箱修理,轮胎修补,汽车门窗玻璃安装,汽车空调器和暖风机修理,喷油泵和喷油器调校、化油器修理,发动机镗磨缸及曲轴修磨,车身清洁维护等。汽车维修企业可以根据自身条件,申请从事一项或数项专项修理作业。

需要说明的是,专门从事某一车型维修的(如汽车制造厂设立的汽车维修中心、特约维修站等)不属于专项修理类中的三类汽车维修企业,因为对于某单独车型的维修通常也包括汽车大修、总成大修和各级维护小修,应按其实际作业内容确定其相应类别。

3.2.2 汽车维修企业的经营管理

汽车维修企业经营管理内容

实现汽车维修企业所预定的经营目标,从而不仅可以为企业的生存和发展(简单再生产和扩大再生产)赚取更多的利润,也能为社会发展多做贡献。同样,汽车维修企业的生产经营管理也包括企业外部的经营管理和企业内部的生产管理。其中所谓汽车维修企业外部的经营管理,就是通过调查研究汽车维修市场(包括该市场中汽车拥有量、增长趋势等),并预测汽车维修市场的需要和变化,搞好经营决策,由此制定汽车维修企业的发展规划和经营目标,并努力寻求车源,调整企业的专业化程度和服务方向(扩大服务领域,开拓维修市场,开展快修服务等);所谓汽车维修企业内部的生产管理,是在企业内部努力提高职工素质,改革维修工艺,精心组织生产,提高维修质量(高质量),缩短维修周期(短周期),降低维修成本(低价格),并改善修后服务,树立企业形象等。

(1)汽车维修企业经营管理的重要性在于:

汽车维修企业经营管理的重要性

①作为汽车维修企业而言,要使其维修质量得到社会的承认,并能以较小的社会劳动消耗取得较大的经济效益,不断

地进行简单再生产和扩大再生产,必须依靠企业的经营管理来实现。

②既然决策过程就是全部的管理过程,企业经营管理的好坏和经营决策的正确与否对汽车维修企业的生存和发展起着决定性的作用。经营管理乃是汽车维修企业一切生产经营管理活动的核心。

③社会主义企业经营管理的目的,就在于满足社会日益增长的物质文化生活的需要。为此企业应该讲究经营管理,注意研究汽车维修市场的需要,并通过市场预测和经营决策,有针对性地扩大其服务领域,调整好汽车维修的专业化程度和服务方向,不断地为用户提供质量高、周期短、价格合理的汽车维修服务,为社会多做贡献。

(2)经营思想、经营目标与经营方针。

企业须有正确的经营思想

由于企业是人的企业,因此企业也像人一样,在企业的各项生产经营管理活动中(无论是从事活动或解决问题)都会自觉或不自觉地受到企业经营管理者某种思想的支配。这种体现在企业生产经营管理活动中的指导思想就称为企业的经营思想或经营理念。一个企业经营得好坏,能否在复杂的市场环境中取得成功,关键就在于企业经营管理者的经营思想或经营理念。正确的经营思想或经营理念可使企业健康发展,并不断取得较好经济效益;错误的经营思想或经营理念只会使企业误入歧途,难以生存和发展。当然,若要树立正确的经营思想,就要树立以下观念:

要树立法制观念和全局观念

①要有法制观念和全局观念,树立良好的企业形象——首先要认真执行国家的方针政策、法规法纪和财经纪律,顾全大局,而不能违反国家的方针政策、法规法纪和财经纪律从事各种非法活动(包括不正当竞争);其次是要处理好企业与国家、企业与企业、企业与职工之间的关系,要适应于环境而不要与环境相对立,树立良好的企业形象。

当前的汽车维修企业已经星罗棋布,随着汽车维修市场竞争的日益严峻,汽车维修企业正面临着新一轮洗牌。要想在这个市场中求得生存和发展,必须要建立良好的企业形象。为此要积极开展企业形象的 CIS 策划(CIS 是 Corporate Identity System 的缩写,意思是企业形象识别系统。其主要含义是将企业文化与经营理念,统一设计,利用整体表达体系尤其是视觉表达系统,传达给企业内部与公众,使其对企业产生一致的认同感,以形成良好的企业印象,最终促进企业产品和服务的销售)不少汽车维修企业还聘请了若干有名望、有实际经验和工作能力的生产经营管理专家，并设立专家监督机构或专家咨询机构，定期或不定期地为企业培训人才，以启发思路，诊断企业所存在问题，帮助企业不断地提高和改善企业管理水平。

要树立自主和创新观念

②要有面向市场的自主观念和创新观念，努力拓展服务范围——汽车维修企业要在汽车维修市场中接收维修车辆，并在采购市场中采购所需要的配件材料，在修竣后还要将车辆交还给用户，并为用户做好各种技术服务等。所有这些，都要求汽车维修企业面对市场。既要有自主观念、相对独立地自主经营，不能依靠或等待；也要有创新观念，广开门路，努力拓展服务范围，坚持多样化经营和专业化维修的经营理念。而不能因循守旧，继续过去那种“来什么修什么”的杂牌维修经营理念。为此，汽车维修企业不仅要设置市场经营部门以开拓车源，而且还要认真地做好汽车维修市场的预测和调查，了解车源的分布，并主动走访用户，加强与用户的联系（如建立用户档案等）。

要面向市场，就要积极主动地拓展服务范围，想方设法地满足用户需求，寻求企业最好的经济效益。例如大力开展免费故障检测、免费日常维护、免费提供技术咨询、组织俱乐部以及免费救急与上门服务等。

所谓多样化经营，就是要在许可的条件下开展多种经营。例如，实施3S（同时经营汽车销售、配件销售、汽车维修）、4S（同时经营整车销售、零配件销售、汽车维修、技术服务，包括信息反馈、技术培训、旧车置换等）一体化经营模式的品牌销售服务店，并开拓与3S、4S连锁经营的汽车快修、急修服务和专项汽车维修服务等。而所谓专业化维修，就是要坚持单品牌的汽车维修，开展单项性的汽车维修。因为只有走专业化道路才能迅速地提高工人的操作技能，广泛地使用各种专用维修设备和工具，加快汽车维修进度，确保汽车维修质量和服务质量，并在保证配件供应的前提下尽可能减少库存、降低消耗，不断地降低汽车维修价格。

上述的多样化经营与专业化维修不仅并不矛盾，而且是相辅相成的。例如许多的大型汽车维修企业就整个企业而言，开展了多种等级和多种品牌车型的汽车维修服务，实施了多种经营。但在企业内部，则按照品牌分类，分别设置有各品牌汽车的专业维修点，实施单品牌的汽车维修，同时对其维修车间实施封闭式管理，走专业化维修的道路。

要端正经营态度

③要端正经营思想和经营态度，树立为用户全过程服务

的观念——当前的汽车维修市场既有竞争也有机遇。这种竞争，表面上看是汽车维修质量和服务质量（如维修价格、维修周期与维修服务）的竞争，但实质上却是企业管理者经营理念的竞争，生产技术与经营管理水平的竞争，归根结蒂是人才的竞争。这种机遇，不仅有利于汽车维修企业提高自身的生产经营管理水平，提高维修质量和服务质量，而且还有利于增加维修项目、降低维修成本、改善维修服务等。因此，汽车维修企业若要面对竞争而占有市场（赢得用户和赢得市场），就要做到质优、价廉、周期短、服务周到，要让用户满意，而不是光顾及企业利益或眼前利益而得罪用户。维修质量是基础，服务质量是关键。

企业全过程服务的意义

(3)汽车维修企业在市场竞争中开展为用户全过程服务的意义是：

①通过技术服务，可以帮助用户正确使用经本企业经销或维修的车辆，从而充分发挥其功能和经济效果；

②通过技术服务，可以增强本企业信誉，扩大市场，保住老用户、发展新用户；

③通过技术服务，可以广泛地接触用户，从而密切与用户的关系，同对也有利于企业了解市场，改善企业的生产经营管理水平。

企业技术服务的形式

(4)汽车维修企业技术服务的形式有：

①设置专人接待用户来访、处理信访，开展技术咨询工作，当好用户参谋；

②经常性走访用户、联系用户，征求用户意见，并重视用户反馈信息，尽可能地满足用户需求；

③派专人定期巡回上门技术服务，以针对本厂营销或维修质量的不足做好善后服务工作，不断改进服务态度，提高维修质量，与用户建立持久而广泛的公共关系；

④建立企业技术服务网站，以宣传本企业生产技术优势和新开设服务项目；

⑤编制汽车营销或汽车维修的使用说明书，做好产品配件、备件、附件、专用工具的供应，并为用户举办各种技术培训班；

⑥对本企业产品实行包修、包换、包退的三包服务等。

开展公正、公平、公开的正当竞争——市场竞争的目的并不是为了挤垮别人，而是为了实现双赢。因此企业之间的竞争应该是公正、公平、公开的正当竞争，而不是不正当的竞争或你死我活的竞争。任何不讲诚信的欺诈行为，例如以高额回扣来拉拢客户、使用伪劣配件、乱收修理费用以及不顾产品质量的偷工减料、在不具备足够维修能力的情况下搞越级维修或越级改装和翻新等都属于不正当竞争。随着市场经济逐步法制化和规范化，任何违法经营和不正当竞争不仅因为扰乱市场秩序而会受到汽车维修行业管理的从严查处，而且因为树敌过多而自毁企业信誉。

3.2.3　汽车维修企业的管理机构

汽车维修企业属于服务性企业，为了强化企业管理，就必须在企业内部建立相应的组织管理机构。

（1）设置企业管理机构的基本原则

企业管理机构的设置原则

①管理跨度（幅度）原则

管理跨度原则是加强厂长/经理对本企业生产经营管理活动集中统一指挥、搞好企业生产经营管理的基本原则。所谓管理跨度原则，是指一个人能够高效率地组织管理下级的人员数量或范围。例如司令并不直接去指挥士兵，而要通过三三制或四四制的管理体制，逐层分级进行管理。同样，凡多于30人的汽车维修企业，也不可能依靠厂长/经理去直接管理工人，还要在厂长/经理的集中统一领导下，在企业内部设置各级管理机构（如职能部门和车间、班组等），以协助厂长/经理逐层分级地履行整个企业的各种管理职能。

②精简原则

为适应企业经营目标的要求，在企业内部设置各级管理机构时，要注重实效，要有利于提高企业管理的工作效率和经济效益，因事设职、因职设人。做到部门少、人员精，确保企业职能管理机构的精干、高效和节约。

③逐级管理、逐级负责原则

在设置各级管理机构后，企业各项生产经营管理要在厂部统一集中领导下，合理地解决集权与分权的问题，实行“层层抓、抓层层”的逐级管理、逐级负责的管理原则，大权独揽、小权分散。既不能权力过于集中而独裁专权，也不能权力过于分散而指挥不力。为此，企业内部的各职能机构不仅应合理分工，加强纵向与横向的联系；而且要建立明确的责权关系，实行企业内部管理业务的标准化与程序化。

（2）汽车维修企业的管理机构设置：

汽车维修企业管理机构具体设置

汽车维修企业的各级管理机构可根据企业实际规模来设置。例如对于职工人数少于100人的中小型汽车维修企业，一般可采用泰勒的职能结构方式，不设置车间，实行厂部与班组两级管理，此时的厂部业务部门应视为企业的管理部门，以直接由各职能机构代表厂长/经理对班组进行管理；而对于职工人数多于 100 人的大型汽车维修企业一般应采用直线——职能的结构方式，实行厂部、车间、班组三级管理，此时的厂部业务部门只为非权力的职能办事机构，应由车间主任代表厂长/经理对车间及班组进行管理。

但需要说明的是，这里所述的机构设置，主要是针对大型汽车维修企业而言的，并不包括快修店、急修店或连锁经营店等小型或超小型汽车维修店。因为在这些汽车维修店中，有时只需要设置前台业务管理人员即可。

①厂部业务部门：

厂部业务部门设置

厂部业务部门是企业进行生产经营管理的职能机构，主要负责企业的人力资源管理、汽车维修计划的制订、汽车维修生产调度和质量管理以及企业财务管理等。

②车间：

车间设置

汽车维修企业的车间是在厂部统一领导下具体组织和从事车辆维修的基本单位。

车间是企业的中层权力管理的实体单位，车间主任应在厂长/经理的领导下，直接对厂长/经理负责。其主要任务是负责及协调本车间内的班组管理，并全面组织和指挥车辆的维修，完成厂部下达的各项维修任务，努力提高维修质量，降低维修成本，保证生产安全，以取得良好经济的效益。

汽车修理企业的车间及班组设置，可根据汽车维修企业的生产规模确定。例如对于年大修车数超过 1000 辆的大型汽车维修企业，可按厂房使用或作业性质设置大修车间、维修车间、快修车间等，或者按厂房使用或作业部位划分为发动机、底盘、车身、修配和机修车间等，在各车间内再按工种或加工对象划分若干专业班组；对于年大修车数在 300 ~ 1000 辆的中型汽车维修企业可设置发动机、底盘、车身、修配四个车间和一个直属机修班组，再在各车间内按工种或加工对象划分若干专业班组；对于年大修车数少于 300 辆的小型汽车维修企业可设置修理、车身和修配三个车间，再在各车间内按工种或加工修理对象划分若干专业班组。

③班组：

班组设置

班组是汽车维修企业中直接从事维修业务的基本实体单位，它是汽车维修企业中最基础的环节。因此，搞好班组的建设和管理是搞好汽车维修企业生产经营管理的重要保证。班组的设置一般通常都按照其工种性质划分，例如机修班、电工班、钣金工班、漆工班、木工班等。每班组的人数通常以不超过10人为宜。当同一工种的人数较多时(如机修工),可以平行设置成若干班组(如机修一、二班等)。

在班组内一般不设置专职管理人员。班组长通常由技术全面、有领导威望的老工人担任。其职责主要是负责本班组的日常管理,完成厂部或车间下达给本班组的生产任务,做好班组内的安全生产、派工调度、质量管理、设备材料管理,并做好各项原始记录、工时统计和班组核算工作,以及班组民主管理等。

3.2.4 汽车维修企业发展趋势

在计划经济时代,汽车维修常用"新三年、旧三年、缝缝补补又三年"的理念,不断修复旧件而使车辆无限期延续使用。在市场经济条件下,随着人们生活水平的提高和思想观念的转变,也随着车辆及配件供应情况的改变,使我国的汽车维修企业在服务对象、维修观念、维修制度、维修力量和作业方式等方面都发生了巨大的变化。

汽车维修服务对象的改变

(1)在汽车维修的服务对象上,过去是纯粹为汽车运输业服务,主要集中在大城市,从属于汽车运输业;现在则既要为汽车运输业服务(从事汽车的维修)、也为汽车制造业服务(从事新车的销售和服务),因而正在逐渐形成相对独立的行业,并逐步向中小城市和县乡郊区扩散。

维修观念、制度、力量和方式的改变

(2)在维修观念、维修制度、维修力量和作业方式上,由于我国加快了汽车的更新改造,并严格控制能源消耗和汽车排放,因而使我国的汽车维修观念和制度也随之发生了明显变化。由过去的"强制保养、计划修理"转变为今天的"定期检测、强制维护、视情修理";同时即使是修理(特别是轿车维修),也已经由过去的"以旧件修复为主"逐步发展成为今天的"以换件修复为主"。

汽车维修业逐步与国际接轨

(3)在汽车维修企业中,随着汽车维修行业自律意识(自我管理、自我约束、自我发展)不断提高;我国的汽车维修行业正在逐步国际化。

目前国内汽车维修企业总的发展趋势是:汽车维护正在向汽车检查/维修制度(I/M)的方向发展;汽车修理正在向汽车翻新的方向发展;而汽车维修企业的经营规模正朝着超大型(连锁经营)和超小型(快修店)两极分化的方向发展。

①汽车维修企业的飞速发展,正朝着规模化、连锁化、高档次、多种服务形式的方向发展。

向规模化、连锁化、高档化、多种服务化发展

随着我国改革开放的不断深入和国民经济的持续发展,也随着汽车保有量的成倍增加,我国汽车维修企业的数量持续猛增、经营状态持续火爆，使汽车维修业更加飞速发展。其中最明显的变化就是我国的汽车维修市场已经由过去的供不应求发展到现在的供求大致平衡、甚至供大于求。

汽车行业的飞速发展不仅壮大了汽车维修业，活跃了汽车维修市场，而且也使汽车维修业日益成为国民经济中新的经济增长点。正因为如此，我国的汽车维修企业正吸引着社会各界的关注和投资，并通过企业兼并和资产重组，新组建了不少具有一定规模并相对独立的为某单一品牌轿车做售后技术服务的企业（即3S、4S店）。由于这些新建企业的资金雄厚、起点较高、整体素质和维修档次较高，因此其经营规模（如建立企业集团、开展连锁经营等）越来越大、档次越来越高、维修服务形式越来越多。

随着汽车维修业朝着规模化、连锁化、高档次、多种服务形式的方向发展的同时，连锁化经营的趋势也十分明显，而且这些连锁店（如某品牌汽车的急修快修店、救援服务站和汽车俱乐部等）正在走向城市中居民小区的各个角落。也就是说，汽车维修企业的规模化和连锁化，是指其总店经营规模将越来越大，而连锁经营店的规模却越来越小型和分散。例如从美国近几年汽车维修企业和汽车售后服务市场的发展状况看，其大型综合性汽车维修企业以及新车特约经销店或特约维修店相应减少，而小型专业化维护店、汽配换油中心、以及处理车辆事故救急的事故维修和保险理赔中心却反而增加，并且正逐渐形成全国性的连锁经营网络。由此可知，我国汽车维修业今后发展的主要方向将是为某品牌汽车从事专业化维修服务的连锁经营店。当然，汽车维修企业的科技型连锁经营与纯商业型连锁经营明显不同。

②依靠高新技术来增强汽车维修企业的竞争能力，并朝着专业化、工业化的方向发展。

向专业化、工业化发展

随着汽车维修市场的逐步完善和激烈竞争，为了缩短汽车维修时间，提高汽车维修质量，汽车维修企业的分工正在逐渐细化并朝着专业化、工业化的方向发展。例如：目前的轿车维修企业大多只作为直接为某单品牌轿车做售后技术服务（即3S、4S店）；目前新成立的汽车维修企业大多只承担某专项汽车维修（例如专修汽车电控系统EFI、自动变速器AT、转向助力系统EPS、制动防抱系统ABS或者专门从事钣金、喷漆、动平衡与汽车美容等）。正是由于汽车维修服务的专业化，促使了汽车维修企业开始朝着工业化流水作业的方向发展，例如在汽车维修企业中出现了发动机翻新线，自动变速器翻新流水线等。

由于现代汽车的高科技含量日益提高，不仅带动着汽车维修技术的发展，而且也对汽车维修技术提出了更新更高的要求。因此，现在的汽车维修企业大多不惜重金地装备了最新的维修设备（如引进先进的维修检测诊断设备），甚至还自己花钱培训专业技术人才或开办学校，以追踪和掌握现代汽车的高新技术，并依靠这些高新技术来提高汽车维修企业的市场竞争力，从而为汽车制造业与汽车运输业提供更高质量的技术服务。

③现代汽车维修企业开始采用先进的管理手段，向管理要效益。

向提高管理水平发展

现代的汽车维修企业不仅特别注重于企业文化建设，通过四公开服务（公开维修项目、公开收费标准、公开维修过程、公开服务承诺）和免费为用户提供服务的活动，不断创新，积极创建文明企业，提高企业形象，而且还采用先进的管理手段来改善企业的生产经营，以改善企业的产品和服务质量，向管理要效益。例如现代汽车维修企业大多采用了计算机管理和生产现场电视监控技术；有些汽车维修企业还实施了维修车间的专业化封闭式管理，从而将客户与维修人员分隔，不断提高企业管理水平。

④旧车交易市场和旧车翻新市场必将引入汽车维修企业。

引入旧车交易和旧车翻新市场

欧美国家的旧车交易量及维修量通常是新车交易量及维修量的 7 倍。因此，国外的旧车交易和旧车置换是以整车销售、零配件销售、汽车维修、技术服务（包括信息反馈、技术培训、旧车置换等）为主的 4S 品牌经营企业一体化服务的重要内容。在我国，新车交易市场的空前活跃也带动了旧车交易市场的快速发展。由于旧车经销商、卖主和买主在旧车交易时都希望能有公正的车况检测和必要的维修翻新；而汽车维修企业正具有这种车况检测和维修翻新的能力，因此，旧车交易市场和旧车翻新市场必将引入汽车维修企业。

3.3 汽车运用技术经济定额和指标

3.3.1 技术经济定额的涵义

技术经济定额的涵义

技术经济定额是运输单位和个人在一定的生产条件下，进行生产和经济活动所应遵守或达到的限额，是实行经济核算、分析经济效益和考核经营管理水平的依据。技术经济定额应考虑使用环境及条件、人员技术素质等因素，根据专业运输单位平均先进水平制定。技术经济定额应保持相对稳定，但随着使用条件的改善和技术进步,可作必要的修订。

3.3.2 技术经济定额指标

技术经济定额各项指标

汽车运用的主要技术经济定额和指标包括:行车燃料消耗定额,轮胎行驶里程定额,车辆维护与小修费用定额,车辆大修间隔里程定额,发动机大修间隔里程定额,汽车大修费用定额,完好率,车辆平均技术等级,车辆新度系数,小修频率,轮胎翻新率等11项。

(1)行车燃料消耗定额:是指汽车每行驶百车公里或完成百吨公里所消耗燃料的限额。根据GB 4352—84《载货汽车运行燃料消耗量》和GB 4353—84《载客汽车运行燃料消耗量》规定,按车型、使用条件、载质(客)量和燃料种类等分别制定。

(2)轮胎行驶里程定额:是指新胎从开始装用,经翻新到报废总行驶里程的限额。根据车型、使用条件和轮胎性能分别制定。

(3)车辆维护与小修费用定额:是指车辆每行驶一定里程,维护与小修耗用的工时和物料费用的限额。按车型和使用条件等分别制定。

(4)车辆大修间隔里程定额:是指新车到大修,或大修到大修之间所行驶的里程限额。按车型和使用条件等分别制定。

(5)发动机大修间隔里程定额:是指新发动机到大修,或大修到大修之间所使用的里程限额。按型号和使用燃料类别等分别制定。

(6)汽车大修费用定额:是指车辆大修所耗工时和物料总费用的限额。按车辆类别和型式等分别制定。

(7)完好率:是指完好车日在总车日中所占的百分比。

(8)车辆平均技术等级:是指所有运输车辆技术状况的平均等级。计算公式如下:

$$\frac{\text{车辆平均}}{\text{技术等级}}=(1\times\text{一级车数})+(2\times\text{二级车数})+\frac{(3\times\text{三级车数})}{\text{各级车辆数的总和}}$$

(9)车辆新度系数:是综合评价运输单位车辆新旧程度的指标。计算方法如下:车辆新度系数 = 年末单位全部运输车辆固定资产净值/年末单位全部运输车辆固定资产原值。

(10)小修频率:是指每千车公里发生小修的次数(不包

括各级维护作业中的小修)。

(11)轮胎翻新率:是指在统计期内经过翻新的报废轮胎数占全部报废轮胎数的百分比。

1. 什么叫企业？企业具有哪些特征？
2. 企业制度有哪几种形式？公司制具有哪些基本类型？
3. 现代企业制度有何特征？
4. 什么叫企业管理？它有哪5种职能？
5. 试述法约尔一般管理理论的主要内容。
6. 简述梅奥的人群关系论的基本观点。
7. 现代企业管理的发展趋势有哪些？
8. 简述汽车运输业的特点是什么？
9. 举例说明目前国内汽车维修企业有哪些发展趋势？

1. 关于“经济人”的概念,可参阅亚当·斯密的名著《国富论》。

2. 要对中国古代管理思想进行深入的学习,可参考周三多、陈传明、鲁明泓编著《管理学——原理与方法》(第三版),第一篇的相关内容,复旦大学出版社1999年。

3. 汽车“4S”店:“4S”是指四个英文单词的首写字母,这四个以S开头的单词分别代表了如下含义:整车销售(Sale)、零配件(Sparepart)、售后服务(Service)、信息反馈(Survey)。汽车“4S”店这种“又卖车又修车”的全能模式,给汽车消费者带来了全新的感受,它是汽车市场激烈竞争的产物,是一种全新的营销模式。欲了解汽车4S店的更多情况,可点击汽车中国网(www. carcn. net)或中国汽车资源网(www. hc360. com)。

知难而上:克莱斯勒公司挑战20世纪90年代

在20世纪80年代,李·艾柯卡因拯救濒于破产边缘的美国汽车巨头之一克莱斯勒公司而声名鹊起,颇具传奇色彩。今天,克莱斯勒公司又面临另外一场挑战:在过热的竞争和预测到的世界汽车产业生产能力过剩的环境中求生存。为了度过这场危机并再次成功地进行竞争,克莱斯勒不得不先解决以下问题。

首先,世界汽车产业的生产能力过剩,意味着所有的汽车制造商都将竭尽全力保持或增加它们的市场份额,不仅美国的汽车公司要靠增加投资来提高效率,而且日本的汽车制造商也不断在美国建厂,这就带来了问题。另外,欧洲和韩国的厂商也想增加他们在美国的市场份额。艾柯卡承认,需要对某些车型削价,为此,他运用全面打折和其他激励手段来吸引消费者进入克莱斯勒的汽车陈列室。

可是,艾柯卡和克莱斯勒也认为,价格是惟一得到更多买主的方法。事实上,那不是最好的方法,尤其从长期性来看。相反,克莱斯勒必须解决第二个问题:改进它所生产的汽车的质量和性能。

艾柯卡承认,他犯了个错误,因为他把注意力过分集中在市场营销和财务方面,而把产品开发拱手让给了其他厂家 。此外,克莱斯勒还必须重视向消费者提供的售后服务的高质量。产业分析家一致认为,优良的消费者服务在一种饱和市场中至关重要。

艾柯卡的第三个问题,是把美国汽车公司(AMC)和克莱斯勒的运作结合起来。兼并美国汽车公司意味着克莱斯勒不得不解雇许多员工,既有蓝领工人又有白领阶层。剩余的员工对这些解雇工人的态度从愤怒到担心,这种局面给克莱斯勒的管理产生巨大的压力,难以和劳工方面密切合作,以便回避骚乱,确保汽车质量和劳动生产率。

为了生存,克莱斯勒承认,公司各级管理人员和员工(设计、营销、工程和生产)必须通力协作,以团队的形式开发和制造与消费者的需要相匹配的质量的产品。克莱斯勒的未来还要以提高效率为基础。今天,克莱斯勒一直注重降低成本、提高质量并靠团队合作的方式提高产品开发的速度,并发展与供应商和消费者更好的关系。在其他方面,艾柯卡要求供应商提供降低成本的建议——他已收到上千条这样的提议。艾柯卡说,降低成本的关键是“让全部 1 万名员工都谈降低成本。”

艾柯卡已从克莱斯勒公司总裁的职位退休。有些分析家开始预见克莱斯勒的艰难时光。一位前管理人员说:“感受到(克莱斯勒)的时光确实一去不复返。(艾柯卡)与其说是一种资产不如说是一种负债。”但一位现任主管却反诘道,克莱斯勒有一项大优势:那就是它从前有过一次危机,却又度过了危机并生存了下来。所以,克莱斯勒能够向过去学到宝贵的东西。

评点:汽车市场是一个激烈竞争的市场,是一个典型的买方市场。除了重视市场营销、财务、质量外,还应增加产品开发、售后服务等,必须要重视管理,有一套发展战略,才能迎接挑战,立于不败之地。

案例思考:试分析克莱斯勒怎样才能迎接挑战,度过危机。

单元二　决策与计划

学习目标

1. 详细描述决策的含义，决策的目标、程序；
2. 详细叙述决策的方法；
3. 详细描述计划的概念和作用；
4. 简单叙述计划的原理和计划工作的程序；
5. 详细描述常用的计划方法；
6. 会运用决策树、乐观原则、悲观原则、折衷原则、遗憾原则等方法解决有关决策问题；
7. 会绘制网络图，计算网络时间，确定关键线路和工期。

在人们的社会生活实践活动中，需要去达成各种目标，而实现某一既定目标的途径和方法往往又不是唯一的。不管是组织还是个人，首先其行动都是有目的的，即"为什么这么干"的问题是明确的；其次是围绕目标，对未来的行动需要进行统筹和安排，即解决一个"怎么干"的方法问题，并且使实现目标的过程高效率。这就是管理学科中的决策与计划问题。计划是管理的首要职能，决策是管理工作的基本要素，计划工作过程与决策是密不可分的。

1　关于决策

1.1　决策活动综述

决策的定义

所谓决策是从两个或两个以上的备选方案中选择最优方案并付诸实施的过程。这一定义有三层含义：决策的目的是需要实现的一定目标；决策的对象是一系列可行的实施方案；决策要完成的是在诸多可行方案中择优的任务。

决策理论的发展

随着社会经济、科学技术的发展，决策理论经历了一个从简单到复杂的过程。20 世纪初形成的古典决策理论与当时的科学管理发展阶段相呼应，在经济人等概念的基础上，主张决策的目的是为组织获取最大的经济利益，决策者应该在充分掌握有关情况的基础上做出最优决策。20世纪70年代，以美国卡内基—梅隆大学经济学教授赫伯特·西蒙为代表的管理决策学派提出有关决策的重要观点：决策的有限合理性，区别于以往所谓的绝对合理化；决策的满意度，区别于以往的最优化；讲求管理的效率，区别于以往的追求效果。

西蒙提出：决策是管理的职能，决策贯穿于组织活动全部过程，进而提出了"管理的核心是决策"的命题，而传统的管理学派是把决策职能纳入到计划职能当中的。由于决策理论不仅适用于企业组织，而且适用于其他各种组织的管理，具有普遍适用的意义。因此，"决策是管理的职能"现在已得到管理学家普遍的认同。

决策理论学派的学者提出要用"满意原则"来代替"最优原则"。所谓满意原则，就是寻找能使决策者感到满意的决策方案的原则。即对于各种决策方案，决策者不是去探索能实现最优效果的决策方案，而是如果有了能满足实现目标要求的方案就确定下来，不再继续进行其它探索活动。由于知识、经验、认识能力的限制，人们不可能找出所有可能的行动方案。即使有充分的能力来寻找所有可能的行动方案，人们由此所花费的时间和费用也会使人们感到这样做是得不偿失的。"有限合理性"原理是现代决策理论的重要基石之一，完全的合理性导致决策人寻求最佳措施，而有限度的合理性导致他寻求符合要求的或令人满意的措施。按照满意的标准进行决策显然比按照最优化原则更为合理，因为它在满足要求的情况下，极大地减少搜寻成本、计算成本，简化了决策程序。

"令人满意"的理论准则应用到企业决策中，就是追求适当的市场份额而不是最大市场份额，取得适度的利润而不是最大的利润，制定合适的市场价格而不是最高价格等，这种满意的决策结果才是可行的。

决策者的重要性

决策者即决策主体，是决策系统中体现主观能动性的要素，在决策活动中占有特别重要的地位。决策者的决策活动，受到价值观念因素和决策技术因素的影响。价值观念要素包括：组织目标、效率标准、公正标准、个人价值观。决策技术要素包括：有助于处理各种情况的决策技术和知识；环境所反映的有关信息。因此在绝大多数组织中，决策者往往不是一个人，而是按照一定规则组织起来的一个群体，一个决策系统。

1.2 决策的目标与程序

1.2.1 决策的目标

何谓决策目标

决策首先要确立和明确所要达到的目的和达到的程度，

这就是决策目标。人们所从事的活动实际上都是一种决策活动,这种决策活动主要是解决两个问题:即目标的确定和目标的实现。目标是决策活动的起点和终点。企业管理中的决策活动是为达到某一目标而作出决定,所作的每一项决策都是为使目标的实现达到满意。没有了目标,决策也就失去了意义。企业经营活动中的目标是多方面、多层次的,它对企业的各项经营活动具有指导性。

决策目标的三个特征

1.2.1.1 目标的特征。目标具有三个明显的特征:方向性、时间性和可分解性。为了在既定的时间内实现既定的目标,须将组织目标分解于这个结构系统的各个方面、各个层次、各个时间段,形成与组织结构相对应的、保证目标实现的目标结构系统。

(1)目标的方向性

目标对企业的各项经营活动具有指导性,企业的各项经营活动都是围绕一定的目标而开展的。汽车维修企业的维修服务、维修质量、工艺流程、人员培训等各方面,都是以企业目标为方向的。

(2)目标的时间性

对应企业长期的经营战略方针有长期的战略目标,短期的管理行为和经营活动有具体明确的中短期目标。短、中期目标要服从、体现长期目标。

(3)目标的可分解性

目标的可分解性又体现为目标的层次性、多样性和可考核性。

对应企业组织层次,目标可体现为决策层目标、管理层目标、事务层目标。人的行为总是有一定的目的性的。而组织的活动也是为了实现组织的目标。为了实现一定的目标,组织就要采取一定的手段。如果说实现组织的总体目标或者说最高目标是组织中最高层管理者的职责的话,那么为了实现这一目标所需要的手段就成了组织中下一层次的管理者的目标。为了实现下一层次管理者的目标,需要采取一定的手段,而这个手段又成了更下一个层次的管理者的目标。这样往下不断进行分解,一直到组织的总体目标能通过现有的行动计划或其它具体的方法手段而实现为止。这样,在组织中就形成一个不中断的目标——手段链,或者叫目标层级系统。这个目标层级系统与组织中形成的不中断的等级链是相吻合的。在这个系统中,每一个层次的目标(手段)既是目标又是手段。

目标的多样性体现在目标是多方面的。企业作为一个系统，其总体目标可以细分为很多子目标，通过各子目标的逐步实现来保证总体目标的实现。各主要目标、次要目标共同构成了在某一个时期的目标体系。

目标的可分解性决定了目标的可考核性。目标的实现要依据一定的标准和尺度来给予评价，而评价标准体现为客观的量化指标体系。任何目标都应该在数量上或质量上具有可考核性。如果目标管理不可考核，就无益于对管理工作或工作效果进行评价。

1.2.1.2　目标的作用

决策目标的作用

(1)为管理工作指明方向。实现目标是企业活动、管理工作的共同指向，它把企业多方面的工作和职能都统一到组织的目标上来。为使目标方向明确，就要使目标尽量简化。

(2)激励作用。按行为科学学派的观点，人的活动是在不断追求和达到一定目标的过程中完成的，对目标的追求是一个由低级目标到高级目标的过程。因此目标的制定要合理，过高或过低都将会失去目标的激励作用。

(3)凝聚作用。凝聚力来源于人们的共同追求和在实现共同追求的过程中合理分工、相互协作给人们带来的满足感和自豪感。通过由上而下或自下而上层层制定目标，在企业内部建立起纵横联结的完整目标体系，把企业中各部门、各类人员都严密地组织在目标体系之中，明确职责，使每个员工的工作直接或间接地同企业总目标联系起来，激发大家关心企业目标的热情。

1.2.2　决策的分类

决策的各种分类

(1)按照决策的重复程度，可分为常规性决策和非常规性决策。常规性决策是指在管理活动中重复的、例行的程序化决策。这类决策通常按例行的程序和方法进行，主要为解决具体的战术或操作问题，属中低层管理人员决策范围。如常用物资的订购与采购、汽车故障的诊断与维修方案等。计算机技术的广泛运用提高了程序化决策的效率。非常规性决策是指管理中首次出现或偶然出现的非重复性决策。这类决策问题是偶然发生的，或者是第一次做出的决策，无先例可循，只能在问题提出时进行特殊处理。这类决策往往是由决策者根据经验和分析能力，对管理对象进行定性和定量分析后做出。

(2)按照决策后果发生的可能性大小，可分为确定型决策、风险型决策和非确定型决策。确定型决策，是指选中的方

案在执行后有一个确定结果的决策。这类决策比较容易，但在实际生活中很少见。风险型决策，是指选中的方案在执行后会出现几种可能的结果，这些结果出现的概率是明确的。非确定型决策，是指选中的方案执行后会有多种结果，这些结果出现的概率是不确定的。

(3)按照决策的层次，可分为高层决策、中层决策和基层决策。高层决策，是指企业最高领导层所作的决策。这类决策大多是有关全局以及与外界有密切联系的重大问题，例如企业中的经营方针、市场开拓等。中层决策，是指企业中层管理人员所作出的决策。基层决策是指组织中基层人员所作的决定，这类决策一般解决日常工作中的问题。一般说来，越往高层的决策越具有战略性、非常规性、非确定性等种种特征。而越往底层的决策，就越具有战术性、常规性、确定性、技术性等特点。

(4)按照决策过程的作用，可分为突破性决策和追踪性决策。突破性决策，又称发展性决策，是指促进事物发展方向或性质的突变的决策。追踪性决策，是指在决策实施过程中，根据反馈对出现的偏差进行调整以及由于情况突变或原有决策有误而重新确定的决策。

(5)按照决策的目标多少，可分为单目标决策和多目标决策。单目标决策，是指判断一项决策的优劣，只考查某一重要目标就可得出结论。多目标决策，是指对于一项决策的优劣，需要考查多个目标，才能得出结论。

1.2.3 决策的程序

决策作为管理的一种活动，包括了一定的步骤和程序。虽然决策的具体过程不尽相同，但就一般决策而言，主要分为七个阶段：

决策的步骤和程序

1.2.3.1 发现问题。问题是决策的起点，有了问题，才会找准着手的地方，有针对性地去解决问题。这里所说的问题，是指实际状况和应有或期望的状况之间的差距。发现那些具有战略性、全面性的问题比较难，必须不断地对企业与环境适应情况进行深入的调查研究和创造性地思考才能做到。发现问题还必须对问题进行分析，包括弄清问题的性质、范围、程度、影响、后果、起因等各个方面，为决策的下一程序做准备。可以认为，决策就是发现问题、分析问题和解决问题的过程。

问题的发现

1.2.3.2 确定目标。目标是指管理者在特定的条件下所要达到的结果。显然，目标与管理者追求有效管理的效果

目标的确定

是相联系的。目标是决策活动的开始,而实现目标,即取得预期的管理效果是决策的终点。

(1)确定目标的要求如下:

确定目标的要求

其一,要把决策目标建立在需要与可能的基础上。首先决策是在什么样的环境形势下进行的,这样的环境形势对企业经营提出什么样的需要和要求,这些需要和要求都是确定目标的依据。其次,要确定实现决策目标所需要的条件。

其二,目标应明确而具体。决策目标要明确,否则无法制订决策方案或做出正确的方案选择。决策目标还应具体,要有具体衡量实现程度的标准,有些难于直接用数量指标表示的目标,可以采取间接表示的方法使其数量化,如用百分比法、评分法等。总之,要使决策目标具有可考核性,才能有效地去执行,充分发挥目标的作用。

其三,目标要分清主次。有的目标是必须达成的,有的目标是希望达成的。这样可以使实现目标的严肃性和灵活性更好地结合起来。在决策过程中,目标往往不只一个,多个目标之间既有协调一致的时候,有时也会发生矛盾。例如,提高维修服务质量就可能增加成本,而降低成本就可能降低服务水准,甚至会影响维修质量。因此在处理多目标问题时,一般应遵循下列两条原则:①在满足决策需要的前提下尽量减少目标的个数。因为目标越多,选择的标准就越多,选择方案越多越增加选择的难度。②要分析各个目标的重要程度,分清主次,先集中力量实现必须达到的重要目标。

其四,要规定目标的约束条件。很多决策目标是有条件目标,附加有约束条件。有的是客观存在的约束条件,如一定的人力、物力、财力限制等;有的是主观要求规定的约束条件,例如企业除制定盈利目标外,还会附加一定的市场拓展目标、返修率指标等。

其五,要使决策目标落实。既可向上落实,看本级目标是否是达到上一级目标的手段,又可向下落实,看本级目标是否是下一级决策目标的目的。决策目标要有时间要求,要把预定完成期限规定出来。

(2)确定目标的步骤。

确定目标的步骤

①必须认清所要解决问题的性质、特点、范围,找到问题的症结所在及其产生的原因。寻找问题症结的办法是以差距的形式把它反映出来,进而抓住关键性的差距,并找出产生差距的原因。②全面研究所要解决问题的需要和可能。决策者所以要订立决策目标,是因为发现现实与要求之间存在着差

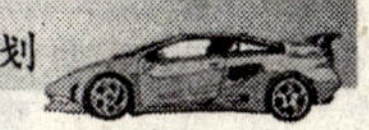

距，并且这种差距已经达到不能满意的程度，才值得付出代价去消灭或缩小它。但决策时又不能仅仅考虑这么几个直接诱因，而应全面考虑上下左右各个方面的需求与可能，应当估计到有条件来实现这个目标，否则目标将成为空想。③对于初步设想的目标，仍需要进行正反两面的论证，然后审慎地把决策目标确定下来。例如某维修企业在谋求发展的过程中，对当地汽车维修市场作了一番调查，认为当地维修行业普遍存在维修服务水平不高，直接表现为维修质量低，工艺落后，人员素质差，不能满足汽车维修的需要。这些问题主要原因在于当地汽车维修企业缺乏规模经营、多为作坊式经营的状况。而维修市场的需求又为企业的发展带来机遇，如能加大投入，改善工艺，实现规模经营，必然能给企业带来很大发展。但企业进一步研究发现，加大投入、引进新工艺、掌握使用新技术新材料受到了人员素质的限制，过去靠师傅带徒弟的办法带出来的很多维修人员技术有限，并且不能及时地吸收、掌握新技术、新工艺、新材料。要提高整体人员的综合素质，单靠某一专项培训是很难办到的。因此企业做出决策，与学校对口专业联合办学，按企业的要求，提出了新的教学模式，除了让学生掌握必要的理论知识以具备自我提高自我更新的能力外，更注重培养学生实际操作能力，让学生在学习期间就能及时掌握新技术、新材料、新工艺。这样就解决了决策中的困局。

拟定可行方案

1.2.3.3　拟定可行方案。好与坏、优与劣，都是在比较中发现的。因此，只有拟出一定数量和质量的可行方案供对比选择，决策才能做到合理。国外的决策人员常用这样的格言来提醒自己："如果你感到似乎只有一条路可走，那很可能这条路就是走不通的。"适当花费些时间制定高质量的方案是很重要的。许多决策人在选择与评价方案上花费大量的精力，而在制定方案方面花费很少的时间，事实上决策的质量未必比可用的各方案的质量更好。对于复杂的决策问题，往往要分成以下两个阶段：设想阶段和精心设计阶段。

设想阶段的重点是保证备选方案的多样性，即从不同角度和多种途径，设想出各种各样的可能方案来，以便为决策者提供尽可能广阔的思考与选择的余地。新方案的设想与构思，其关键在于要打破传统思想框框，大胆探索新的解决问题的途径。对于所研究问题具备广博知识是创新的基础。有较强的创新能力，多谋善断，头脑敏锐，是创新的保证。如果具备了坚实的知识基础和旺盛的创新能力，还须有敢于冲破习惯势力与环境压力束缚的精神。

如果设想阶段特别需要勇于创新的精神和丰富的想象力,那么精心设计更需要冷静的头脑和求实的精神,需要进行严格的论证,反复的计算和细致的推敲,其目的是要在方案的创造性基础上保持其针对性。精心设计阶段主要包括两项工作:①确定方案的细节。②预测方案的实施结果。方案细节,包括制定政策、组织作业、安排日程、配备人员、落实经费等等,通过细节设计把方案变成具体的行动规划,决策才能付诸实施。估计方案的执行结果,是对方案的优劣进行评价,以便最后抉择。

方案的评价

1.2.3.4 评价方案。每一方案都应根据其价值大小、费用高低及风险性进行分析评价。

方案的价值是以其在实现目标中所起的作用来衡量的。每个方案的价值应根据该方案选中后以与其产生的效益与落选后所产生的后悔程度来进行认真评价。在某些情况下,某方案落选的后悔程度如此之大,以至于不得不选择它。

每个方案的费用应根据其实际费用、机会费用以及未来费用进行仔细评价。实际费用是在实施方案时必须支出的费用;机会费用是潜在的,比如由于将资金投入这一方案而不能用于投资所失去的利息或不能实现其他机会所失去的利润;未来费用更应该认真加以研究:一个当时看来花费不大的方案,在未来某些时期内有可能需要花费大量投资才能实现或得以维持。

每个方案的风险特性应根据实现每个目标的可能性来认真评价。某些高价值的方案,或许有潜力在实现目标中起很大作用,但实现这种潜力的可能性却很小。另外,中等价值的方案,也许在实现目标中只起中等作用但却有相当大的把握能够兑现。因此,当考虑这两种情况的风险特性时,中等价值的方案也许是可起较大作用的方案。

方案的选择

1.2.3.5 选择方案。拟定出各种备选方案后,就要根据目标的要求来评估各种方案可能的执行后果,看其对决策目标的满足程度,然后从中选出一个优化方案来执行,这一工作又称决断。这是决策全过程的关键阶段。

(1)方案选择的基本要求。①谁决断谁就要对决策后果负全责。按照管理权限划分,谁对某项工作负责谁就有权对该项工作中的相关问题作出决策,谁就对备选方案进行抉择。②选择方案要重新回到问题和目标上去,审视决策方案对解决问题、实现目标的满意程度比较择优。③选择方案要充分

思考方案实施的后果。④选择方案要考虑付诸实施的实际。⑤决策者既要重视智囊、信息人员的工作成果,重视他们的工作在保证决策科学性方面的作用,又不能被智囊所左右,要充分利用自己的经验、智慧、胆识、魄力作出优化决断。

(2)方案选择的基本标准。①决策方案的优选标准首先必须有利于实现目标。②"最优标准"问题。最优标准在理论上是适用的,但是最优标准是个理想化的标准,实际生活中往往不易达到,尤其是复杂的管理决策更是如此,绝对的最优化是不存在的。为此,西蒙提出一个现实的标准,即"满意标准",认为只要决策"足够满意"即可。③不确定条件下的决策标准。对非确定型和风险型管理决策,可根据各方案所能达到的期望值优选,即根据各种可能状态的概率所计算的各方案的加权平均值。

(3)方案选择的具体方法。①经验判断方法。决策者根据以往的经验和掌握的材料,经过权衡利弊,作出决断。②数学分析方法。在决策中应用数学方法,可使决策达到准确优化。③试验方法。即先取试点进行试验的方法。经验判断、数学和试验三种方法各有优缺点,有赖于决策者根据具体情况灵活运用,才能对决策方案作出尽量合理的评价和最后的选择。

1.2.3.6 贯彻实施。只有通过付诸实施,才能最终检验决策是否合理与有效,才能发现新的问题并作必要的修改。

决策的实施

1.2.3.7 追踪检查。决策付诸实施之后,要加强信息反馈工作,随时掌握方案的执行情况,分析评估实施不当的地方或是需要对方案进行修订。

决策的检查

1.2.4 决策的方法

决策的方法可以分为两类:定性决策方法和定量决策方法。在决策过程中根据决策对象、决策环境和决策条件的不同,可综合运用不同的决策方法。

1.2.4.1 定性决策方法。又称软方法,主要是指决策者运用社会科学的原理,并根据个人的经验和判断能力,充分发挥专家内行的集体智慧,从对决策对象的本质属性的研究入手,通过定性研究为制定方案找到依据,然后进行目标和方案的选择。它主要运用于高层次战略问题、多因素错综复杂的问题、涉及社会心理因素较多的问题。定性决策的方法主要有以下几种:

定性决策方法

(1)德尔菲法。德尔菲法的实质就是有反馈的函询调查。这里有两个基本点,即函询和反馈。它不是把专家召集

德尔菲法

在一起开会讨论,而是就一定的问题发函给某些专家(约20人),请他们提出意见或看法,在不泄露决策人倾向、严格保密的条件下,将收到的专家答复意见加以综合整理,以不公布姓名的方式将归纳后的结果寄回专家,继续征询意见。如此经过几轮的反复,直到意见趋于集中为止。这种函询调查方法的好处是由于专家之间互相不知道姓名,征询和回答是用书信方式进行的,因而个人权威、资历、口才、劝说、压力等就不会对回答产生影响,有利于真实坦率地谈出自己的意见。而且由于采取多轮反馈的方法,意见越来越集中,结论的可靠性就越来越大。

头脑风暴法

(2)头脑风暴法。头脑风暴法(Brain Storming)是1939年由美国人A·F-奥斯本首次提出的一种智力激励法,在用于群体决策时,可激发群体决策的创造性,提高决策质量。采用头脑风暴法组织群体决策时,要集中有关专家召开专题会议,由主持者以明确的方式向所有参与者阐明问题,说明会议的规则,在融洽轻松的会议气氛中,由专家们"自由"提出尽可能多的方案。头脑风暴法应遵循以下原则:①对别人的意见不允许进行反驳,也不要作结论。②鼓励每个人独立思考,广开思路。③意见或建议越多越好,允许相互之间的矛盾。④可以补充和发表相同的意见,使某种意见更具说服力。

头脑风暴法的目的在于创造一种自由思考的环境,诱发创造性思维的共振和连锁反应,产生更多的创造性思维。但应严格限制参与者的人数,便于使参与者把注意力集中于决策的问题,一般10余人为宜,时间12小时。头脑风暴法适用于明确简单的问题的决策,这种方法的鉴别与评价意见的工作量比较大。

方案前提分析法

(3)方案前提分析法。方案前提分析法的出发点是,每一个方案都有几个前提作为依据,方案正确与否关键在于前提假设是否成立。方案前提法的特点是不直接讨论方案本身的内容,只分析方案的前提能否成立,因为如果前提假设是成立的,就说明这个方案所选定的目标和途径基本是正确的,否则,这个决策方案必定有问题。方案前提法不仅对于方案的正确选择没有不良影响,还可以克服决策中常见的一些偏见。

5W1H强制联想法

(4)5W1H强制联想法。5W1H强制联想法由美国陆军部首创,其指导思想是要求任何问题的决策都要分析六项因素:什么人(Who),什么时间(When),什么地方(Where),做什么事情(What),为什么做(Why)以及如何做(How)。

定性决策的优点是方法灵活简便、通用性大,为一般管理

者所易于采用，有利于调动专家的积极性，激发人们的创造能力，更适用于非常规性决策。定性决策方法也有明显的缺点：①定性决策方法多建立在专家个人主观意见的基础上，未经严格的论证。②定性决策法中所选专家的知识类型对意见倾向性的影响很大，而专家的选择主要由决策组织者决定，因此，决策结果受决策组织者的影响可能很大。③采用定性决策法分析问题时，传统观念容易占优势，这是因为新思想往往是少数人最先提出的，而大多数人的思维是趋于保守的。

定量决策方法

1.2.4.2 定量决策方法。又称硬方法，指在定性分析的基础之上，运用数学模型和计算机技术，对决策对象进行计算和量化研究以解决决策问题的方法。定量决策方法的关键是建立数学模型，即把变量之间以及变量与目标之间的关系，用数学关系及数学模型表示出来并且用计算机来处理。

(1)确定型决策

确定型决策定义

所谓确定型决策是指决策者可以获得较完全的信息，各决策方案的条件是可知的，决策的后果也可以较准确地预见的决策问题。确定型决策需同时具备以下四个条件：①存在一个以上可能达到的明确目标；②存在一个确定的自然状态和约束条件；③存在两个以上可供选择的方案；④不同方案在确定的自然状态下，其损益值可以计算出来。如在市内进行备品配件的配送，有一从甲地到乙地的运送任务，只需找到从甲地到乙地的一条最短路线即可。

确定型决策看似简单，实则不然。如前述配送的目的地不止一个而有许多个，这许多个目的地之间互通的线路不止一条，要完成这多个目的地之间的循环配送任务，可选的运输线路有许许多多，要从中找出最佳线路来，就必须借助于决策的数学方法才能解决。解决确定型决策问题可有以下定量化方法。

量本利决策分析法

①量本利决策分析法。量本利三者之间的关系可用公式表示为：

$$Z = C + V \cdot X$$

$$I = S \cdot X$$

$$P = I - Z = S \cdot X - V \cdot X - C = X(S - V) - C$$

式中，Z 表示总成本（或总费用），包括固定成本和变动成本。其中变动成本是随销售量的增减而增减的费用，如主要材料费等，每单位产品的变动成本用 V 表示；固定成本是在一定范围内与销售量的增减无直接关系的费用，如固定资产折旧费等，用 C 表示；I 表示销售额，X 表示销售量或产量，

P 表示利润，S 表示产品单价。

揭示量、本、利之间内在联系的量本利决策分析方法的实质就是盈亏平衡分析。按边际贡献理论，边际贡献是销售额与变动成本的差额。该差额首先要抵偿固定成本，剩余部分即为利润。因此，边际贡献实际上就是对固定成本和利润的贡献。当总的边际贡献与固定成本相等时，恰好盈亏平衡；若再增加一个单位的产品，则会相应增加一个单位产品边际贡献的利润。如图 2-1 所示。

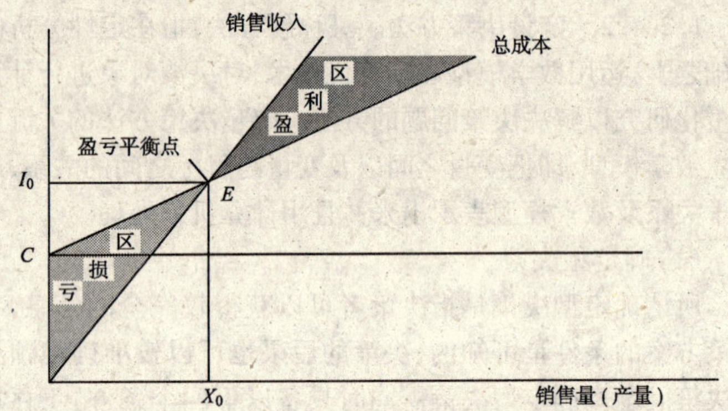

图 2-1　盈亏平衡图

图中的 E 点叫做盈亏平衡点，又叫保本点，是总销售收入曲线与总成本曲线的交点。其所对应的销售量（产量）X_0 又叫临界销售量（产量），当销售量（产量）小于 X_0 时，企业将亏损；反之，则盈利。在保本点上，其销售额与总成本相等，故：

$$I = Z \quad 或 \quad S \cdot X_0 = C + V \cdot X_0$$

$$X_0(S - V) = C$$

$$X_0 = \frac{C}{S - V}$$

式中 $S-V$ 表示单位产品的边际贡献。若上述公式两边乘以销售单价，则盈亏平衡点所对应的销售额为：

$$SX_0 = S \cdot \frac{C}{S - V}$$

$$I_0 = \frac{C}{1 - \frac{V}{S}}$$

式中，I_0 表示盈亏平衡点所对应的销售额。

【例 2-1】　某公司产品的销售额为 20 万元/台，单位变动成本为 12 万元，固定成本为 800 万元，求临界产量为多少？临界产量的销售量为多少？若计划完成 200 台能否盈利？盈

利多少?

首先计算临界产量:

$$X_0 = \frac{C}{S - V} = \frac{800}{20 - 12} = 100(\text{台})$$

然后计算临界产量的销售额:

$$I_0 = \frac{C}{1 - \frac{V}{S}} = \frac{800}{1 - \frac{12}{20}} = 2000(\text{万元})$$

由于计划产量200台,大于临界产量100台,故能盈利。其盈利额为:

$$\begin{aligned} P &= I - Z = X(S - V) - C \\ &= 200 \times (20 - 12) - 800 = 800(\text{万元}) \end{aligned}$$

差量管理决策分析方法

②差量管理决策分析方法。这是在各备选方案产生的预期收入与预期成本之间差量的基础上,选择满意方案的管理决策方法。

所谓差量,就是各备选方案之间的差别。差量分析一般包括三个因素,即差量成本、差量收入和差量利润。其中,差量成本是指某一备选方案的预期变动成本与另一备选方案的预期变动成本之差;差量收入是指某一备选方案的预期销售额与另一备选方案的预期销售额之差。若差量收入大于差量成本,即差量利润为正值时,则选择前一方案;反之则选择后一方案。

【例2-2】 某公司拟对A、B两个投资项目进行决策,其预测资料数据如表2-1所示。要求选择出比较好的投资项目。

表2-1

指标 \ 投资项目	A	B
销售量(台)	3000	2500
售价(万元/台)	6.6	7.5
单位变动成本(万元)	2.4	1.8

根据题意,首先计算A项目与B项目的差量收入:

$$3000 \times 6.6 - 2500 \times 7.5 = 1050(\text{万元})$$

其次计算A项目与B项目的差量成本:

$$3000 \times 2.4 - 2500 \times 1.8 = 2700(\text{万元})$$

再次计算A项目与B项目的差量利润:

$$1050 - 2700 = -1650(\text{万元})$$

据此,在其他情况不变的情况下,应选择B方案。

风险型决策的定义

(2)风险型决策法,又称统计型或随机型决策。凡同时具备下列条件的决策称为风险型决策:①存在一个以上可能达到的明确的目标;②有两个以上可以选择的可行方案;③有两种以上的自然状态;④不同方案在不同自然状态下的损益值可以估算出来;⑤决策者能估算出不同自然状态出现的概率。因此决策者在决策时,无论采用哪一个方案,都要承担一定风险。

决策树

风险型决策常用的方法是决策树。决策树是以图解方式分别计算各个方案在不同自然状态下的损益期望值,通过综合损益期望值比较,做出决策。决策树是以决策点为出发点,引出若干方案枝,每个方案枝都代表一个可行方案。在各方案枝末端有一个自然状态结点,从状态结点引出若干概率枝,每个概率枝表示一种自然状态。

【例 2-3】 某修理企业准备投资建设某种车型的维修生产线,根据维修需求量的大小,可选择专业化程度不同的完全流水作业、部分流水作业、定位作业等作业方式来建设生产线。按完全流水作业方式建设生产线,需投资 240 万元;按部分流水作业方式投资建设需 150 万元;按定位作业方式投资建设需 90 万元。未来五年市场预测及三个方案在不同自然状态下的年收益值见表 2-2。

单位:万元　　表 2-2

收益值 \ 自然状态与概率 方案	市场需求		
	高需求	中需求	低需求
	0.2	0.5	0.3
①完全流水作业	82	50	-8
②部分流水作业	64	48	8
③定位作业	29	29	9

要求:①绘制决策树;②计算收益值;③方案优选(剪枝)。根据条件绘制决策树,如图 2-2 所示。

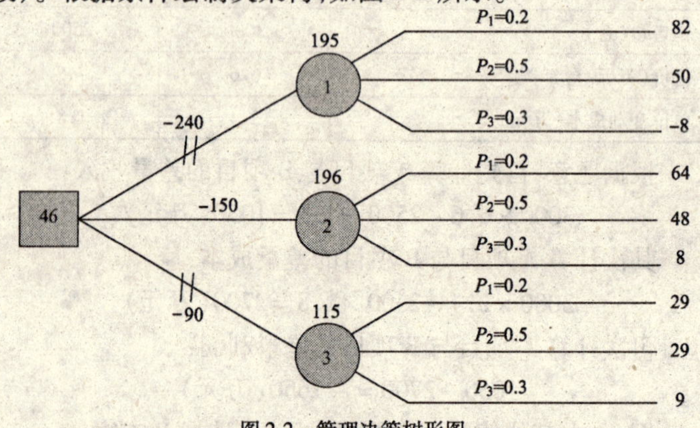

图 2-2　管理决策树形图

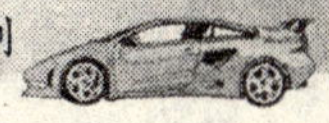

□表示决策点，从它引出的分枝是方案枝。

○表示状态结点，从它引出的分枝是概率枝。

//表示修剪枝。

按五年计算不同方案的收益期望值：

结点① $[0.2\times82+0.5\times50+0.3\times(-8)]\times5=195$（万元）

结点② $(0.2\times64+0.5\times48+0.3\times8)\times5=196$（万元）

结点③ $(0.2\times29+0.5\times29+0.3\times9)\times5=115$（万元）

方案①净收益 $=195-240=-45$（万元）

方案②净收益 $=196-150=46$（万元）

方案③净收益 $=115-90=25$（万元）

方案优选：比较三个方案计算结果，部分流水作业投资方案的净收益为46万元，大于其他两投资方案收益，所以部分流水作业投资方案是最优方案。

不确定型决策的含义

(3)不确定型决策方法。相对于风险型决策的第五个条件，若决策人无法预测各自然状态的概率，则在此情形下的决策即为不确定型决策。此类决策主要靠决策者的经验、智力及对承担风险的态度。

不确定型决策主要方法有：

乐观原则

①乐观原则（“大中取大法”）。大中取大法是从最乐观的估计出发，对行动方案的选择持冒进乐观态度。其选择过程，首先从各种方案中选出收益最大的一组，然后再从中选出一个收益最大的行动方案。

【例2-4】 某客运公司准备新开辟一条客运线路，对未来营运状况的大致估计可能出现四种情况，即实载率分别为90%、80%、60%、50%，但对四种情况出现的概率无法预测。公司拟定四个方案供选择：一是购置新车，二是购置旧车，三是与其他单位联营，四是租入车辆。四个方案三年的损益值如表2-3。

单位：万元　　表2-3

损益值 实载率 方案	90%	80%	60%	50%
购置新车	80	60	20	-10
购置旧车	70	65	0	-5
联营	50	40	20	15
租入车辆	55	40	30	23

对未来情形估计乐观，实载率可达90%，因此选择购置

新车方案，收益值为 80 万元。

悲观原则

②悲观原则（小中取大法）。小中取大法是从悲观估计出发，对行动方案的选择持保守悲观态度。它从最不利的情况着眼，选择不利中最有利的决策方案。首先找出各个方案的最小收益值，然后选择最小收益值中最大的那个方案为最优方案。如表 2-3 中，对未来的悲观估计，实载率可能为 50%，在四种方案中，租入车辆的收益值最大，因此选择该方案。

折衷原则

③折衷原则。这是一种介于乐观和悲观之间的决策方法。它主张对未来的估计不宜乐观，应根据有关数据和经验判断，确定一个乐观系数 α（通常 $0 \leqslant \alpha \leqslant 1$），将各备选方案中的最大收益值和最小收益值分别乘以 α 和 $(1-\alpha)$，然后相加得到各方案的折衷收益值，比较选择折衷收益值最大的方案为最优决策方案。

【例 2-5】 以表 2-3 为例，若 $\alpha = 0.7$，则：

购置新车方案折衷收益值 $= 0.7 \times 80 + 0.3 \times (-10)$
$= 53$

购置旧车方案折衷收益值 $= 0.7 \times 70 + 0.3 \times (-5)$
$= 47.5$

联营方案折衷收益值 $= 0.7 \times 50 + 0.3 \times 15 = 39.5$

租入车辆方案折衷收益值 $= 0.7 \times 55 + 0.3 \times 23 = 45.4$

购置新车方案折衷收益值最高，故决策方案为购置新车方案。

遗憾原则

④遗憾原则（最小后悔值法）。它主张将每种自然状态下的最大收益值作为该种自然状态的最优决策目标，然后与同一自然状态下其他方案的收益值相减，所得之差即为因决策未达到理想目标而出现的后悔值。计算出后悔值并找出各方案的最大后悔值，选择最大后悔值最小的方案为最优决策方案。

【例 2-6】 以表 2-3 为例，计算各方案在各自然状态下的最大后悔值，见表 2-4。

单位：万元　　表 2-4

实载率 / 损益值 / 方案	各状态下的后悔值				最大后悔值
	90%	80%	60%	50%	
购置新车	80 − 80 = 0	65 − 60 = 5	30 − 20 = 10	23 − (−10) = 33	33
购置旧车	80 − 70 = 10	65 − 65 = 0	30 − 0 = 30	23 − (−5) = 28	30
联营	80 − 50 = 30	65 − 40 = 25	30 − 20 = 10	23 − 15 = 8	30
租入车辆	80 − 55 = 25	65 − 40 = 25	30 − 30 = 0	23 − 23 = 0	25

若按遗憾原则决策，则租入车辆方案是最佳决策方案。

⑤等概率决策法。既然各种各样自然状态出现的概率无法预测，不妨按出现的概率相等计算期望值，作出方案的抉择。

等概率决策法

【例 2-7】 以表 2-3 为例，各方案的收益值见表 2-5。

单位：万元　　表 2-5

方案 \ 损益值 \ 实载率	90%	80%	60%	50%	期望值
购置新车	80	60	20	-10	$=0.25\times80+0.25\times60+0.25\times20+0.25\times(-10)=37.5$
购置旧车	70	65	0	-5	$=0.25\times70+0.25\times65+0.25\times0+0.25\times(-5)=32.5$
联营	50	40	20	15	$=0.25\times50+0.25\times40+0.25\times20+0.25\times15=31.25$
租入车辆	55	40	30	23	$=0.25\times55+0.25\times40+0.25\times30+0.25\times23=37$

根据等概率决策准则，购置新车方案为最优决策方案。

定量决策方法的发展提高了决策的准确性、时效性和可靠性，使管理者得以从大量繁杂的常规决策中解放出来。同时，有利于培养决策者严密的逻辑论证习惯，克服主观随意性。但是，定量决策法也有一定的局限性：①定量决策方法适用于处理常规性决策，而对于相当一部分重要的战略性的非常规性决策来说，还没有恰当的数学方法可供使用。②建立数学模型和使用计算机分析的过程往往要耗费大量的时间和人力费用，因此，采用定量决策方法要考虑所获得的收益与所付出的代价相比是否值得。③对于一般管理决策者来说，有的数学方法过于深奥，掌握起来有一定的难度。④某些决策问题中的变量涉及社会因素、心理因素等难以量化的因素和诸多不确定的变化因素，加大了建立数学模型的困难，也会降低决策的可靠性。因此，通常将定量决策方法与定性决策方法相结合，这样会取得更为理想的决策结果。

2 决策实施的具体安排——计划

计划是管理的一项基本职能，是企业管理的一个重要方面。对企业明确的决策目标，不管是高层目标，还是一个具体的管理目标，要达成目标的实现都要作系统考虑，做出可行

何为计划

的、高效的(不一定是很周详的)安排,正所谓“未战先算”、“谋定而动”,这就是计划。

2.1 计划的性质和意义

2.1.1 计划的概念

计划的概念

计划就是对未来的谋划、规划和打算,它是从制定计划、执行计划和检查计划执行情况,到计划任务完成的一个完整的过程。

企业提高工作效率的措施之一就是要让员工明确他们工作的目的和目标,甚至是如何去实现目标的方法。怎样把企业总体目标分解为更明确、更细致的具体目标,怎样通过各项具体目标的实现来保证总体目标的实现,这就是计划的职能。计划是为企业未来行为做出抉择的过程。在这一过程中,企业的目标得以明确,计划还为既定目标提供实现的方法、步骤和行动方案。

计划是管理的一项基本职能并贯穿于管理全过程之中,作为一种概念上分割出来的管理职能,它包括预测未来的可能结果以及相应的措施。从这个意义上讲,计划职能就是以一种合理的、经济的和系统的方式作出将会影响未来的目前决策。

企业目标的实现有赖于一系列计划的制定和执行。计划职能为发挥组织、指挥、协调、控制等其它管理职能提供保证。另一方面,企业和外部环境相互作用,紧密联系,计划可以协调企业去适应变化中的环境。

2.1.2 计划的性质和作用

2.1.2.1 计划的性质

计划的性质

(1)计划的未来性和有效性。计划解决的是目前决策的未来问题,为企业未来的活动进行规划。影响企业活动的环境因素多种多样、瞬息万变,对未来活动的规划也不能一成不变、固守成规,因此未来性是计划的根本属性。

计划职能是管理职能之首,为其它各项管理职能的有效发挥提供保证。计划不仅仅是停留在纸面上的一个规划方案,它应是可实施的,能估计和预测到影响企业活动的因素的变化,为企业的未来活动提供有效的指导。因此,计划的有效性体现在对实现目标的贡献上。

(2)计划的重要性和普遍性。计划的重要性是指在企业管理活动中,计划起着为一切活动确定其所需目标的独特的、重要的作用,是管理者行使管理职能的起点和基础。计划的

普遍性是指虽然计划的特点和范围随管理人员的层次、职权不同而有所不同,但计划是每位管理者无法回避的职能工作。计划的普遍性为管理者提供了一种管理意识和进行管理的思路。

(3)计划的稳定性和弹性。计划对未来活动的指导作用决定了计划应具有相对稳定性,朝令夕改会导致计划的执行者无所适从。计划的弹性就是计划有着适应环境需要而修正行动方案的能力,计划的弹性愈大,则因未来意外因素而引起的损失愈小。管理者不论环境如何改变,都要有相应的对策以确保最终目标的实现,因此,在拟定计划之初,就应该为未来可能的意外留有余地。在计划执行之后,还要追踪计划执行情况,如果发现预测与实际不符时,应及时修改行动计划,以保证目标的实现。可见,计划是一连串制定、执行、修正的过程,是一系列随着环境改变、不断循序渐进、确保组织目标实现的活动,在计划的稳定性和弹性的基础上,形成了计划的连续性、非时点性。但计划弹性大会使计划的执行成本增加。

(4)计划的效率性和创造性。计划的效率性体现在有合理的计划目标、有优化的方案以确保资源的合理配置和有效利用上。用合理的计划保证和促进效率管理。

计划需要面向新问题和可能发生的新变化、新机遇、新危机,需要做出有创造性的新方案,因而计划工作具有创造性。

2.1.2.2　计划的作用

计划的作用

(1)计划的指导作用。企业在完成目标决策后,对决策目标的实现是通过制定计划来保证的。计划完成了对目标的分解,提供了优化的可行方案,为组织活动指明了方向和方法。

(2)计划为目标的实现提供保证。通过计划对总体目标进行合理分解,使各组织机构、各个人的目标更明确,形成一个完善而清晰的目标体系,促进各部门、各环节之间的合理分工与协作,提高了管理效率,为目标的实现提供保证。

(3)计划的协调作用。计划是对未来活动的规划与安排,通过明确目标使组织的各部门、各环节能协调行动。计划的一个基本目的就是强调协作,通过事先安排保证全过程的协调统一,通过规划保证资源的合理配置与有效利用,力求经济合理。

(4)计划有助于企业发现机会、减少风险。一个好的计划,首先必须对未来做出正确的预测与判断,通过预测去发现机会,通过恰当的计划去规避风险。

2.2 现代计划的原理和程序

计划的原理

2.2.1 计划的原理

(1)限定因素原理。限定因素是指妨碍目标得以实现的因素。在其他因素不变的情况下,抓住这些因素,就能实现期望的目标。限定因素原理是指在计划工作中,越是能够了解和找到对达到所要求目标起限制性和决定性作用的因素,就越能准确地、客观地选择可行的方案。

(2)许诺原理。是指任何一项计划都是对完成某项工作所做出的许诺。许诺越大,所需的时间越长,实现目标的可能性就越小。计划不一定做得很大,目标可低一些、具体一些,把一个远期目标分期、分阶段完成。

(3)灵活性原理。是指计划工作中体现的灵活性越大,则由于未来意外事件引起的损失的危险性就越小。要求制定计划时要有灵活性,即留有余地。对于主管人员来说,灵活性原理是计划工作中最主要的原理。在承担的任务重、目标期限长的情况下,灵活性便显示出它的作用。计划的弹性应是在对未来作充分的预测和判断的基础上体现出来的灵活性,又不是以牺牲目标要求为代价的。

(4)改变航道原理。是指计划工作为将来承诺得越多,主管人员定期地检查现状和预期前景以及为保证所要达到的目标而重新制定计划就越重要。

计划制定出来后,在实施过程中必要时可根据当时的实际情况作必要的检查和修订。因为影响计划实施的因素是在不断变化的,加上认识上的原因,总有一些估计不到的问题会出现,所以要定期检查计划,根据实际需要及时调整或重新制定计划。就像航海家一样,在大海中航行必须经常校正航向,遇有障碍时需改变航线绕道而行。改变航道原理与灵活性原理不同,灵活性原理是使计划本身具有适应性,而改变航道原理是使计划执行过程具有应变能力。

计划工作的程序

2.2.2 计划工作的程序

计划工作的一般过程为:分析计划环境与预测;制定实现目标的行动方案并择优;计划方案的细化;计划的执行与检查。具体而言,计划工作可分为七个步骤:

第一步:估量机会。对机会进行估量是计划工作的起点,包括对计划的内外部环境进行分析,以发现将来可能出现的机会,并评估企业对于机会把握的能力。估量机会的一般依据有:市场因素、竞争环境、顾客要求、企业所处地位的优劣

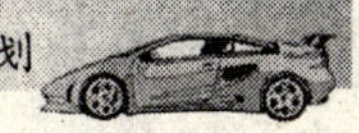

等。在这一步骤中,需要确认制定计划的环境条件、必要性、意义。

第二步:建立目标。目标是计划的根本,计划就是为了保证目标的实现。在既定决策目标的前提下,计划通过对决策目标的分解与细化,让执行者明确要完成什么,什么时候完成,完成的标准如何。

第三步:确定计划的前提。计划前提是计划制定的假定条件,即执行计划的预期环境,它包括说明事实的预测资料、可行的基本政策和当前的企业计划。由于计划的未来环境相当复杂,因此计划前提的确定一般只限于对执行计划最有影响的那些条件。客观一致的前提对于制定计划是很重要的。

第四步:确定抉择的方案。考察大量可供选择的方案,并从中选出最有希望成功的几个方案,以便进一步择优。

第五步:评价各个方案并择优。在确定抉择方案并考察了方案的优点之后,就要根据计划目标和前提来权衡各种因素,以此对各个方案进行评价并最终确定一个最优方案。

第六步:制定派生计划及相应的预算。一般一个基本计划总要若干个派生计划来支持,只有在完成派生计划的基础上才可能完成基本计划。派生计划和预算都是基本计划的具体化及分支,基本计划的执行是通过执行派生计划和预算而得以实现的。

第七步:计划的执行与检查。计划制定后组织实施,执行中应监督计划完成进度及定期检查计划执行情况,并针对发生的种种变化和问题调整计划方案。只有当一项计划执行后取得了预定的效果,完成了原定目标,才可以说计划是成功的。

2.3　常用计划编制方法简介

计划制定是一项非常复杂的工作,需要采用许多专门的方法和技术,才能保证计划的科学性与合理性,才能真正发挥计划的指导控制作用。

2.3.1　综合平衡法

综合平衡法介绍

综合平衡法是指在编制计划过程中,从系统观点出发,全面分析各方面因素,统筹安排诸要素,使其比例适当、协调运行的一种统筹技术。其目的是要使需要与可能之间、生产与经济效益之间、眼前利益和长远利益之间、企业利益和社会利益之间实现基本平衡,是各项指标之间在数量、时间、速度等方面取得合理的比例关系,使企业各项资源都得到充分的利用。综合平衡法是编制计划的基本方法。

就企业的生产经营计划编制而言,主要应做好如下三方面平衡:

(1)产、供、销平衡。①生产与需求平衡。平衡原则是“以销定产”。一般的做法是:首先,根据经营目标和利润计划的要求,按订货合同和预测的需求量编制产品销售计划;其次,依据产品销售量和产品库存编制产品生产计划;最后,再根据生产计划与生产能力等的平衡情况调整销售计划和销售收入。②生产与供应平衡。平衡的原则是:“以产定供”。这实际上是企业的物资需要量与已有资源的平衡。③生产与技术准备平衡。主要检查新产品试制和改进后的老产品重新投产前生产技术准备工作是否已经进行。

(2)生产能力的平衡。①生产任务与劳动力的平衡。按工种、分车间、分季进行,使各车间全年分季的生产任务与其所需工种人数平衡。②生产任务与设备能力的平衡。一般只分车间对关键设备进行平衡。③生产任务与生产面积的平衡。

(3)资金平衡。主要是产、供、销活动与流动资金的平衡。

经过以上综合平衡,理顺了关系,安排好了比例,就可以将计划以书面形式编制完成。

2.3.2 滚动计划法

滚动计划法介绍

滚动计划法是一种动态编制计划的方法。它不像静态分析那样,等计划全部执行完了之后再重新编制下一个时期的计划,而是在每次编制或调整计划时,均将计划按时间顺序向前推进一个计划期,即向前滚动一次。依此方法,对于距现在较远的时期的计划编制得较粗,只是概括性的,以便今后根据计划因素的变化而调整和修正,而对时期较近的计划要求比较详细和具体。图2-3表明了滚动式计划法的基本原理。

可见,滚动式计划法能够根据变化了的组织环境及时调整和修正组织计划,体现了计划的动态适应性。而且,它可使中长期计划与年度计划紧密衔接起来。它还可用于编制年度计划或月度作业计划。采用滚动式计划法编制年度计划时一般将计划期向前推进一个季度,计划年度中第一季度的任务比较具体,到第一季度末,编制第二季度的计划时,要根据第一季度计划的执行结果和客观情况的变化以及经营方针的调整,对原先制定的年度计划作相应的调整,并在此基础上将计划期向前推进一个季度。采用滚动式计划法编制月度(分

旬)计划,一般可将计划期向前推进十天,这样可省去每月月末预计、月初修改计划等工作,有利于提高计划的准确性。

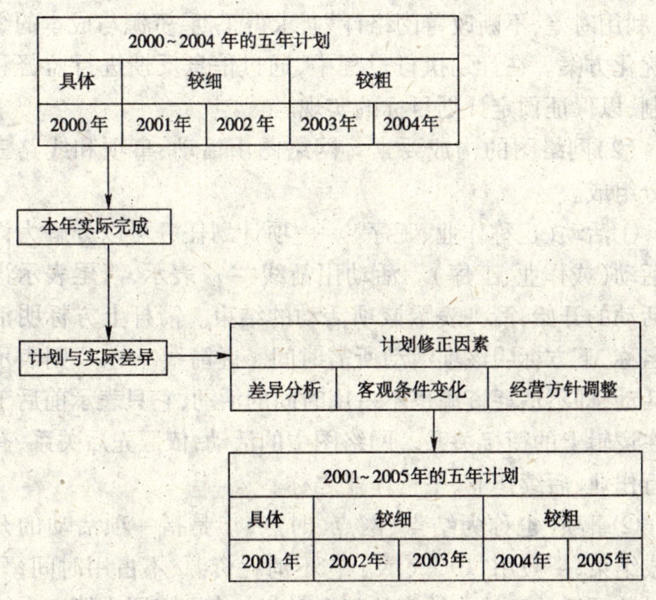

图 2-3 滚动式计划法图示

2.3.3 预算法

预算法介绍

预算是指用数字编制未来一个时期的计划。它可以分为财务预算和非财务预算两大类。其中财务预算包括各种收入预算、费用支出预算、现金收支预算以及投资预算等。非财务预算包括工时、材料、实物销售量和生产量的预算等。通过编制预算可将计划指标数字化,并将计划分解,从而有可能更科学地授权,以便在预算的限度内去实施计划。预算既是一种计划方法又是一种控制方法,编制预算是行使计划职能,而执行预算,使用预算标准控制生产经营活动,则属于管理的控制职能。

传统的编制预算的方法是编制固定预算,即将组织在未来某一时期内的计划用各种数字表示出来,不论将来的情况是否变化,预算确定的各种数字将不再作调整和修改。实践证明,过分硬性的固定预算不能使预算在计划和控制职能中发挥应有的作用。为了克服固定预算的硬性,管理者们越来越重视采用弹性预算的编制方法。在预算编制方面的最新方法是目前在西方国家使用较为普遍的零基预算法。

2.3.4 网络计划技术

网络计划技术原理

(1)网络计划技术的原理。网络计划技术是运用网络图的形式来组织生产和进行计划管理的一种科学方法。它的基本原理是:利用网络图表示计划任务的进度安排,并反映出组成计划任务的各项活动（或各道工序）之间的相互关系；在此基础上进行网络分析，计算网络时间，确定关键工序和关键线路；利用时差，不断改善网络计划，求得工期、资源与成本的综合优化方案。在计划执行过程中，通过信息反馈进行监督和控制，以保证预定计划目标的实现。

网络图的构成要素

（2）网络图的构成要素。网络图由活动、事项和线路三部分组成。

①活动（也称作业、工序）。一项计划任务可以分解为许多活动（或作业、工序）。活动用箭线"→"表示，箭尾表示该项活动的开始，箭头表示该项活动的结束。箭杆上方标明活动名称，下方标明该项活动所需时间。虚箭线"…→"则表示虚活动，即不消耗资源也不占用时间的活动，它只表示前后工序在逻辑上的衔接关系。网络图中的活动，依照先后关系，有先行作业、后续作业、平行作业之称。

②事项（也称为结点、网点、时点）。是指一项活动的开始或结束，一般用"○"表示。它不消耗资源、不占用时间，只表示某项活动开始或结束的某个时刻。在网络图中第一个结点称始点事项，最后一个结点称终点事项，介于始点事项和终点事项之间的为中间事项。如图 2-4 所示。

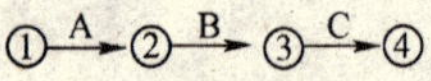

①—A→②—B→③—C→④

图 2-4

③线路。是指从网络始点事项开始，顺着箭线方向，连续不断地到达网络终点事项的一条通道。一个网络图可以有多条线路，线路上每项活动的作业时间之和为该线路作业时间。其中作业时间之和最长的那一条路线称为关键路线。

绘制网络图的规则

（3）绘制网络图的规则。绘制网络图一般应遵循以下规则：①有向性。各项活动顺序排列，从左到右，不能反向。②无回路。箭线不能从一个事项出发，又回到原来的事项上。③箭线首尾都必须有结点，不允许从一条箭线中间引出另一条箭线。④二点一线，指两个结点之间只允许画一条箭线，为表示活动相互关系，必要时可以引入虚箭线"…→"。⑤事项编号，从小到大，从左到右，不能重复。⑥网络图中，只能有一个始点事项和一个终点事项。如果出现几道工序同时开始或结束，可用虚箭线与网络始点事项或终点事项连结起来。

网络时间的计算

（4）网络时间的计算

网络图的网络时间有两个含意：活动的延续时间；活动的开始或结束时刻。编制网络计划，需要计算和确定网络时间，包括作业时间、结点时间、工序时间、时差。

①作业时间（$T_E^{i,j}$）。是指完成某一项工作或一道工序所

需要的时间。作业时间有确定时间和不确定时间之分。不确定时间可用三点估计法计算。具体是将作业时间按三种情况进行估计：a 为最乐观的完成时间，是最顺利条件下的最短时间；b 为最保守的完成时间，是困难条件下的最长时间；m 为最可能的完成时间，是正常条件下的时间。然后按下述公式求出作业时间的平均值：

$$T_E^{i,j}=\frac{a+4m+b}{6}$$

一项计划，只要画出了网络图，又确定了各项活动的作业时间 $T_E^{i,j}$，就可以计算其余的网络时间。

②结点时间。包括结点的最早开始时间和最迟结束时间、工序时间和时差。

结点最早开始时间（T_E^j）。指从结点 i 开始的各项活动最早可以开始的时刻。计算是从网络始点事项开始，顺箭线方向，从左至右，逐个结点计算。网络始点事项的最早开工时间一般设它为零，即 $T_E^1=0$；网络中间事项的最早开始时间按下式计算：

$$T_E^j=\max_{i<j}\{T_E^i+T_E^{i,j}\}$$

式中：T_E^i、T_E^j 分别为结点 i 和 j 的最早开始时间；$T_E^{i,j}$ 为作业时间。

如果到达结点 j 的箭线不止一条，T_E^i 的数值就不止一个，加上相应工序的 $T_E^{i,j}$，从中选取最大值作为 T_E^j 的数值。因为从 j 点开始的后续作业，必须等它前面延续时间最长的先行作业完工之后，才能开始工作，所以必须选取最大值。

结点最迟结束时间（T_L^i）。是指以结点 j 为结束的各项活动最迟必须完工的时刻。计算时要从网络终点事项开始，逆箭线方向，从右至左，逐个结点计算。

由于网络终点事项没有后续工序，所以网络终点事项的最迟结束时间也就是它的最早开始时间，即 $T_L^j=T_E^j$（j 为终点事项）。网络中间事项的最迟结束时间按下式计算：

$$T_L^i=\min_{i<j}\{T_L^j-T_E^{i,j}\}$$

式中：T_L^i、T_L^j 分别为结点 i 和 j 的最迟结束时间；$T_E^{i,j}$ 为作业时间。

如果从结点 i 发出的箭线不止一条，T_L^j 的数值也就不止一个，减去相应工序的 $T_E^{i,j}$，从中选取最小值作为 T_L^i 的数值。因为这样才能保证从结点 i 应最先开始的工序能按时开工，所以，必须选取最小值。

工序时间。工序时间包括:工序最早开始时间($T_{ES}^{i,j}$)、工序最迟结束时间($T_{LF}^{i,j}$)、工序最早结束时间($T_{EF}^{i,j}$)、工序最迟开始时间($T_{LS}^{i,j}$)。其中前两项实际上就是结点时间。

工序时间的计算公式如下:

Ⅰ、 $$T_{ES}^{i,j}=T_E^i$$

Ⅱ、 $$T_{LF}^{i,j}=T_L^j$$

Ⅲ、 $$T_{EF}^{i,j}=T_{ES}^{i,j}+T_E^{i,j}$$

Ⅳ、 $$T_{LS}^{i,j}=T_{LF}^{i,j}-T_E^{i,j}$$

式中:$T_E^{i,j}$ 为结点 i 的最早开始时间;T_L^j 为结点 j 的最迟结束时间;$T_E^{i,j}$为作业时间。

计算工序时间,目的之一是要了解各项活动在时间配合上是否合理,有没有机动时间。

时差。是指某道工序的最迟开始时间与最早开始时间的差数。时差表明某道工序可利用的机动时间的多少。时差可分为工序总时差、结点时差和线路时差。实际中多采用工序总时差。工序总时差是在不影响整个生产周期的前提下,各工序在最早开始与最迟结束这两个时间的范围内可以灵活机动的时间。工序总时差的计算公式如下:

$$\begin{aligned}T_{总}^{i,j}&=T_{LF}^{i,j}-T_{ES}^{i,j}-T_E^{i,j}\\&=T_{LS}^{i,j}-T_{ES}^{i,j}\\&=T_{LF}^{i,j}-T_{EF}^{i,j}\end{aligned}$$

式中:$T_{总}^{i,j}$为工序 i—j 的总时差。

计算结果,如果 $T_{总}^{i,j}>0$,表明这道工序有机动时间;如果 $T_{总}^{i,j}=0$,说明这道工序是关键工序,没有一点机动时间;如果 $T_{总}^{i,j}<0$,表明这道工序能力不能保证计划工期的要求,应采取措施,使得 $T_{总}^{i,j}\geqslant 0$。

(5)关键线路

网络图中关键线路的确定方法

在网络图中,由总时差为零的关键工序连接起来的线路,称为关键线路。关键线路决定工期,如果这条线路上的工序进度耽误了,整个工程的工期就要延长。相反,如果能想办法缩短这条线路上的工序完成时间,则总工期就可以提前。由此可见,掌握关键线路对于组织和指挥生产,达到统筹规划、合理利用生产资源、缩短工期、降低成本等是非常重要的。

关键线路的确定有两种方法:时差法和破圈法。

①时差法。先计算出各工序的总时差,将工序总时差为零的工序即关键工序用色线或粗线标出,即可确定出该网络图的关键线路。

②破圈法。从网络图的某个结点到另一个结点之间，如果存在两条不同的线路，便形成了一个封闭的环路，称之为圈。如果形成圈的两条线路的作业时间不等，可将其中作业时间较短的一条线路删除（或划上剪除记号），保留下来的是作业时间较长的一条线路。破圈时要从网络始点事项开始，顺着箭线方向找出每一个圈，依次破圈，直至终点事项。最后留下来的就是关键线路。

(6)实例应用

【例 2-8】 发动机大修工艺过程的作业程序及作业时间如表 2-6 所示，绘制网络图，并根据关键线路确定工程周期，进行工序时差计算。

表 2-6

作业名称（代号）	结点编号		作业时间 $T_E^{i,j}$（小时）	先行作业
	i	j		
解体	1	2	2.0	—
清洗	2	3	0.5	解体
检验	3	4	1.0	清洗
铣缸体	4	5	3.0	检验
磨凸轮轴	4	6	2.0	检验
磨曲轴	4	7	3.0	检验
空压机	4	10	5.0	检验
离合器	6	7	2.0	磨凸轮轴
供油系	10	11	2.0	空压机
镗磨缸	5	9	6.0	铣缸体
平衡	7	8	2.0	磨曲轴、离合器
点火系	11	12	2.0	供油系
连杆瓦	8	9	2.0	平衡
磨气门、校瓦	10	13	6.0	镗磨缸
活塞组装配	8	13	2.0	平衡
附件	10	13	2.0	空压机
冷磨	13	14	4.0	磨气门校瓦、附件、活塞组装配
电器修理	12	14	4.0	点火系
蓄电池	2	14	18.0	解体
热试	14	15	4.0	冷磨、供油系、电器修理、蓄电池
验收	15	16	0.5	热试

第一步：根据工程顺序绘制网络图，见图 2-5。

第二步：计算事项的最早开始和最迟结束时间。

①各结点的最早开始时间计算如下：

$T_E^1=0$

$T_E^2=T_E^1+T_E^{1,2}=0+2=2$

$T_E^3=T_E^2+T_E^{2,3}=2+0.5=2.5$

$T_E^4=T_E^3+T_E^{3,4}=2.5+1=3.5$

$T_E^5=T_E^4+T_E^{4,5}=3.5+3=6.5$

$T_E^6=T_E^4+T_E^{4,6}=3.5+2=5.5$

$T_E^7=\max\{(T_E^4+T_E^{4,7}),(T_E^6+T_E^{6,7})\}$

$=\max\{(3.5+2),(5.5+2)\}=7.5$

$T_E^8=T_E^7+T_E^{7,8}=7.5+2=9.5$

$T_E^9=\max\{(T_E^5+T_E^{5,9}),(T_E^8+T_E^{8,9})\}$

$=\max\{(6.5+6),(9.5+2)\}=12.5$

$T_E^{10}=T_E^4+T_E^{4,10}=3.5+5=8.5$

$T_E^{11}=T_E^{10}+T_E^{10,11}=8.5+2=10.5$

$T_E^{12}=T_E^{11}+T_E^{11,12}=10.5+2=12.5$

$T_E^{13}=\max\{(T_E^8+T_E^{8,13}),(T_E^9+T_E^{9,13}),(T_E^{10}+T_E^{10,13})\}$

$=\max\{(9.5+2),(12.5+6),(8.5+2)\}=18.5$

$T_E^{14}=\max\{(T_E^2+T_E^{2,14}),(T_E^{13}+T_E^{13,14}),(T_E^{11}+0),$

$(T_E^{12}+T_E^{12,14})\}=\max\{(2+18),(18.5+4),(10.5+0)$

$,(12.5+4)\}=22.5$

$T_E^{15}=T_E^{14}+T_E^{14,15}=22.5+4=26.5$

$T_E^{16}=T_E^{15}+T_E^{15,16}=26.5+0.5=27$

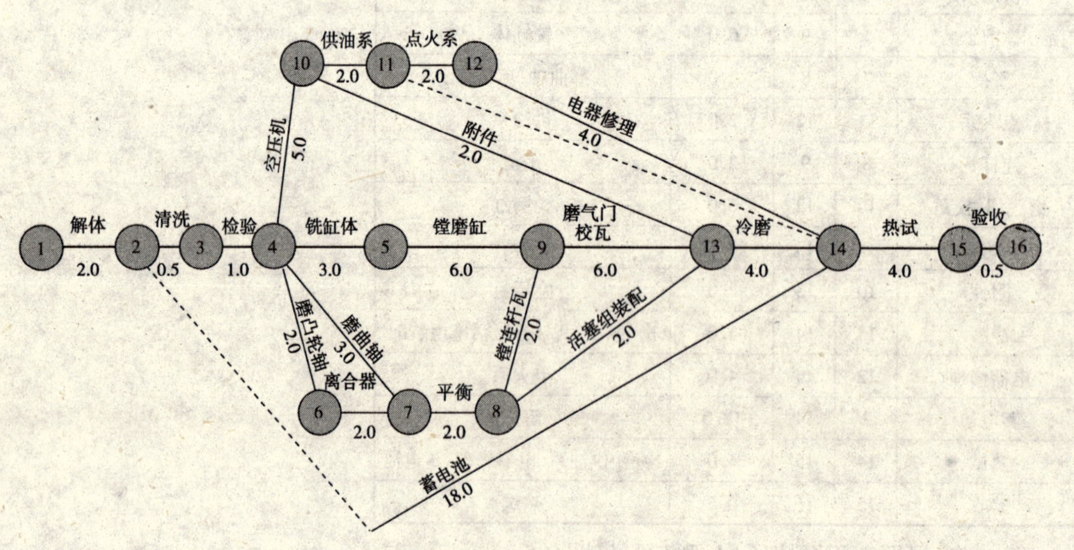

图2-5　发动机大修工艺过程

②各结点的最迟结束时间计算如下：

$T_L^{16} = T_E^{16} = 27$

$T_L^{15} = T_L^{16} - T_E^{15,16} = 27 - 0.5 = 26.5$

$T_L^{14} = T_L^{15} - T_E^{14,15} = 26.5 - 4 = 22.5$

$T_L^{13} = T_L^{14} - T_E^{13,14} = 22.5 - 4 = 18.5$

$T_L^{12} = T_E^{14} - T^{12,14} = 22.5 - 4 = 18.5$

$T_L^{11} = \min\{(T_L^{12} - T_E^{11,12}),(T_L^{14} - 0)\}$

$= \min\{(18.5 - 2),(22.5 - 0)\} = 16.5$

$T_L^{10} = \min\{(T_L^{11} - T_E^{10,11}),(T_L^{13} - T_E^{10,13})\}$

$= \min\{(16.5 - 2),(18.5 - 2)\} = 14.5$

$T_L^{9} = T_L^{13} - T_E^{9,13} = 18.5 - 6 = 12.5$

$T_L^{8} = \min\{(T_L^{9} - T_E^{8,9}),(T_L^{13} - T_E^{8,13})\}$

$= \min\{(12.5 - 2),(18.5 - 2)\} = 10.5$

$T_L^{7} = T_L^{8} - T_E^{7,8} = 10.5 - 2 = 8.5$

$T_L^{6} = T_L^{7} - T_E^{6,7} = 8.5 - 2 = 6.5$

$T_L^{5} = T_L^{9} - T_E^{5,9} = 12.5 - 6 = 6.5$

$T_L^{4} = \min\{(T_L^{5} - T_E^{4,5}),(T_L^{6} - T_E^{4,6}),(T_L^{7} - T_E^{4,7}),$

$(T_L^{10} - T_E^{4,10})\}$

$= \min\{(6.5 - 3),(6.5 - 2),(8.5 - 2),(14.5 - 5)\}$

$= 3.5$

$T_L^{3} = T_L^{4} - T_E^{3,4} = 3.5 - 1 = 2.5$

$T_L^{2} = \min\{(T_L^{3} - T_E^{2,3}),(T_L^{14} - T_E^{2,14})\}$

$= \min\{(2.5 - 0.5),(22.5 - 18)\} = 2$

$T^{1} = T_L^{2} - T_E^{1,2} = 2 - 2 = 0$

第三步：计算工序时差（表2-7）。

第四步：确定关键线路。

①用时差法来确定该网络图的关键线路。从表2-7可以看出，工序中解体、清洗、检验、铣缸体、镗磨缸、磨气门及校瓦、冷磨、热试和验收的总时差都为零，所以它们是关键作业。将这些关键作业连接起来，即为该网络图的关键路线，见图2-6。

②用破圈法同样可找出关键线路。两种方法得出的关键线路是一致的。

掌握和控制关键线路是网络计划技术的精华。关键线路，决定着一项计划的工期。在关键线路上各工序的作业时间如果提前或延迟一天，整个工期就提前或延迟一天。因此，要缩短工期或生产周期，提高经济效益，就必须从缩短关键线路的延续时间入手。在组织和指挥生产时，应充分利用时差，可抽调非关键线路上的人力、物力资源等,来支援关键线路,保证关键线路不误工期或提前完工。

列表计算工序时间和时差　　表 2-7

作业名称	结点编号		作业时间	最早开始与结束时间		最早开始与结束时间		时差	关键线路
	i	j		ES	EF	LS	LF		
解体	1	2	2.0	0	2	0	2	0	√
清洗	2	3	0.5	2	2.5	2	2.5	0	√
检验	3	4	1.0	2.5	3.5	2.5	3.5	0	√
铣缸体	4	5	3.0	3.5	6.5	3.5	6.5	0	√
磨凸轮轴	4	6	2.0	3.5	5.5	4.5	6.5	1	
磨曲轴	4	7	3.0	3.5	6.5	5.5	8.5	2	
空压机	4	10	5.0	3.5	8.5	9.5	14.5	6	
离合器	6	7	2.0	5.5	7.5	6.5	8.5	1	
供油系	10	11	2.0	8.5	10.5	14.5	16.5	6	
镗磨缸	5	9	6.0	6.5	12.5	6.5	12.5	0	√
平衡	7	8	2.0	7.5	9.5	8.5	10.5	1	
点火系	11	12	2.0	10.5	12.5	16.5	18.5	6	
连杆瓦	8	9	2.0	9.5	11.5	10.5	12.5	1	
磨气门、校瓦	9	13	6.0	12.5	18.5	12.5	18.5	0	√
活塞组装配	8	13	2.0	9.5	11.5	16.5	18.5	7	
附件	10	13	2.0	8.5	10.5	16.5	18.5	8	
冷磨	13	14	4.0	18.5	22.5	18.5	22.5	0	√
电器修理	12	14	4.0	12.5	16.5	18.5	22.5	6	
蓄电池	2	14	18.0	2	20	4.5	22.5	2.5	
热试	14	15	4.0	22.5	26.5	22.5	26.5	0	√
验收	15	16	0.5	26.5	27	26.5	27	0	√

(7)网络计划的优化

网络计划的进一步优化

上面主要是从时间进度,即控制工期方面论述了网络计划技术的一些基本原理。但是,在实际工作中,编制一个计

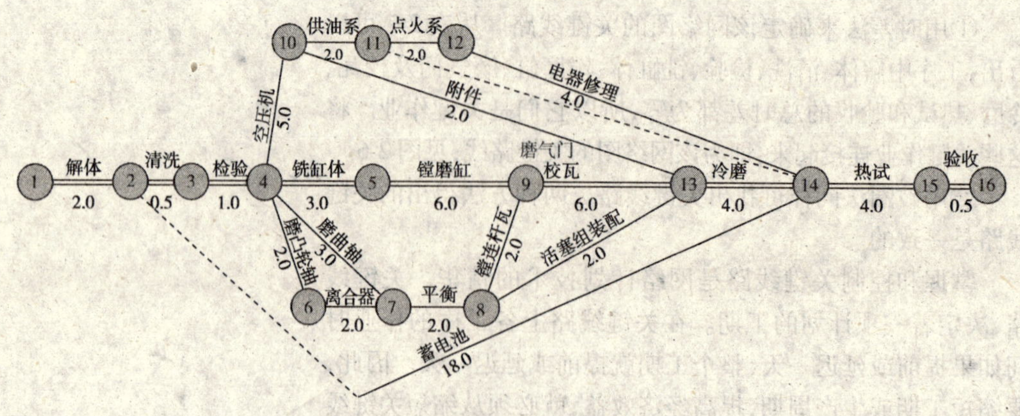

图 2-6　发动机大修工艺过程的优化

划,不仅要考虑工期、时间合理利用问题,还要考虑资源合理利用和降低成本费用问题。时间、资源和成本是相互联系、互为条件的,有时又是矛盾的。我们追求的目的是要编制一个时间短、进度快、资源耗费少、成本低的计划方案。网络计划优化的基本方法是利用时差不断改善网络计划的最初方案,使之获得最佳的工期、最低的成本和对资源的最合理的利用。逐次优化,时差便逐次减少,直至大部或全部消失,求得最优方案。

2.3.5 标杆瞄准法

标杆瞄准法介绍

标杆瞄准法(Benchmarking)是自20世纪80年代以来,被西方发达国家理论界及实践部门日益重视的一种新的管理方法。其创始者是美国施乐公司的后勤仓储部门。现在标杆瞄准法早已扩展到诸如成本、人力资源、新产品开发、企业战略、研究所管理及教育部门管理等各个方面。

所谓标杆瞄准法,是指将行业中的领先企业作为标杆或基准,通过资料收集、分析、比较、跟踪学习等一系列规范化的程序,将本企业的产品、服务和管理措施等方面的实际状况与这些基准进行量化评价和比较,找出领先企业达到优秀水平的原因,在此基础上,选取改进的最佳方法。标杆瞄准法的意义在于它为企业提供了一种可信的、可行的奋斗目标以及追求不断改进的思路。由于标杆瞄准法中确立的改进目标和战略方向是以领先企业为基准的,可以说它们是存在于企业外部的客观事实,因而必然具有合理性和可操作性。标杆瞄准法的最具吸引力之处就在于,通过对各类标杆企业的比较,能不断追踪、把握外部环境的发展变化,从而能最优地满足最终用户的需要。

1. 什么是决策?简述决策的程序。
2. 简述决策目标的特征和作用。
3. 何谓确定型决策、风险型决策和非确定型决策?决策的一般方法有哪些?
4. 试述计划的性质和作用。
5. 简要说明现代计划的原理。

6. 什么是网络计划技术？简述网络计划技术的基本原理。

7. 什么是关键工序和关键线路？它们在网络计划技术中有何意义？

8. 某修理企业准备扩大经营规模以满足维修业务量增大的需求，有三种可供选择的方案：扩建、新建、联营。三方案的投资分别为：200 万元，500 万元，50 万元。未来 10 年市场预测及三个方案在不同自然状态下的年收益值见下表。试用决策树作出最优方案决策。

单位：万元

收益值 / 方案 \ 自然状态与概率	市场需求		
	高需求	中需求	低需求
	0.3	0.5	0.2
扩 建	80	40	-30
新 建	150	70	-50
联 营	30	18	-5

9. 某道路工程包括的工程项目及施工控制天数如下表，试绘制网络图、计算网络时间、确定关键线路和工程周期。

项目代号	项目名称	紧前项目	施工控制天数
A	拆迁旧物、清理现场	—	30
B	临时附属工程	—	20
C	地下管线	A、B	250
D	涵洞和排水构造物	B	100
E	路基工程	C、D	300
F	路面工程	E	400
G	桥梁	B	360
H	沿线设施	F、G	90
I	整修	H	15

1. 有关现代管理决策、现代管理基本职能和基本原理等内容，可参阅《现代管理基本理论和方法》，张绍学等著，四川大学出版社，1999 年版；《管理学原理》，吴照云主编，经济管理出版社，2001 年版

2. 神州企业管理培训网 http://www.szceo.com/，管理

学理论研究网 http://www.manage9.com/

诺基亚的全球市场策略与计划决策

在1999年全球市场中，世界几大手机生产商所占的份额分别为：诺基亚26.9%，摩托罗拉16.9%，爱立信10.5%；而在1998年这三巨头的市场份额分别为诺基亚22.5%，摩托罗拉19.5%，爱立信15.1%。1999年诺基亚移动电话销量从3860万部增加到7630万部，比上年增长了将近一倍，并连续三年保持了移动电话生产和销售全球第一的地位。

本地化和全球化的结合是诺基亚市场成功的原因之一。

为了在中国扎根，他们决定加大投资，在中国建立大规模生产基地。第一，他们看好中国市场。第二，要了解和尊重中国国情、国策。第三，必须加快产品上市和供货的时间。

北京诺基亚合资厂的中方副总经理吴继国说："从采购来看，包括全球采购和本地采购两个部分。诺基亚是一个全球性的跨国公司，实行全球的采购无疑对成本的控制、质量的控制都是很有优势的。对北京诺基亚来说，比如某一个原件我们需要从国外采购，如果我们今天采购一点，明天采购一点，显然不如集中跟某一个供应商签一大笔合同，然后全球资源共享来得合算"。

从全球范围来讲，诺基亚每年都有定期的新产品发布。在发布过程中，诺基亚的代理商们对自己所在的市场就会有一个预测，比如他们会预测未来的一个季度内，对于每种产品，我大概需要多少，这将成为诺基亚制订生产计划的一个最基础的数据。然后，诺基亚首先与自己的原材料供应商进行沟通，把市场的信息提供给他们，让他们按照诺基亚的需求提前去安排生产，甚至是扩大投资等等。接着诺基亚会根据不同地区对该产品的需求，分配到能以最低成本生产出产品的厂家（有时候不一定是本地的）。同时，诺基亚在每一年的年末都会对未来一年的需求进行预测（代理商的信息仍然是关键），但是这还不够，每一个季度还要根据代理商和市场的反馈做一次修正，甚至每个月还要再进行一下修正。这样，工厂就可以踏踏实实地实现按订单生产了。

诺基亚供应链最成功的地方并不在于其一个工厂生产的伸缩能力和产品转产的速度,而是在于它的市场预测和整个生产计划的合理性,以及全球资源的有效调配。

诺基亚手机在中国的最大代理商是PTAC(中国邮电器材总公司)。真正开始全面合作的时候,问题总是免不了的。两种不同的企业文化,双方高层在表达方法上难免就有一些差别,比如诺基亚是很看重计划的,每个季度卖多少,都要做出具体数字,但是在与PTAC交流的时候他们发现,对方往往更强调结果——就是把"做"放在第一位,而不十分重视书面计划之类的东西。诺基亚当时分析认为,这一方面是由于PTAC在市场经济运作上的经验不足,另一方面是因为他们面对销售方式的改变(原来是卖给电信局,现在是卖给自己的下家)没把握做保证。于是诺基亚就不断地与他们沟通,一方面告诉他们做详细计划对实际销售的好处,另一方面帮助他们建立合理的销售计划。

在这几年合作之中,诺基亚对市场管理的理念确实在影响着PTAC和其他的代理商们。依靠代理商的网络和实力建设维修网络不仅节约了许多成本,而且由于与代理商和专卖店的关系紧密,售后服务的质量也得到了保障。

代理商反馈回来的信息对诺基亚的市场决策至关重要。一般来说,一个企业的反应速度在企业信息传播没有问题的情况下,遇到的瓶颈往往是决策。"诺基亚作为一个大企业,日常运作中一直认为,永远依靠一个人的决策是很危险的。我们每一天卖很多的手机,我们有很多客户,天南海北,上上下下各种问题都会随时出现,你不可能集中让一个人做出决定,我们基本上是要求不同层次的问题,在这个层次的每一个人都可以做出决定,当然,更确切地说是每一组人。这样,你的反应速度就会很快"。实际上除了代理商的信息反馈,诺基亚在全球还有一个自己的市场信息搜集网络。三百多个直属市场部的"市场推广员"每一天都在市场里边收集各种各样的资料和信息,而且当天他们的"侦察报告"就会提交上来。这些报告将与代理商的反馈综合起来,交给诺基亚的市场分析小组进行分析和研究。

诺基亚的市场分析小组是一支很有特点的"快速反应部队"。它的构成多种多样,一般是根据不同种类的问题把内部的人员分成不同的小组,一个小组负责产品的某一个方面,比如有些人专门跟踪价格稳定,有些人则专门负责一个型号

的销售额指标，市场报告每天下午发回来的时候，不同的资料就会交给不同的小组来分析。

更重要的是，这些小组的功能不仅仅是分析问题和提出方案，而且还要靠他们来组织实施。比如某一产品在销售方面遇到阻力的话，负责监控这个产品的小组，就有权力决定是不是应该去搞促销活动，是不是要制定一些奖励计划。

诺基亚市场分析小组的组成也很有特点，几乎是每一个部门都有人参与。因为紧急事件很可能与公司的许多部门发生直接的关系，小组就是要保证所有涉及部门里都会有人能够随时参与决策的执行。这也是他们可以真正做到快速反应的原因之一。

除了技术，决定一个企业的产品“卖不卖座”似乎更倾向于对市场需求的嗅觉灵敏程度和最终满足程度。谁对未来趋势预测得准确，谁对未来准备得充分，谁就可能是赢家。正是诺基亚一开始就预测到手机的普及肯定会极为迅速，率先细分市场、率先走手机个性化、时尚化，讲求设计理念的路子，今天才会在不同消费群出现的时候及时拿出丰富多彩的应对产品。

当然，把预见变为符合市场需求的产品还有着很长的一段距离。诺基亚全球研发机构并不是坐在实验室里搞开发的，实际上他们与其他部门之间，每时每刻都在进行沟通。比如市场、生产、采购等部门，在一个产品最初研发的时候，都要参与进来，而且这些部门还会一直从各自的角度跟踪这个产品的整个研发过程，不断提出意见，这样就缩短了研发人员与市场之间的距离。产品市场部协助完成产品的定位、定价、定产量、做调查，为总部提供市场信息；做新产品测试等。实际上全球各地的产品市场部汇合在一起，简直就是诺基亚实现“以人为本”产品策略的“总参谋部”。

诺基亚对市场反馈细节的重视、掌握和有效的反应，正是它实现“以人为本”的基础，也是诺基亚在市场上获得成功的根源所在。

评点：计划可大到一个企业的战略计划，小到生产作业计划。计划是否可行，预测是否准确，直接影响到企业决策目标的实现。

案例思考：根据上述案例，从企业战略管理层面和生产管理层面评价计划与决策的重要性。

单元三　生产与经营

学习目标

1. 简单叙述企业的生产管理；
2. 简单叙述企业生产管理的构成；
3. 简单叙述企业库存的利弊；
4. 正确描述企业质量管理的内容及方法；
5. 简单叙述企业营销的基本概念及汽车营销的主要方式；
6. 正确描述劳动定额和劳动定员的概念及方法；劳动生产率的概念；
7. 简单叙述劳动组织与劳动保护内容；
8. 简单叙述企业财务管理、筹资、投资的概念；
9. 会进行成本、利润和企业财务分析。

1　企业生产管理

1.1　现代企业生产管理

1.1.1　概述

企业生产管理的概述

企业生产管理是将人力、物料、设备、技术、信息、能源等生产要素（投入）变换为有形产品和无形服务（产出）的过程。生产管理主要的研究对象是企业生产有形物质产品的过程。

生产管理作为企业管理的基本职能之一，其好坏对于企业有非常重要的意义。这主要体现在：首先，在一个企业内的各项活动中，生产活动是其创造价值、服务社会和获取利润的主要环节。第二，在绝大多数的企业组织中，生产职能往往占用了组织的绝大部分财力、设备和人力资源，因此，生产管理绩效的好坏对一个组织资源的有效使用率及其经济效益产生至关重要的影响。第三，在市场竞争的环境下，企业的组织结构、营销策略、资本运作都有可能成为企业成功的关键要素，但是从市场（消费者和用户）的角度来说，消费者和用户只关

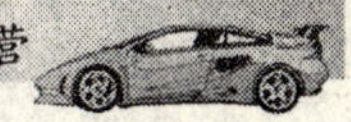

心企业所提供的产品和服务对他们的效用（价格、质量和时间性等）。从这个意义上讲，企业和企业之间的竞争最终必然体现在企业所提供的产品和服务上，而企业产品和服务的竞争力，很大程度上取决于生产管理的绩效，即如何降低成本、控制质量、保证时间和提供个性化服务。

正因如此，生产管理在企业经营中具有重要的地位和作用。特别是近二三十年来，现代企业的生产经营规模不断扩大，产品本身的技术和知识密集程度不断提高，产品的生产过程和服务运作过程日趋复杂，市场需求日益多样化、多变化，世界范围内的竞争日益激烈，这些因素使生产管理本身也在不断发生变化。

1.1.2 现代生产管理的发展趋势

现代生产管理的发展趋势及特征

现代生产管理学起源于20世纪初泰勒的科学管理法。从20世纪90年代开始，技术进步尤其是信息技术的突飞猛进，更给企业所面临的环境和生产经营方式带来了空前的变化，产品的技术、知识密集程度在不断提高，市场需求的多样化、个性化进一步发展，全球生产、全球采购、产品全球流动的趋势进一步加强。面对这样的环境变化，企业为了生存、发展，必须考虑新的生产经营方式。同时随着现代企业经营规模的不断扩大，产品的生产过程和各种服务提供过程日趋复杂，以及市场环境不断变化，企业的生产与运作管理本身也在不断发生变化。现代企业生产管理发展趋势及新特征主要体现在以下几个方面：

（1）现代生产管理的涵盖范围越来越大。

现代生产管理首先突破了传统的制造业仅针对生产过程和生产系统的限制，扩大到了非制造业的生产运作过程和生产运作系统的设计上。其次，现代生产管理不仅局限于生产过程的计划、组织与控制，而且包括了生产运作战略的制定、生产运作系统设计以及生产运作系统运行等多个层次的内容，把生产运作战略、新产品开发、产品设计、采购供应、生产制造、产品配送直至售后服务当作一个完整的“价值链”，对其进行综合管理。

（2）基于时间的竞争将进一步加速新产品设计到投产的过程。

（3）随着市场需求日益多样化、多变化，生产系统需要具有更大的柔性以实现产品与服务的多样化，多品种小批量混合生产方式将成为主流。

（4）信息技术已成为生产管理的重要手段。新技术层出不穷，如何实现新老生产技术的有机有效结合是生产技术决策的新问题。

(5)经济全球化趋势的加剧，跨国生产及全球供应链成为生产管理的新领域。

(6)"清洁生产"、"绿色生产"成为企业生产管理所面临的重要新课题。

1.1.3 生产管理系统的构成和方法

1.1.3.1 生产管理系统的定义及构成

生产管理系统的定义及构成

现代企业生产管理从广义上看包括了生产系统的设计及生产系统的运行两方面，而狭义的生产管理只包含生产系统运行这一部分，其详细的结构图如图 3-1 所示。狭义的生产管理主要包括以下几方面的内容：综合生产计划的制定、库存管理、作业计划与生产控制、供应链管理、质量管理等。本节主要针对相对狭义的生产管理系统进行分析。对于汽车维修企业而言，由于顾客的参与，它的生产管理体系与传统的制

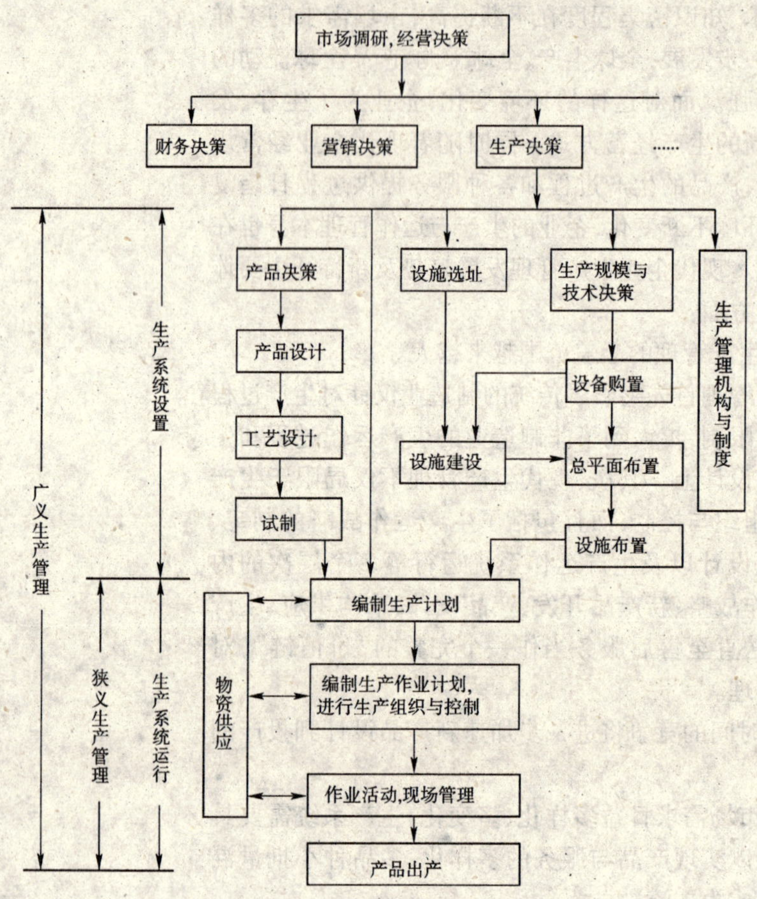

图 3-1 生产管理的范畴与内容

造业的生产管理体系有差异，从本质上汽车维修企业更趋向于服务型企业，它主要包括以下几个方面：生产作业计划安排、维修进度控制、备品备件的库存管理、维修及服务质量管理、供应商的管理等内容。

1.1.3.2 生产管理系统的基本方法

企业生产计划

1.1.3.2.1 生产计划：生产计划是生产管理活动的核心问题，是生产系统运行管理中最基本、最日常的工作。生产计划的正确与有效，是提高企业生产有效性和经济性的根本保证。生产计划一般包括三个层次：综合计划、主生产计划、生产作业计划。综合生产计划确定的是产品组或产品系列中期(6~18个月)的产出率；主生产计划明确了产品品种、规模、生产数量、交货期，一般是以月度或季度为单位；生产作业计划明确每一天、每一班的产出，是车间生产的执行计划。

生产计划的形式因企业而异。在一些企业中，生产计划是一份正式报告，包括计划目标和计划前提；而在另一些企业中，特别是小企业中，生产计划可能是以非正式的形式表达，如口头传达等。

生产计划的制定过程也各不相同。综合生产计划通常是企业长期生产计划的具体实施，如图3-2所示。综合生产计划人员根据长期生产计划的任务要求，决定如何有效利用现有资源更好地满足需求。此外，一些企业将市场需求量和所拥有的生产能力相结合，并以之作为综合生产计划的制定依据。例如，美国通用汽车公司的一个分厂想在某装配线上产

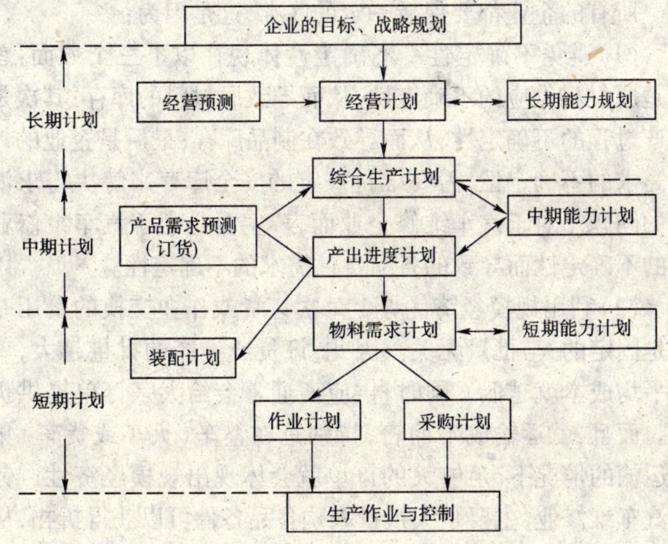

图3-2 企业的分层计划体系

出一定数量、不同款式的汽车，综合生产计划人员就要根据所有车型的平均产出工时来制定全部综合生产计划。当然，对综合生产计划的调整，特别是车型款式的调整，会直接影响短期生产计划的制定。另一种制定综合生产计划的方法是先通过模拟不同的主生产计划并计算相应的生产能力需求，以了解每个工作中心是否具有足够的劳动力与设备。如果生产能力不够，每个生产线都要确定加班、外包合同、增加员工等需求，并与粗能力计划相结合，然后通过试算法或其他定量计算方法进行修正，以得到最终的、并且希望是低成本的综合生产计划。从汽车维修企业来看，更多涉及的是生产作业计划，其目的是如何在保证质量、满足顾客需求的前提下，通过作业的合理安排，使得维修业务能做到快速及时交货、降低维修成本、提高设备及人员利用率等。

企业库存管理

1.1.3.2.2　库存管理：库存是指企业中储备的所有物料和资源。库存管理系统是指用来监控库存水平、确定应维持的库存水平、决定何时补充库存以及订货量的大小的一整套管理政策和机制。

企业的库存构成因企业不同而不同：一个制造型企业的库存可能主要由劳动力、机器设备、运营资金以及原材料、在制品和产成品构成；一个航空公司的库存可能主要由座位构成；一个现代药房的库存可能主要由药品和器械等构成；一个汽车维修企业的库存主要由备品备件组成；而一个工程设计公司的库存可能主要由工程设计方案和图纸构成。

所有的企业都要保持一定的库存，这是因为：

(1)避免不确定性。不确定性体现在以下三个方面：首先是原材料供应的不确定性，从而导致原材料的库存；其次是生产过程的不确定性，从而导致在制品库存；最后是企业的外部需求的不确定性，需要维持一定的安全库存来解决需求波动的问题。对于汽车维修企业而言，主要是由于汽车维修业务的不确定性而导致的备品备件需求的不确定性。

(2)利用规模经济优势。每次订货或作业交换的费用基本是固定的，与批量无关。因此，订货或生产的批量越大，单位平均成本就越低。同时，供应商通常会给大宗订单提供折扣。而且，就运输成本而言，特别是在整车(火车或货车)集中运输的情况下，足够大的订单就会体现出规模经济性。针对汽车维修业，主要是大批量采购备品备件可以获得折扣，从而降低成本。但是，值得企业注意的是，我们需要同时衡量订货费用和库存费用。

无论是制造业还是服务业,库存分析的基本目的是为了确定以下两个问题:第一个问题是何时补充订货?第二个问题订货量应该为多少?因此,在进行库存决策时,应该考虑以下与库存相关的成本:库存维持成本、订货成本或作业交换成本、缺货成本、采购成本或加工成本。

对汽车维修企业而言,备品备件的库存占用了企业相当的资金,是企业需要重点管理的地方,如何将企业的库存控制在一个合理的范围内对企业的运作十分重要。库存控制系统有输入、输出、约束和运行机制四个方面。输入是为了保证系统的输出(对用户的供给),约束条件包括库存资金的约束、空间的约束等,运行机制包括控制哪些参数以及如何控制。库存控制的基本模型有定量订货模型(其中包括基本的经济订货批量模型、边生产边使用的定量订货模型)、定期订货模型以及有数量折扣模型和单周期存储模型等。在库存管理系统中常见的方法有:ABC 分类法、周期盘点等方法。其中 ABC 分类法简单实用,根据帕累托原理(见相关链接),我们可以将物资分成三类:(A)占用资金多的物资;(B)占用资金中等的物资;(C)占用资金较少的物资。将物资进行分类的目的是根据分类结果对每类物资采取不同的控制措施。例如,从订货周期来考虑的话,A 类物资可以控制得紧些,每周订购一次;B 类物资可以两周订购一次;C 类物资则可以每月或每两个月订购一次。值得注意的是,ABC 分类与物资单价无关。占用资金很多的 A 类物资可能是单价不高但耗用量极大的组合,也可能是用量不多但单价很高的组合。与此相类似,C 类物资占用资金少可能是因为用量很少,也可能是价格很低。对于一个汽车服务企业而言,汽油属于 A 类物资,应该每日或每周进行补充;轮胎、蓄电池、各类润滑油以及液压传动油可能属于 B 类物资,可以每两到四周订购一次;C 类物资可能包括阀门杆、挡风屏用雨刷、水箱盖、软管盖、风扇皮带、汽油添加剂、汽车上光蜡等等。C 类物资可以每两个月或每三个月订购一次,甚至等用光后再订购也不迟,因为它造成的缺货损失并不严重。

库存管理的方法

从事汽车服务的企业,往往向少数几个分销商购买大部分零部件。新车特约经销商则从汽车制造商那儿购买大量的配件。特约经销商对汽车零部件的需求来源于两个方面:一是广大的公众需要;二是代理商内部不同部门的需求,例如服务部门或车身修理部。这里的问题是如何确定数千种配件的订购量。

一个中等规模的汽车特约经销商可能储存价值为几百万元的零件。同时汽车特约经销行业的资金用途选择度很大，所以资金的机会成本是很高的。例如，经销商可以提供租车服务，签订自己的合同，可以存储更多的新车，或者可以开设附属店，如轮胎店、房屋式拖车销售店、旅游车销售店等等——所有这些都有很高的潜在回报。因此，这就要求特约经销店既要保证一定的服务水平，同时还要尽量减少零部件库存。在一些经销店仍然采用手工方式处理订货的同时，许多经销店已经用上了汽车制造商提供的计算机系统和软件包。不论是手工处理方式还是计算机处理方式，ABC 分类法都大有用武之地。昂贵的和周转量大的零件要经常盘点，经常订购；价值低的零件，则采用订购间隔周期长、批量大的订购方法。目前使用的计算机系统种类繁多，对提高企业库存管理水平和预测水平有很大的帮助。

企业的供应链管理

1.1.3.2.3　供应链管理：如图 3-3 所示，“供应链”由原材料、零部件供应商、生产商、批发经销商、零售商、运输商等一系列企业组成。原材料、零部件依次通过“链”中的每个企业，逐步变成产品，产品再通过一系列的流通配送环节，最后交到最终用户手中，这一系列的活动就构成了一个完整的供应链。

不同企业的供应链结构差别很大，即便是同一个行业中不同的企业也可能存在非常大的差异。有些企业的供应链中中间商和代理商大量存在，但在有些企业中甚至会采取纵向一体化的方式来控制供应链。比如亨利·福特为了支持设在密歇根州底特律的River Rouge大型汽车制造厂，曾经在铁

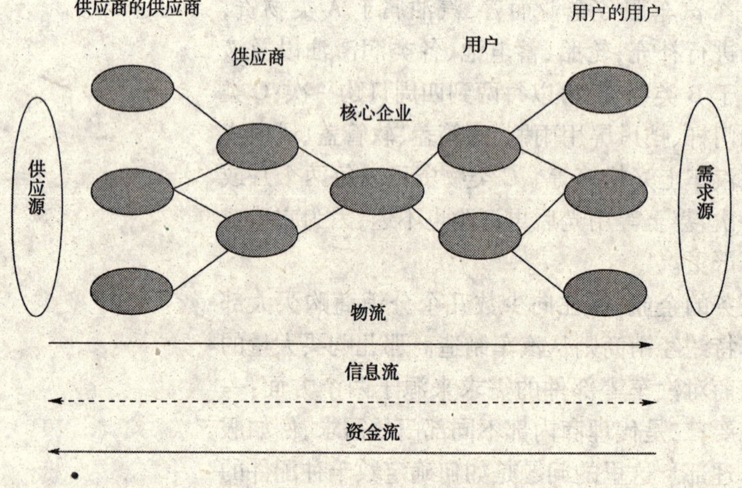

图 3-3　企业的供应链

矿、森林、煤矿，甚至运输用的货船上都投入过巨资，目的就是要控制整个供应链。

近年来，企业已经不断地将管理的重点集中到了供应链管理的问题上，这是因为：企业要想对顾客多变的需求做出快速的反应，一方面更加集中和加强自己的核心竞争力，将非核心业务大量外包，另一方面，快速反应也必需得到供应商的支持和配合才能真正实现。因此，企业与供应商之间的合作能力已成为供应链管理的一个重要部分，从而使供应商能够为企业提供高质量而且价格上也很有竞争力的原材料和零部件。当然，不同的供应链类型对企业与供应商的紧密程度是有影响的。从总体趋势上说，采用供应链管理来取代以往的企业内部的物料管理或采购管理，反映了企业高层管理者对供应商在企业长期发展中的作用的认可。

能否成功地构建供应链，以下几方面的要素是非常重要也是相辅相成的：首先，信任是供应商和客户之间成功建立合作关系的基本要素之一；其次，双方的长期合作关系也是影响供应链成功运行的重要因素；最后，如果企业与供应商建立了长期的合作关系，大家就必须站在“双赢”的角度考虑问题，同时，供应商应具备同客户企业一同成长的能力。

汽车维修企业的供应链相对简单一些。很多情况都是企业直接面对顾客，基本上没有分销环节，但是从另一方面来看其顾客的个性化程度更高，备品备件采购的品种更多、批量较小、质量更难控制，面对的供应商也更多，对供应商的管理也更困难，因此其供应链管理的重点应在采购环节。

1.2 现代企业生产方式

1.2.1 准时制生产(JIT)

准时制生产方式介绍

准时制生产(Just In Time)是日本丰田公司历经30多年，在20世纪70年代形成的一种新的生产方式，是生产系统创新与改善的典范。其基本思想是“在需要的时候，按照需要的数量，生产需要的产品”。这种生产方式在经营理念、生产体制、生产计划与控制、库存管理、生产线布置、员工管理等方面都与美国福特汽车公司的大批量流水线生产方式不同。从20世纪80年代开始，丰田的JIT生产方式受到了全世界汽车工业以及其他工业的重视，成为又一次工业生产变革，带来了汽车工业生产的飞跃。

准时制生产方式追求理想的经营目标——不断消除浪费，进行永无休止的改进。丰田公司在实现理想的经营目标时提出了两个基本的经营理念:零库存与零缺陷管理。丰田公司倡导在降低库存——暴露问题——降低库存这样一种无限循环提高的过程中改善生产系统,这是一个永无止境的过程。丰田公司创造了一系列的降低库存、减少浪费的方法,如看板控制方式、平准化生产计划、小批量生产小批量运输、准时化采购、自动化、少人化、现场改善等。要实现零库存,必须使每一个工序生产的产品百分之百合格,即零缺陷。丰田公司从1961年开始进行全面质量管理活动,在"质量要在本工序创出,确保后工序顺利作业"的理念指导下,通过科学、有效的质量管理,进行积极发现问题、促进改善、查明质量不良原因、防止其再发生、严格按数据进行管理、进行全员参加等一系列活动。产品质量的提高为进一步减少库存、降低浪费提供了条件。在丰田公司看来,实现企业根本改善的关键是员工,是生产现场的主人。因此丰田公司有许多以工人为主体的合理化提案活动、各种各样的质量改善小组。通过发挥员工的主观能动性,大大提高了员工工作的积极性,公司的利润也得到提高。

总之,丰田公司在生产管理过程中,坚持三个基本原则:首先,产品的品种与数量都能适应需求的变动,做到适时适量;其次,建立各工序都给后道工序提供合格品的质量保证体系;第三,在实现降低成本目标而充分利用人力资源的同时,提高对人性的尊重。

JIT通常应用于重复性生产——一个接一个地生产相同或类似的产品。JIT并不要求进行大批量生产,它可以用于任何业务中具有重复性的部分。JIT生产方式在实施过程中必须注意方法体系的正确应用。JIT生产方式的方法体系主要体现在以下几个方面:

(1)准时生产线:在工厂一级采用对象专业化方式组织生产设施,在工作站建立准时生产单元。多个准时生产单元组成准时生产线。在生产线布置上常采用"U"型或"C"型生产单元,有时成组布置也是选择之一,这要根据企业的具体情况而定。

(2)平准化计划:平准化就是物料完全按照市场需求的节拍来组织生产,要求在生产过程中尽量减少每种产品的生产批量,直到需要一台生产一台,每种产品相间产出。

(3)看板管理:看板是一种传递生产信息的工具,通过看板实现后道工序领取零件、小批生产、小批运送、生产均衡化。

(4)准时采购:准时采购是把准时化生产的理念延伸到供应商,使供应商与制造商一起进行同步生产,以消除供应过

程中的浪费。准时采购的基本思想是恰当的时间、恰当的地点、恰当的数量、恰当的质量、恰当的物品。准时采购不但可以减少库存，而且可以获得加快库存周转率、缩短提前期、提高购物质量、获得满意的交货等效果。

(5)少人化：少人化的目的是减少生产过程中人力资源的浪费，主要是通过改良设备的配置方式实现少人化；通过员工“多能化”训练实现少人化；通过作业标准改善与作业优化组合实现少人化；通过自动化实现少人化。

(6)减少调整准备时间：调整准备时间也称“作业交换时间”，它是单件小批量生产与大批量生产在生产时间存在差异的最重要的原因，因此必须减少调整准备时间以降低成本。

(7)全面质量管理：准时化生产倡导的质量是“零缺陷”，为了实现这一目标，必须进行全面质量管理。日本丰田公司的作法是从源头上控制质量、重视现场质量管理。

1.2.2 计算机集成制造系统(CIMS)

计算机集成制造系统介绍

计算机集成制造系统(Computer Integrated Manufacturing System)是1973年由美国哈林顿(Harrington)博士首先提出并在20世纪80年代得到发展与成熟的一种制造业先进管理模式。CIMS是通过计算机和自动化技术把企业的销售、开发设计、生产运作和过程控制等全过程综合在一起的计算机集成制造系统，它是在计算机技术发展的推动和市场需求的拉动双重作用下产生的。

1990年德国的Scheer教授提出的一个关于计算机集成制造的概念模型，即“Y”模型，是对计算机集成制造的理念的一个系统概括，如图3-4所示。

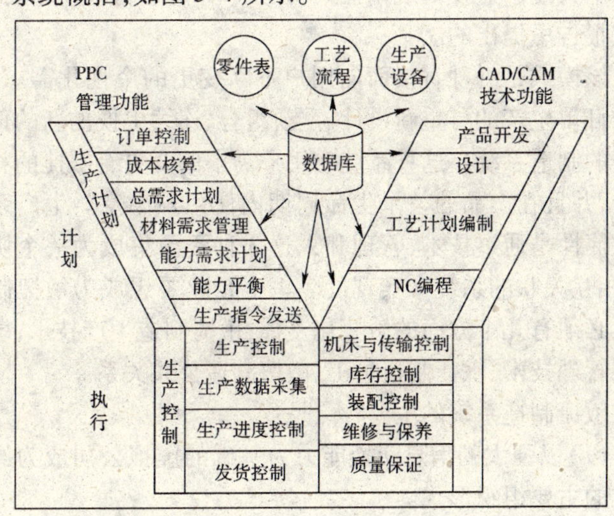

图3-4 CIMS的“Y”模型

该模型将 CIMS 活动分为生产经营管理活动和制造工程技术活动。国际也基本认可将 CIMS 基本的功能要素分为四个应用系统和两个支撑系统。其中四个应用系统是 CIMS 重要的组成部分,它们分别是:

(1)集成化管理与决策系统,也叫经营管理信息分系统。它以制造资源计划 MRP 为核心,通过信息集成,提高企业管理与决策的科学化与现代化水平,提高响应市场的能力。它在四个功能应用系统中发挥着指挥与协调的作用。

(2)工程设计分系统。主要包括计算机辅助设计 CAD 与计算机辅助工艺计划 CAPP 两部分,通过集成技术,使企业掌握现代化设计思想与设计方法,提高设计开发能力,缩短产品开发周期。

(3)制造自动化分系统,也叫计算机辅助制造 CAM。它是信息流与物流的结合部位,实现信息流对物流的转化与控制。

(4)计算机辅助质量控制分系统。

两个支撑系统是数据库分系统与计算机网络分系统。

1.2.3 敏捷制造

敏捷制造模式介绍

敏捷制造是信息时代最有竞争力的生产模式,它在全球化的市场竞争中能以最短的交货期、最经济的方式,按用户需求生产出用户满意的具有竞争力的产品。敏捷制造(Agile Manufacturing,简称 AM)这一概念是 1991 年美国国防部为解决国防制造能力问题,而委托美国里海(Lehigh)大学亚柯卡(lacocca)研究所,拟定一个同时体现工业界和国防部共同利益的中长期制造技术规划框架,在其《21 世纪制造企业战略》研究报告里提出的。

该模式是一种直接面向用户不断变更的个性化需求,完全按订单生产的可重新设计、重新组合、连续更换的新的信息密集的制造系统。这种系统对用户需求的变更有敏捷的相应能力,并且在产品的整个生命周期内使用户满意。生产系统的敏捷性是通过技术、管理和人这 3 种资源集成为一个协调的、相互关联的系统来实现的。一个企业要想成为敏捷制造企业必须有几个方面的敏捷化支撑:敏捷制造生产技术、敏捷制造管理技术、敏捷制造员工、敏捷制造公共关系。

敏捷制造系统的主要特点是:

(1)以强大的信息交换能力为基础的虚拟公司成为经营实体的主要组织形式。

(2)模块化、兼容式的组织结构和生产设施使得企业在

组织和技术上具有很大的灵活性和应变能力,可以根据需求的变更进行重新组合。

(3)以紧密合作为特征的供应商、制造商与用户之间的联合网络。

(4)销售信息和用户使用信息可通过信息网络直接反馈到生产决策过程中。

(5)并行工程和多项目组是产品开发的主要方式与组织形式。

(6)把知识、技术和信息作为最重要的财富,发挥人的创造性。

敏捷制造的关键技术包括:敏捷虚拟企业的组织及管理技术、敏捷化产品设计和企业活动的并行运作、基于模型与仿真的拟实制造、可重组/可重用的制造技术、敏捷制造计划与控制、智能闭环加工过程控制、企业间的集成技术、全球化企业网、敏捷后勤与供应链。

1.2.4 大规模定制

大规模定制的定义

进入21世纪以来,科技不断进步,经济不断发展,全球化信息网络和全球化竞争市场日益形成。技术进步和需求多样化使得产品生命周期不断缩短,企业面临着缩短交货期、提高产品质量、降低成本和改进服务的压力。所有这些都要求企业对不断变化的市场能够作出快速反应,源源不断地开发出满足顾客需求的、定制的"个性化产品"去赢得竞争,占领市场。

顾客已不满足于从市场上买到标准化生产的产品。他们希望得到按照自己要求定制的产品或服务。这些变化导致产品生产方式革命性的变化。现在的企业必须具有根据每一个顾客的特别要求定制产品或服务的能力,即所谓"一对一"的定制化服务。企业为了能在新的环境下继续保持发展,纷纷转变生产管理模式,采取措施从大量生产转向大规模定制。

大规模定制就是个性化定制产品和服务的大规模生产。它与基于时间的竞争、销地产、客户自行设计和直接获取、模块化、零库存、压缩管理费用、减少营运资金、加强后勤、信息学和电子价值链等紧密相连。大规模定制的控制焦点是:通过灵活性和快速响应实现产品的多样化和定制化。大规模定制的任务是以客户愿意支付的价格并且以能获得一定利润的成本高效率地进行产品定制。

以客户需求为中心的大规模定制,不但完全满足了客户的要求,而且在很多方面也提高了公司的效率,降低了公司的成本。在汽车制造行业，基于大规模定制，汽车制造商将在生产中寻求最佳的质量和消除浪费。同时，它把库存看作是一种增加成本和降低效率的浪费，而不是适应过程和市场不稳定性的缓冲和防护。除了降低库存搬运成本之外，它还把整个过程看作一系列步骤，在持续的过程改进中，将消除所有非增值的环节，过程效率也会大大提高。

通过思想和行为相结合，定制化模式将每个人都纳入到生产过程和整体效率的持续改进和提高中。它提供培训的机会，包括"多能化"的培训。同时，它有利于管理者和雇员之间的良好关系，然后延伸到供应商、分销商和整个价值链中的其他公司。这样，整个价值链中的每个人都有责任满足客户的需求。在市场需求不确定的情况下，定制化模式总是能以低廉的总成本和高度的生产柔性来适应变化的时代。

2　维修企业质量管理

2.1　企业质量管理概述

2.1.1　质量管理的基本概念

质量管理的基本概念

质量是"产品、体系或过程的一组固有特性满足顾客和其他相关方面要求的能力"。质量管理是"指导和控制组织的与质量有关的相互协调的活动"（ISO 9000:2000 中的定义）。

质量对顾客从来都非常重要。所以每位管理者无论身处制造业还是服务业，都应该优先考虑质量。但是，要从顾客的角度定义质量是非常困难的，因为质量对于不同的人有着不同的含义，这也是当今管理者所面临的主要挑战之一。同时，由于全球化竞争的加剧以及顾客的相关知识更加丰富，现在提供的产品和服务的质量水平在不断提高。值得注意的是，由于多方面的原因使得服务的质量尤其难以管理，与产品质量不同，服务质量往往主观性较强，即使在完全相同的环境下，顾客与顾客之间也有很大差异。另一方面质量和成本密切相关，因此管理者必须关注质量。

产品和服务的高质量是保持顾客忠诚度和长期顾客关系的重要因素。从全面质量的观点看，每个企业都是顾客与供应商这条长链上的一个环节，每个企业对供应商来说都是一个顾客，对一个顾客来说都是一个供应商，因而不应把每个企业看成是一个孤立的个体，如图 3-5 所示，即你的顾客的顾

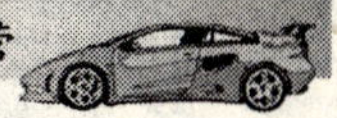

客，也是你的顾客。

顾客/供应商 (煤矿)	→	顾客/供应商 (钢铁厂)	→	顾客/供应商 (汽车制造厂)	→	顾客/供应商 (汽车租赁机构)

图 3-5　顾客——供应商链

质量管理的发展阶段

质量管理的发展是伴随着管理科学、生产技术的发展而发展的，主要经历了三个阶段：第一阶段是质量检验阶段（20 世纪 20～40 年代），它是一种事后把关的做法，并不能从根本上杜绝质量问题的产生；第二阶段是统计质量管理阶段（20 世纪 40～50 年代），该阶段在管理方式上从事后把关转变为预防为主；第三阶段是全面质量管理阶段（20 世纪 60～80 年代），全面质量指围绕着整个组织的、从供应商到顾客对质量的重视，强调的是管理层对全企业范围内，持续追求顾客所重视的在产品与服务各方面的卓越品质的承诺。从 20 世纪 90 年代开始，全面质量管理出现了一些新的特点：以国际标准质量体系 ISO9000 作为主要的质量管理制度、顾客驱动质量管理、强调信息技术在质量管理中的作用、强调质量文化的作用、强调社会质量意识与监督的作用。

2.1.2　质量管理的基本方法和质量管理体系

质量管理的方法和管理体系

质量管理的方法主要有两大类：统计质量控制方法和组织性的质量管理方法。统计质量控制方法主要指“QC 七工具”（统计分析表、数据分层法、排列图、因果分析图、直方图、散布图、控制图），其目的是从经常变化的生产过程中，系统地收集与产品质量有关的各种数据，用统计方法对数据进行整理、加工、分析，从中找出质量变化的规律，实现对质量的控制。组织性的质量管理方法主要是从组织结构、业务流程和人员工作方式的角度进行质量管理。

正如上所述，ISO9000 已成为当今企业主要的质量管理制度，ISO9000：2000 主要包括四大部分：管理责任、资源管理、产品实现和测量分析改进。在汽车行业还有一个专用质量标准 QS－9000，是自动设备供应商对 ISO9000 标准的转化及延伸。QS－9000 在持续改进、制造能力和生产部分审批程序等方面的内容大大超过了 ISO9000：2000。例如，汽车检验厂的质量保证系统见图 3-6。

2.2　维修企业全面质量管理

2.2.1　全面质量管理的基本内容

全面质量管理的介绍

全面质量管理（TQC）是一种以人为本的管理系统，其目的是以持续降低的成本，持续增加顾客满意度。全面质量是总体系统方法（不是一个独立领域或程序），是高水平战略的必需部分；全面质量管理作用于所有职能，涉及从高层到基层的所有员工，并向前和向后扩展至包括供应链与顾客链。全面质量强调不断学习并适应持续不断的变化，最终实现公司整体成功。其基本思想可以概括为以下几句话：全面的质量概念，即质量不仅包括产品的技术性能，还包括服务质量和成本质量，质量是由设计质量、制造质量、使用质量、维护质量等多因素构成的，质量是设计和制造出来的，而不是检验出来的；全过程的质量管理，即质量管理的范围是产品质量产生、形成和实现的全过程；全员参与的质量管理，企业中任何一个环节、任何一个人的工作质量都会对产品质量产生不同程度、直接或间接的影响，因此质量是由所有员工来保证的，只有员工积极充分的参与才能从本质上提高质量管理水平；全企业的质量管理，即企业各层次都应有明确的质量管理内容，上层侧重于质量决策，中层要实施领导层的质量决策，基层则着重于按标准、按规章制度进行生产，并积极参与企业的质量管理；随着管理技术、计算机、网络技术的发展，质量管理的方法和手段也发生了重大的变化，应运用一切现代管理技术和管理方法进行质量管理。

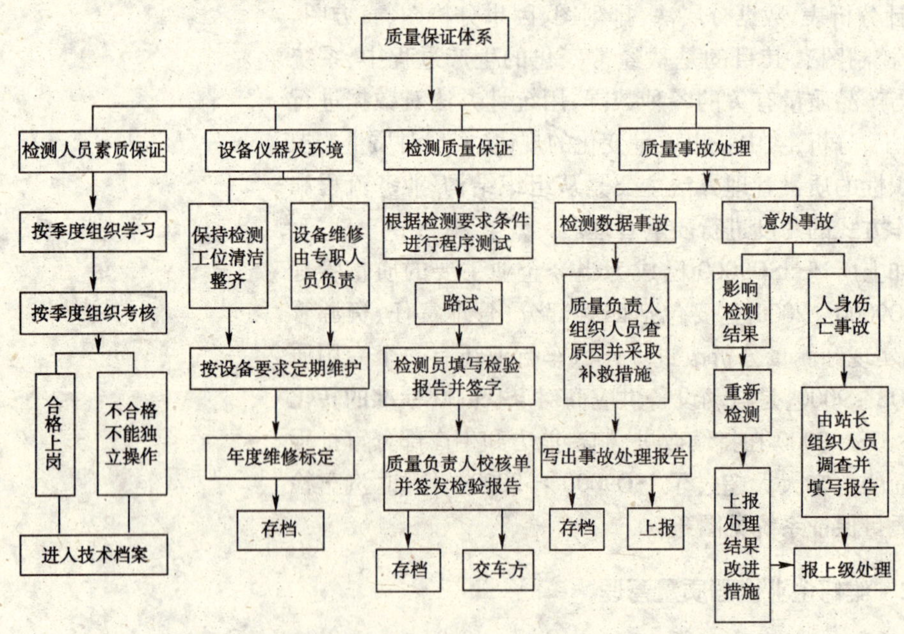

图3-6　某汽车检测厂质量保证体系

有多少行业就有多少种不同的全面质量方法，但是它们有共同的基本要素：以顾客为关注点、流程取向、持续改进与学习、授权与团队合作、以事实为管理依据、领导与战略计划。

2.2.2 汽车维修企业全面质量管理

全面质量管理在汽车维修企业的体现

汽车维修企业由于其所具有的特点，全面质量管理的重点主要体现在以下几个方面：

(1)以顾客为关注点。汽车维修企业直接面对最终顾客，顾客是质量的鉴定者。顾客要求，特别是主要顾客群之间的差异，是企业必须加以关注的。顾客满意与不满意的信息十分重要，因为理解这些信息能够引导企业提高质量水平，创造满意的顾客，而这些顾客会以他们的忠诚、继续业务和积极推荐等各种方式回报企业，这也是企业质量改进工作的方向。创造满意顾客包括激发并有效地响应和解决他们的需要和愿望，还包括建立并保持良好关系。汽车维修企业特别应该关注顾客满意与否，这将直接关系到顾客的忠诚度。

(2)流程导向。流程可以较清楚地表示工作是如何进行的，以及工作在企业各部门之间的流动状况。流程也可以表示出工作如何为顾客创造价值。我们主要是在生产过程中考虑流程：将涉及经营活动的各项投入(如物质设施、原料、资本、设备、人员及能源等)转换为输出(如产品与服务)。如图3-7为汽车维修企业的一个流程，它清楚地表明了汽车维修企业的工作程序。维修企业各项日常性工作都应该有明确的工作流程，以便于顾客能顺利接受服务、员工能按明确的工作程序进行工作，保证工作质量的一致。

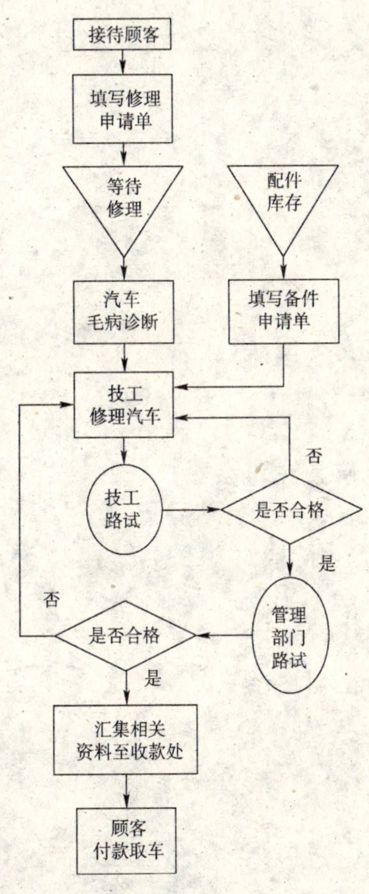

图3-7 汽车维修服务部的汽车修理流程

(3)持续改进与学习。持续改进是所有系统与流程管理的一部分。"持续改进"是指既持续增长又具有突破性的进展。改进有以下几种类型：通过新型产品和改良产品及服务增加顾客价值；通过更佳的工作流程减少错误、缺陷和浪费，以提高生产率与经营业绩；改进柔性、响应和周期时间。

2.2.3 汽车维修企业质量管理方法简介

全面质量管理的方法很多，针对汽车维修企业的具体情况，主要介绍以下几种常用的方法：

流程图法

(1)流程图：流程图描述了某一过程或操作的步骤。如图3-7，流程图使员工参与到流程中，从而更好地理解它。例如，员工们认识到他们应如何配合流程，即认识到他们的供应商和顾客是谁。借用流程图来培训员工正确执行标准操作规范，可以使他们的操作前后一致。一旦流程图被建立起来，它就可用于识别质量问题和需改进领域。像"这样做对顾客有益吗?”、“我们是否过于复杂?是否有简化的可能?”或“我们可以在这一点上把握住关键的质量特征吗?”这些问题有助于抓住改进时机。流程图可以将流程中简单但重要的改变更形象化。

检查表法

(2)检查表:检查表是便于显示数据的数据收集形式。如我们可以收集一段时间内来企业进行修理的某品牌汽车的主要故障原因,这些数据对备品备件的采购、专职修理人员的安排、设备的安排等都有一定的作用。如表3-1。

某品牌汽车1~3月内所修理的故障统计 表3-1

故障原因 / 月份	传感器	仪表	发动机	刹车系统	传动系统	其他	合计
1	3	1	4	2	1	4	15
2	4	2	5	3	2	3	19
3	2	1	3	1	4	4	15
合计	9	4	12	6	7	11	49

直方图法

(3)直方图:用来描述出现频率高低的分布图。如成绩分布、误差分布。直方图有些基础数据来自检查表。它为所选样本的总体特征提供线索。如图3-8。

帕累托图法

(4)帕累托图(排列图):帕累托分析是一种分析类型或问题来源优先次序的技术。将“少数关键”从“多数次要”中辨别出来,并有助于指明努力方向。常用于分析检查表中所收集的数值数据。在其中特征分布是按照频率从高到低排列的。如图3-9所示。

控制图法

(5)控制图:在管理控制图中,中间一条横线是中心;用CL表示,是控制量的平均值。上、下两条线是管理上限和下限。见图3-10所示。

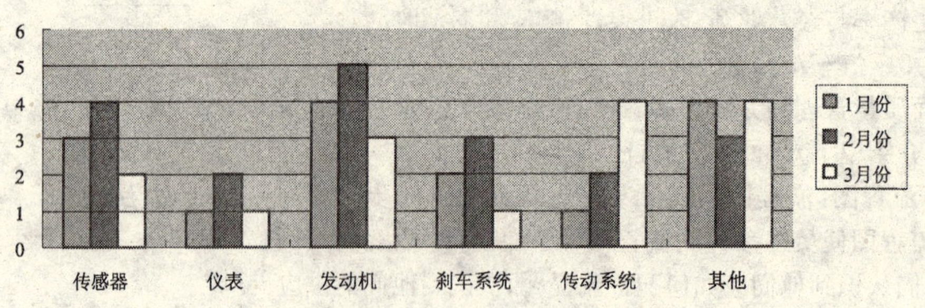

图3-8 某品牌汽车1~3月内所修理的故障统计

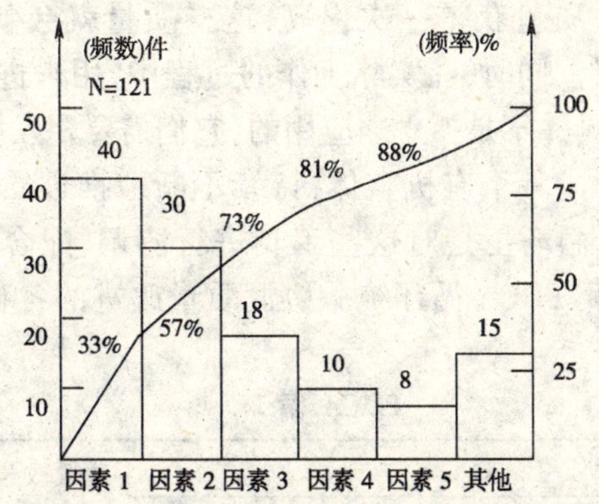

图 3-9 帕累托图(排列图模式)

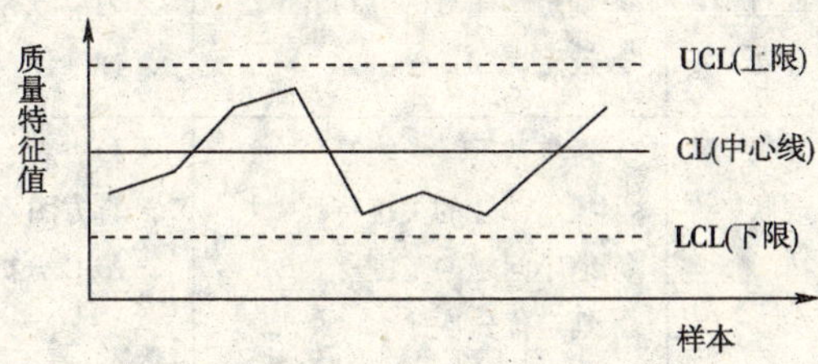

图 3-10 管理控制图模式

因果图法

(6)因果图:因果图也叫鱼刺图、树枝图,它是一种系统分析质量问题原因的有效方法。一般质量问题的原因无非就是五个方面,即:材料、设备、方法(工艺)、操作者、环境。在鱼刺图上,我们可以根据五种原因,再进行深入的分析,从大原因中找小原因,一层层地分析,把所有的原因都找出来,根据不同的原因,采取不同的措施进行改进。如图 3-11 所示。

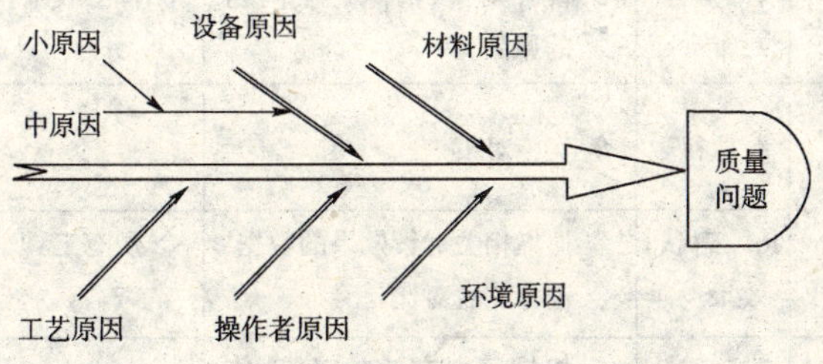

图 3-11 因果图模式

(PDCA)质量循环法

(7)(PDCA)质量循环:在质量管理活动中,要求把各项工作都按照计划、执行、检查、处理这套工作方法进行,该方法简称为 PDCA 循环,又称“戴明环”,它反映了管理工作的一般规律。它的基本思想是:把质量管理看作是一个周而复始的螺旋上升的过程,每次循环活动按照计划 P(Plan)、计划的实施 D(Do)、检查实施效果 C(Check)、处置检查结果并采取相应行动 A(Action)四个过程进行循环往复,螺旋上升,每经过一次循环，质量获得一次提高，这样质量就会朝着“零缺陷”方向前进。同时，在实际工作的过程中，用来进行质量改进的各种工具并不是孤立地应用的，它们需要相互协作，相互配合，从而形成一个有机整体，持续不断地推进质量改进工作，而PDCA循环正是对这些工具进行协调、配合的最佳工具。如何使用PDCA循环统一协调质量改进的各种工具，参见表3-2。

PDCA 循环　　表3-2

PDCA			质量改进常用工具与方法
步骤		功能	
P(Plan)：计划	1. 选择课题	◇ 确定选题目的、原则 ◇ 选定课题	◇ 内部顾客链 ◇ 标准化
	2. 了解现状	◇ 搜集数据 ◇ 找出课题的关键特征 ◇ 缩小问题的范围 ◇ 划定优先次序	◇ 检查表 ◇ 直方图 ◇ ABC分析法
	3. 分析现状	◇ 列出最严重问题的所在可能原因 ◇ 研究可能原因及其与问题间的关系 ◇ 选择一些原因，建立有关可能的假设 ◇ 搜集数据，研究因果关系	◇ 鱼刺图 ◇ 检查表 ◇ 散点图 ◇ 分层、数据收集
	4. 拟定对策	◇ 设计对策，清除产生问题的原因	◇ 固有技术、经验
D(Do)：执行	5. 执行	◇ 实施对策	
C(Check)：检查	6. 确认效果	◇ 搜集相关对策效果的数据 ◇ 进行前后对比	◇ 所有工具
A(Action)：行动（处理）	7. 标准化	◇ 根据行之有效的对策，修订现有标准 ◇ 培训、推广	
	8. 遗留问题	◇ 识别遗留问题，评价整个过程	◇ 教育 ◇ 及时改正 ◇ 预防

在实施PDCA循环过程中，应注意先精心选择小范围内的试点，在试点中开展PDCA循环，取得经验后再逐步推广。

3　维修企业劳动管理

3.1　劳动管理的意义及任务

3.1.1　企业劳动管理的意义

汽车维修企业劳动管理的意义

汽车维修企业的生产过程，是由一定的劳动员工利用一定的劳动工具，并作用于特定的劳动对象——汽车的过程，这需要科学合理的劳动管理。维修企业要完成生产任务，不仅要有完好的维修设备，质优量足的零配件，还必须要有素质较高、符合生产技术要求的劳动人员，且劳动在生产过程中具有决定性的作用。因此，进行劳动管理，合理进行资源配置，是维修企业管理中的一个重要组成部分。

企业劳动管理一般包括劳动定额、劳动定员、劳动组织、劳动生产率等方面。随着汽车工业的发展，维修企业规模也逐渐扩大，技术日益复杂，员工越来越多，对劳动管理的要求也越来越高。这种管理必须是全面的、全员参与的、全过程的管理。

搞好维修企业劳动管理，对于促进汽车工业和维修行业健康发展，对于保证企业多项任务的顺利进行，对于提高企业的劳动生产率和经济效益都有着重要的意义：它有利于合理组织和节约使用劳动资源，消除浪费；有利于建立良好的生产程序，使生产高效、有序；有利于调动员工的生产积极性，不断提高企业劳动生产率。

3.1.2　企业劳动管理的任务

维修劳动管理任务

维修劳动管理的任务通常有以下4点：

(1)合理地组织劳动，建立正常的生产劳动秩序；

(2)合理使用人力，有效利用人力资源，促进人的智力开发，不断提高劳动生产率；

(3)正确贯彻以按劳分配为主的分配形式，并辅之以其他有激励作用的分配方式，充分调动员工的积极性和创造性；

(4)实现安全生产和劳动保护，确保员工身心健康和企业各项工作的圆满完成。

3.2　劳动定额与劳动定员

3.2.1　劳动定额

3.2.1.1　劳动定额的概念和形式

劳动定额的概念和形式

劳动定额是指一定的生产技术和组织条件下，生产单位合格产品所消耗的时间,或指在单位时间内生产的合格产品的数量。

劳动定额是产品生产过程中劳动消耗的一种数量标准。它有两种表现形式:工时定额和产量定额。工时定额是生产单位合格产品的时间消耗标准;产量定额是指在单位时间内生产合格产品的数量标准。工时定额与产量定额之间在数量上互为倒数关系,可以相互换算。劳动定额的不同形式适用于不同的生产条件,企业可以根据自己的生产特点采用适宜的形式。

3.2.1.2 劳动定额的制定

如何制定劳动定额

劳动定额是企业合理组织劳动的重要依据,也是控制成本、把握生产进度、进行经济核算的重要依据。那么劳动定额是如何制定的呢?

劳动定额的制定要根据先进、合理、适用的原则,采用科学的方法,以利于劳动生产率的提高,并体现"快、准、全"的特点和要求。可谓先进合理,就是在一定的生产条件下,经过努力,让大多数的员工可以达到、部分先进员工可以超过、少数后进员工通过努力也能达到或接近的水平,这样的水平才能促进劳动生产率的提高。因此,劳动定额水平的制定应适当。

要制定劳动定额,必须经过生产过程分析和工时消耗分类。生产过程分析包含的内容很多,如以产品为对象的分工序分析、零部件为对象的工艺流程分析、以人机为对象的操作分析等。通过分析可以了解各工序的作用及工序间的相互联系,了解各工位的活动和操作等,从而可以改进生产过程,规范操作。工时消耗分类是对工人在整个轮班工作过程中的全部时间消耗的分类研究。其目的在于消除不必要的时间消耗,为制定先进合理的劳动定额提供依据。

劳动定额制定方法

常用的劳动定额制定方法有如下5种:

①工时测定法。就是通过对生产技术组织条件的分析,采用实地观测和分析研究来确定定额的方法。这种方法准确、科学,但工作量大,费时费工,通常适用于品种少、生产稳定、机械化程度高的大批量生产。

②经验估工法。即根据实践经验并参照有关技术文献或实物来进行分析估算定额的方法。它简单易行、制定时间快、工作量小,但准确性差。

③类推比较法。根据典型零件或工序的工时定额,经过对比分析推算出同类零件或工序定额的方法。

④统计分析法。依据过去生产同类产品的工时消耗的统计资料，经过分析整理，结合现行生产技术和组织条件而制定出定额的方法。

⑤定额标准资料法。即以成套的时间定额标准为基础，通过对作业要素的分解，找出各自对应的项目及时间值，最后求出工序或操作时间定额的方法。其特点是定额准确，且制定简便，它使用范围广，在多品种、多工序条件下最适用。

劳动定额制定的5种方法各有其优点，应因地制宜，分别采用，当然也可几种方法结合应用，以便收到较好效果。汽车维修企业可以根据自身的特点，用上述方法制定适宜的定额标准，以便更好地组织生产和提高劳动生产率。

3.2.2 劳动定员

何谓劳动定员

定员工作是劳动管理中的一个重要部分。先进合理的定员标准，可使企业在用人上精打细算，节约劳动力并提高功效，促进企业发展。维修企业尤其要做好定员工作，充分考虑到工位、辅助岗位等的实际需要并做好定额安排。

劳动定员是指根据企业确定的生产规模和产品方向，在一定时期内，一定生产技术组织条件下规定的企业所必须的组织机构和各类人员的配备数量标准。企业定员的范围包括从事生产、技术、管理和服务工作的多种人员，通常分为五类：生产工人（基本生产工人和辅助生产工人）；工程技术人员；管理人员；服务人员；学徒。

3.2.2.1 定员工作的要求和定员标准

(1)定员工作的具体要求

定员要求

由于定员工作可以进一步提高企业的经营管理水平，充分挖掘企业劳动潜力，改善劳动组织，提高劳动生产率，有效减少人力物力资源的浪费。因此，做好定员工作非常重要，具体要求表现在如下三个方面：

①水平要先进合理。这个水平既能综合反映同行业同类企业的先进水平，又能使企业通过努力达到或超过。

②定员标准既要相对稳定，又要不断提高。只有相对稳定，企业才能很好地贯彻执行；同时只有与时俱进，不断提高，才能适应生产技术的发展需要。

③合理安排各类人员的比例关系。首先是要安排好直接生产人员与非直接生产人员的比例关系，要尽量降低非直接生产人员所占比例。其次要正确处理好基本生产工人同辅助生产工人的比例，使之有利于合理分工，促进生产。

(2)定员标准

定员标准

定员标准是由定员标准化主管机构批准、发布并且在一定范围内对定员所作的统一规定。国家、行业或地方的定员标准是企业制定或修改自身定员标准的重要规范和依据。

定员标准站在不同的角度可作不同的分类。若按定员标准的综合性,可分为单项定员标准和综合定员标准;若按管理分级,则可分为国家标准、行业标准、地方标准和企业标准。维修企业在定员时,可以结合相关的标准并根据企业实际而有针对性地选用。

3.2.2.2　劳动定员的方法

确定劳动定员的方法

如何确定劳动定员?计算定员的基本依据是计划期的总工作量与一个人的工作效率。由于各企业的情况千差万别,因此计算定员的方法也各不相同。通常情况下定员的方法有以下5种:

(1)按照劳动定额进行定员。就是依据生产任务与工人劳动效率来计算定员数。公式如下:

$$定员人数=\frac{\begin{matrix}计划期生产任务总量\\(或定额工时)\end{matrix}}{\begin{matrix}计划期工人的\\劳动效率(或有效时间)\end{matrix}\times\begin{matrix}定额预计完成率\\(或出勤率)\end{matrix}}$$

例:红星汽车配件厂每班生产汽车刹车片的计划产量为500件,每个工人的班产定额是20件,预计定额完成率为110%,出勤率为90%,计算该工种每班的定员人数。

算法1:按工时定额计算

$$单件工时定额=\frac{8\times60}{20}=24(分/件)$$

$$定员人数=\frac{500\times24}{24\times20\times110\%\times90\%}=25(人)$$

算法2:按产量定额算

$$定员人数=\frac{500}{20\times110\%\times90\%}=25(人)$$

这种方法尤其适合于手工操作为主的工种,凡是有劳动定额的人员都可以使用这种方法。

(2)按设备定员。根据机器设备数量、工人的产量定额、设备的开动班次和工人出勤率来计算定员人数。具体公式为:

$$定员人数=\frac{需要开动设备台数\times每台设备的开动班次}{工人产量定额\times出勤率}$$

这种方法主要适用于以机器设备操作为主的工种,如大型卷烟厂的烟机工、加香工、水泥厂的生料磨工、立窑工、回转窑工等。

(3)按组织结构、业务分工和职责范围定员。这种方法一般先定组织机构,明确各项分工及其职责范围,然后根据工作量大小及复杂程度,再确定定员数。这种方法主要适用于企业管理人员和工程技术人员的定员。

(4)按岗位定员。即根据工作岗位的数量及工作量大小来确定定员的人数。

(5)按比例定员。即按照企业职工总数或某一类人员总数的比例,来计算某类人员的定员数。具体公式为:

定员人数 = 职工总数或某类人员总数 × 定员标准比例

这种方法的前提是被定员的某类人员数量,必须与企业职工总数或某类人员总数成比例关系。定员标准比例一般由上级有关部门规定。

3.3 劳动组织与劳动生产率

3.3.1 劳动组织和劳动保护

劳动组织的任务及作用

企业劳动组织的任务就是正确地协调、处理好劳动者与劳动对象、劳动工具之间的关系;适时调整和改善劳动组织的形式;在分工协作的基础上科学合理地配备劳动力;充分利用劳动时间,提高劳动生产率。

劳动组织的形式

3.3.1.1 劳动组织一般涵盖以下几个方面:

(1)作业组的组织

作业组是指在劳动分工的基础上,把为完成某项工作而相互协作的有关员工组织在一起的劳动集体。作业组的规模不宜过大也不宜太小,规模的大小取决于它所承担的工作任务、自动化程度、生产技术特点、机械化程度、组内分工协作的情况等。

一般在以下情况时需要组织作业组:①工作不能由单个工人去完成,必须由几个工人共同进行时,就需要组成作业组,如修理组,装配组等。②看管大型的机器设备和联动机,需要组成作业组。③基本生产工作、辅助工作与准备工作联系紧密,要加强协作,需组成作业组。④工人的工位和工作成果间联系密切,需要组成作业组。

在组织作业组的过程中,还应特别注意要明确组内成员间的职责,建立岗位责任制。要合理配备人员,形成一个有效的团队。要选好合适的组长,使作业组协调、高效。

(2)轮班组织

轮班组织就是把工人间的协作关系从时间上有效地组织起来,这也是劳动组织的一种形式。不同企业的工作班制度是不同的，有的实行单班制，有的则实行多班制。维修企业通常采用单班制。

(3)工作场所组织

工作场所组织就是在工作地把劳动者、劳动工具和劳动对象科学、合理、有序地组织起来，使人、机、物之间布局合理，从而促进劳动生产率的提高。

工作场所组织包括：①合理装备和布置工作场地，以便于空间的合理利用和工人操作。②保持工作场地良好的工作环境和正常的程序。③正确组织工作地的供应和服务。

工作地组织得好可以充分利用设备能力，节约劳动时间，方便工人操作，减少占用面积，降低消耗，并可保证工人的健康和安全，最大限度地提高劳动生产率。

3.3.1.2　劳动保护

劳动保护的内容及作用

劳动保护是指生产过程中为保护劳动者的健康与安全，改善劳动条件，预防、消除事故和职业病而进行的工作和采取的措施。劳动保护一般包括三个方面的内容：①安全生产及安全技术；②工业卫生；③劳动保护制度。

劳动保护体现了国家对劳动者的关爱，是企业应负的责任。劳动保护是为了安全生产，是使生产顺利进行的重要保证。此外，劳动保护对于调动职工积极性也具有重要作用。

3.3.2　劳动生产率

3.3.2.1　劳动生产率的概念和形式

劳动生产率的定义

劳动生产率是劳动者有目的的生产活动在一定时间内的效率，也可表达为劳动者在一定的劳动时间内所生产的劳动产品的数量与相应的劳动消耗之比。劳动生产率是企业一定时期生产力水平高低的综合反映指标。

劳动生产率的提高，意味着劳动时间的节约，或意味着在同样的劳动时间内生产更多的产品。它是节省人力、降低成本、增加企业收益的基本手段，是企业发展生产、扩大经营的主要途径，也是满足社会需要、促进经济发展的重要保证。因此，提高劳动生产率具有十分重要的意义。

一般而言，计算劳动生产率的指标有两种基本形式：

①单位劳动时间内生产的产品数量。劳动生产率的高低与单位时间内平均生产的合格产品数量成正比，此时劳动生产率为“正指标”。即：

劳动生产率 = 合格产品数量/劳动时间

②生产单位合格产品所消耗的时间。劳动生产率的高低与单位合格产品平均劳动消耗成反比，这是劳动生产率的

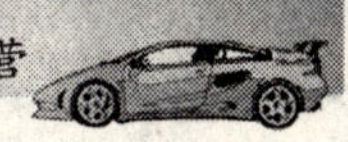

"逆指标"。即：

劳动生产率＝劳动时间/合格产品数量

上述两种劳动生产率指标互为倒数，它们在不同场合有不同的使用。

3.3.2.2 企业提高劳动生产率的途径

提高劳动生产率的途径

企业只有搞好劳动管理，提高劳动生产率，才能降低成本，增加收益，取得竞争的优势地位。企业要提高劳动生产率，主要依靠提高劳动技能、改善劳动方法、改进劳动组织、提高劳动管理水平。具体来说，有如下6种途径：①广泛采用先进技术，不断提高企业的科技水平。②提高劳动者素质，加强职工培训，提高劳动者文化技术水平及劳动熟练程度。③实行先进合理的定额和定员。④加强劳动纪律和劳动保护。⑤开展劳动竞赛。⑥增加物质刺激，调动职工积极性和创造性。

4 维修企业财务管理

4.1 维修企业财务管理概述

维修企业财务管理概述

伴随汽车维修企业生产经营过程，各种物资如耗用的材料、备品配件等不断地运动，其价值形态的运动变化形成了资金运动，主要表现为货币资金、生产储备资金等。企业资金的运动，构成企业经济活动的一个独立方面，具有自己的规律性，这就是企业的财务活动，主要包括资金筹集、资金的投放与使用、资金收入与分配等活动。企业的财务活动贯穿于企业经营过程的始终，在组织各项财务活动的过程中，必然同各方面发生广泛的联系。这种存在于企业资金运动中的、与各有关方面发生的经济利益关系，称为财务关系。企业财务活动及其所体现的财务关系的总和构成企业财务。

作为企业管理的重要组成部分，财务管理正是基于企业再生产过程中客观存在的财务活动和财务关系而产生，是企业组织各项财务活动、处理各方面财务关系的一项经济管理工作。维修企业财务管理的基本内容包括筹资管理、投资管理、利润分配管理。

财务管理的基本环节是指财务管理工作的各个阶段与一般程序，包括财务预测、财务决策、财务计划、财务控制、财务分析。

4.2 维修企业的筹资管理

4.2.1 筹资管理概述

企业筹资内涵

4.2.1.1 企业筹资的含义。企业筹资是指企业作为筹资主体，根据其生产经营、对外投资和调整资本结构等需要，通过一定的筹资渠道、采用一定的筹资方式，经济有效的筹措和集中资本的活动。企业的设立、生产经营和对外投资都需要进行筹资。企业筹资管理是企业财务管理的主要内容。

4.2.1.2　企业筹资的目的

(1)筹集资金以设立企业。

(2)筹集资金以扩大企业经营规模。

(3)筹资以调整企业资本结构。

企业筹资的渠道与方式

4.2.1.3　企业筹资的渠道与方式。企业的筹资渠道是指企业筹集资本来源的方向与通道。筹资方式是指企业取得资金的形式和工具。资金从哪里来和如何取得资金，既有联系又有区别。一定的筹资方式，可能只适用于某一特定的筹资渠道，但同一渠道的资金，往往可采用不同方式取得，而同一筹资方式又往往适用于不同的筹资渠道。

我国企业的筹资渠道可归纳为如下七种：①政府财政资金；②银行信贷资金；③非银行金融机构资金；④其他法人资金；⑤企业内部资金；⑥民间资金；⑦国外和我国港澳台资金。

企业筹资方式有以下七种：①吸收直接投资；②发行股票；③利用留存收益；④银行借款；⑤发行债券；⑥利用商业信用；⑦租赁筹资。

4.2.2　企业的权益资本筹资

何谓企业的资本金制度

4.2.2.1　企业的资本金制度。企业资本金是指企业在工商行政管理部门登记的注册资金。资本金按投资者主体可分为：国家资本金、法人资本金、个人资本金、外商资本金等；按资本的性质可分为法定资本金、注册资本金、实收资本金、资本公积金、盈余公积金等。其中：法定资本金是指开办企业时法定具备的资本金(指开办企业时必须具有的最低限额资金)，《中华人民共和国公司法》对不同性质、从事不同经营活动的法定资本都做了具体规定；注册资本金是指企业登记注册时的申报资本金；实收资本金是指实际收到的投人资本金。一般地说，实收资本金也是注册资本金。但对于分期投资的合资企业来说，在尚未缴足投资额之前，其实收资本将小于注册资本。

资本金制度是国家对于企业设立或存续期间，关于资本筹集、运作、管理以及所有者权益等的制度规定。

资本金制度的内容主要涉及法定资本金的数量要求、资本金的筹集方式、筹集期限、无形资产出资限额、验资及出资证明、出资违约及其责任等。

4.2.2.2 普通股筹资。普通股是股份有限公司发行的代表着股东享有平等权利、义务的凭证，对普通股股票没有特别限制，股利也不固定，是最基本的股票。普通股的基本特征有：

普通股筹资

①没有到期期限，不能直接收回股本；

②股利具有不确定性；

③是权益性证券。普通股的持有者是公司的股东，享有作为股东的权利也承担相应的责任。普通股股东的权利主要有：公司的管理权，包括表决权、查阅权、监督权、阻止越权的权利；分享盈余权；股份转让权；优先认股权；剩余财产要求权。股东的责任主要是以出资额为限对公司债务承担有限责任。

4.2.2.3 优先股筹资。优先股是具有某种优先权的股票，是股东权益的组成部分，具有债券与股票的双重特性。

优先股筹资

①优先股具有一定的优先权，即优先取得股息，优先分配公司的剩余财产等，故优先股的风险比普通股要小。

②优先股的股息预先确定，从公司税后利润中支付。

③优先股没有到期期限。

④优先股没有参与公司经营管理的权限。

4.2.3 企业的债务资本筹资

企业的债务资本筹金，主要指企业的借款、商业信用、银行借款、公司债券和租赁等，下面我们分别介绍。

4.2.3.1 借款。借款是指企业向银行或其他金融机构借入的各类款项。企业借款按不同的分类标准，可分为以下类别：

借款

①按借款占用期限的不同而分为短期借款、中期借款和长期借款。

②按借款人提供保障的方式可分为信用借款、保证借款、抵押借款、质押借款和票据贴现。

借款筹资的优点是：筹资速度快、成本低，借款弹性好。借款筹资的缺点是：财务风险较大、限制条款较多、筹资数额有限。

4.2.3.2 商业信用。商业信用是指商品交易中由于延期付款或预收货款（延期交货）而形成的借贷关系，是企业间的一种直接信用行为。商业信用是企业广为采用的一种筹资方式。商业信用具有以下特点：

商业信用

①商业信用是在商品买卖或提供劳务过程中双方协商而形成的。市场经济越发达，商业信用越普遍。

②商业信用筹资限制条件少，使用方便。

③企业取得商业信用是建立在其财务信誉基础上的，企业的信誉程度和经营规模决定了商业信用的可能性及数量大小。

商业信用的形式有应付账款、应付票据、预收账款。

银行借款

4.2.3.3　银行借款。银行借款是企业根据借款合同向银行(以及其他金融机构，下同)借入的款项。分短期银行借款和长期银行借款。短期银行借款指期限在一年以内的借款。我国目前短期借款按借款的目的和用途分为周转借款、临时借款、结算借款、贴现借款等。按照国际惯例，短期银行借款按有无担保分为信用借款(无担保借款)和抵押借款(担保借款)；按偿还方式分为一次偿还和分期偿还借款。企业长期借款有银行长期借款和非银行金融机构长期借款。长期借款偿还期限在一年以上，但用途分基本建设借款、专项借款等。

公司债券

4.2.3.4　发行公司债券。公司债券是指企业依照法定程序发行，约定在一定限期内还本付息的有价证券。债券是一种确定债权债务关系的凭证。企业发行债券的目的是向社会筹集闲散资金，以解决企业中长期资金的不足。

公司债券有确定的限期，到期必须归还本金；债券的利息在发行时就预先确定，并保证按期支付利息。

公司债券的种类：①按有无抵押担保分为信用债券、抵押债券和担保债券；②按是否记名而分为记名债券和无记名债券；③按期利率的变动性分为固定利率债券和浮动利率债券；④按债券可否上市流通分为上市债券和非上市债券。

融资租赁与经营租赁

4.2.3.5　融资租赁与经营租赁。租赁是出租人将其财产出租给承租人使用，并由承租人按期交付租金作为报酬的一种经济行为。租赁是一种信用行为，反映了以物为媒介的借贷关系，是企业筹资的一种方式。租赁主要分为融资租赁和经营租赁两种形式。

融资租赁也称为筹资租赁、资本租赁等，是由租赁公司按照承租企业的要求融资购买设备，并在契约或合同规定的较长期限内提供给承租企业使用的信用性业务，它是以融资为主要目的的租赁方式。承租人按照租赁合同在资产寿命的大部分时间内可以使用资产，出租人收取租金，但不提供维护、保养等服务，承租人在租赁期内对资产拥有实际控制权，并按企业财务制度提取折旧。租赁期满后，租赁物通常归承租人所有。

融资租赁的优点主要是:筹资速度快、限制条件少、资产淘汰风险小、税收负担轻、财务风险小。融资租赁的缺点主要是资金成本高,租金额通常要高于资产价值量30%。

经营租赁也称营业性租赁,是指以不转让租赁财产所有权为前提的中短期租赁。在经营性租赁中,出租人不仅要提供资产的使用权,而且应提供重大的维修和财产保险等服务。承租人获得财产的使用权,并且按租赁协议支付租金,维护租赁物的安全性,提供日常的维护保养,租赁期满归还租赁物。

4.3　维修企业的投资管理

4.3.1　企业投资管理概述

4.3.1.1　投资的概念。企业投资是指企业投放财力于一定对象,以期望在未来获取收益的经济行为。在市场经济条件下,企业是否有效地利用所筹集到的资金,把它们充分投放到收益高、回收快、风险小的项目上去,使有限的资金发挥最大的作用,对企业的生存和发展是十分重要的。

投资的概念

投资从不同角度进行分类,可分为长期投资与短期投资、直接投资与间接投资、企业内部投资与外部投资、初创投资与后续投资。

4.3.1.2　企业投资的资产组合。企业资产可以分为流动资产和非流动资产两大类,这两类资产在企业投资总额中所占的比重称为企业资产组合。非流动资产项目主要有固定资产、无形资产、对外长期投资等,(以下用固定资产代表非流动资产)。不同的资产组合对企业收益和风险会产生不同的影响。

投资的资产组合

4.3.2　流动资产投资管理

4.3.2.1　流动资产概述

所谓流动资产,是指在企业的一个营业周期内(如1年)可以直接变现、直接流通使用的资产。其消耗可以一次性地记入成本,并可以直接从企业的经营服务收入中得到补偿。流动资产包括货币资金、应收和预付款项及可变现的存货资产。短期投资从性质上讲,应属于流动资产的范围,但《企业财务通则》把它放在对外投资中作出规定。流动资产的价值表现就是流动资金。

流动资产的定义

①货币资金。货币资金是流动资金中最活跃的项目,它是企业生产经营活动中处于货币形态的资金,包括现金、银行存款和其它货币资金。

②应收、预付款项。应收款项是指企业因对外销售产品、

材料或提供劳务等应收而未收的账款,包括应收票据、应收账款、其它应收款等;预付货款是指预先支付给供货单位的货款。

③存货。存货是指企业在生产经营过程中为销售或耗用而储备的物资。汽车维修企业需要储备较多的维修配件、原材料和工具等,不仅占用额度很大,而且流动性也很大。

流动资产的特点是流动性大、周转期短,并不断改变其形态,它一次性消耗和转移价值,一次性收回补偿,并随着资金的周转循环不断改变其价值。

4.3.2.2 现金管理

现金及现金管理

现金是流动性最强的流动资产。企业拥有一定数量的现金会降低企业的财务风险,增强企业资产的流动性和债务的可清偿性。

现金管理的目的,是在保证企业生产经营所需现金的同时,节约使用资金,并从暂时闲置的现金中能够获得最多的利息收入。企业的库存现金没有收益,银行存款的利率也远远低于企业的资金利润率。现金结余过多,会降低企业的收益;但现金太少,又可能会出现现金短缺,影响生产经营活动。现金管理应力求做到既保证企业交易所需资金,降低风险,又不使企业有过多的闲置现金,以增加收益。

4.3.2.3 应收账款管理

应收账款管理

应收账款是指企业因销售产品或提供劳务而应收回的款项。它是一项重要资产,能增加企业在市场上的竞争能力,扩大销售,但也会增加成本,扩大风险,必须加强管理。

商业信用对扩大购销具有一定的作用,如果经营得当,对提高经济效益会有很大帮助。但在市场竞争条件下,也有一定风险,如成本费用过大,管理失控,特别是当应收账款长期被拖欠,形成大批坏账时,会对企业造成致命性的打击。近年来汽车维修企业的应收账款明显增多,坏账和死账时有发生,已成为流动资产管理中的严重问题。为此应事先做好信用调查和信用评价,并加强应收账款的日常控制和及时清欠回收。

4.3.2.4 存货管理

存货的管理

(1)存货的含义。存货是指企业在日常生产经营过程中为生产和销售而储备的物资。企业存货占流动资产的比重较大,对企业财务状况影响较大。进行存货管理的目的,就是要尽力控制存货水平,降低存货成本,在存货成本与存货效益之间进行权衡,达到两者的最佳结合。

(2)存货成本。包括采购成本、订货成本和存储成本三

种。

①采购成本。采购成本主要包括买价、运杂费等,一般与采购数量呈正比。

②订货成本。是指为订购材料、备品配件等物资而发生的成本,一般与订货的数量无关,而与订货的次数有关。要降低订货成本,就要减少订货次数。

③存储成本。是指在物资存储过程中发生的仓储费、搬运费、保险费、占用资金支付的利息等。一定时期内的存储成本总额,等于该期内平均存货量与单位存储成本之积。要降低存储成本,需减少存储数量。

4.3.3 长期资产投资管理

长期资产也称非流动资产,包括固定资产、递延资产、对外投资、无形资产、其他资产等,固定资产、无形资产是其中的主体部分。

4.3.3.1 固定资产概述。固定资产是指使用期限在一年以上,单位价值量在一定标准以上,并且在使用过程中能保持其原来物质形态的资产。

固定资产的定义

固定资产的特点是使用时间较长,能多次参加生产经营过程,且不明显改变其实物形态,其价值补偿和实物更新时间不一致。固定资产的价值补偿是随着固定资产折旧而逐步完成的,而固定资产更新则是在其技术经济寿命终了时进行的。

现行制度对固定资产是按其经济用途和使用情况进行综合分类的。采用这一分类方法,可把企业的固定资产分为七大类:生产经营用固定资产、非生产经营用固定资产、租出固定资产、不需用固定资产、未使用固定资产、土地、融资租入固定资产。

固定资产的计价方法有三种:按原始购置成本计价、按重置完全价格计价、按净值计价。

固定资产折旧是指固定资产在使用过程中逐渐损耗而转移到费用中去的那部分价值。固定资产损耗分有形损耗和无形损耗两种。有形损耗是物质损耗。无形损耗也称精神损耗,是由于科学技术进步和劳动生产率提高,采用新设备而引起原固定资产贬值或损失。企业固定资产折旧的方法有直线法、工作量法、加速折旧法等。

4.3.3.2 固定资产的日常管理。为了提高固定资产的使用效率,保护固定资产的安全完整,必须做好固定资产的日常管理工作,主要包括以下几个方面:

固定资产日常管理

(1)实行固定资产的归口分级管理。

(2)健全固定资产核算记录。

(3)按财务制度规定计提固定资产折旧。

(4)合理安排固定资产的修理。

(5)科学地进行固定资产的更新。

(6)定期考核固定资产的使用效果。

无形资产及其他长期资产管理

4.3.3.3 无形资产及其他长期资产的投资管理。无形资产是指没有实物形态的资产,一般具有较大的经济价值,可以较长时间使用(一般在一个以上会计期间),能给企业带来较大经济效益;无形资产提供的经济效益,具有较大程度的不确定性。企业持有无形资产的目的是为了用于生产商品或提供劳务、出租给他人,或为了管理,而不是为了对外销售。脱离了生产经营活动,无形资产就失去其经济价值。无形资产是企业有偿取得的。无形资产主要包括:专利权、商标权、著作权、土地使用权、非专利技术和商誉等。

根据实际成本原则,无形资产依据实际取得成本计价。

其他长期资产主要指递延资产,是指不能全部计入当年损益而应当在以后年度内分期摊销的各项费用。递延资产实质上是一种费用,但由于数额较大,受益期较长,需要在一年以上的时期内分期予以摊销。主要包括:开办费、经营租赁租入固定资产改良支出和其他递延资产。

4.4 维修企业损益管理

4.4.1 成本管理

成本与费用

4.4.1.1 成本、费用概述。企业在生产经营活动中,各种物化劳动耗费和活劳动耗费虽然都表现为企业的支出,但又有成本和费用之分。成本,也称生产经营成本,是指产品(包括劳务)在生产经营过程中各种直接耗费的货币支出量的总和。费用是企业生产经营中发生的各项消耗的货币表现。企业的费用,虽然是围绕产品生产经营发生的,却不一定是产品成本。费用是一定区间的发生额,与时间发生关系;而成本按一定的计算对象(如某种产品、某项劳务)归集,与成本对象发生关系。有些费用是计算成本的基础,费用根据发生的原因和目的归集分配后,属于某产品或劳务负担,这部分费用才成为产品成本。因此,费用是成本构成的要素,而成本是对象化了的费用。

汽车维修企业经营成本

4.4.1.2 汽车维修企业的经营成本。汽车维修企业的经营成本是指企业从事汽车维修作业的生产成本。

企业的产品成本可按费用要素分类,可分为:

①外购原材料与外购半成品；

②外购燃料与动力；

③职工工资；

④职工福利基金；

⑤固定资产折旧费；

⑥固定资产大修理基金；

⑦其他费用(如差旅费等)。

这种分类可以反映企业在一定时期内各项生产费用的支出情况，以利于分析各个时期生产费用的支出水平，便于核定流动资金和编制材料采购计划。

企业的产品成本也可按成本项目进行分类，可分为：

①原材料；

②燃料与动力；

③工资；

④提取的职工福利基金；

⑤废品损失费；

⑥车间经费；

⑦企业管理费(如差旅费等)。

这种分类既便于加强成本核算，计算产品的单位成本和利润，也便于检查和评比企业中各项费用定额或计划的执行情况。

汽车维修企业的经营成本中包括直接成本和间接成本两类。直接成本是指汽车维修过程中直接消耗的材料费用和人工费用，包括直接材料费用、直接人工费用、其他直接费用。间接成本是指在汽车维修过程中间接发生的材料费用及人工费用，包括企业非直接生产人员(包括管理人员)的办公费、差旅费、工资、奖金、津贴及补贴、职工福利费、保险费、试验检查费、劳动保护费，生产厂房维修费、取暖费、水电费、运输费、机具设备的租赁费、折旧费与修理费，辅助性机修车间所发生的各种费用等。

汽车维修企业期间费用

4.4.1.3 汽车维修企业的期间费用。期间费用是发生在各生产经营期间，应由该期损益直接承担的各种费用。换言之，期间费用与生产经营期间直接相关，必须从当期营业收入中一次性扣减，直接体现为当期损益，不计入产品成本。汽车维修企业的期间费用包括经营费用、管理费用和财务费用。

汽车维修企业的成本管理与经济核算

4.4.1.4 汽车维修企业的成本管理与经济核算。加强汽车维修的成本管理与费用管理可以减少成本与费用开支，提高经济效益，增强企业的生产竞争能力。

(1)汽车维修的成本管理。汽车维修企业的成本管理内容包括:成本预测、成本计划、成本控制、成本核算、成本信息、成本分析、成本检查等。应重点抓好以下各项:

①落实成本管理责任制,明确各职能人员的岗位责任。

②加强定额管理(抓好各项技术经济定额的制订和修订),并严格考核各职能部门的定额执行情况。

③合理确定成本目标,抓好成本预测,编制成本与费用计划;同时实施分级归口管理,随时追踪和监督检查成本费用的执行情况。

④严格按成本计划开支,严格控制生产费用与生产成本。既不得将不属于成本开支范围的费用列为成本,也不得将应该列为成本的费用由其他费用开支。

⑤定期开展企业的技术经济活动分析,抓好企业的成本分析,严密组织企业内部的成本核算。

(2)加强企业内部经济核算。所谓企业经济核算,是指利用会计核算,借助于价值形式,对企业中物化劳动和活劳动耗费进行的统计、监督和比较,并对企业的生产经营管理成果进行的考核和分析。

实行全面经济核算是企业实施现代企业管理、提高企业经济效益的重要原则。为了加强企业内部的全面经济核算,就要准确地反映企业生产成本和正确地核算企业经济效益。

4.4.2 维修企业的营业收入管理

汽车维修企业营业收入组成

汽车维修企业的营业收入,是指在企业生产经营过程中由于提供了汽车维修劳务或者开展了多种经营而取得的经济收入,是企业在一定时期生产经营成果的表现。汽车维修企业的营业收入由主营业务收入和其他业务收入两部分组成。

汽车维修费收入是指汽车维修企业提供汽车维修劳务等所取得的营业收入,它由汽车维修工时费收入、材料配件费收入和其他业务收入三部分组成。其中,其他业务收入包括汽车零配件的批发或零售收入,提供救援或运输的收入等。

$$汽车维修费 = 工时费收入 + 材料配件费收入 + 其他业务收入$$

式中各项均含有生产成本、税金与利润。其中:

$$工时费收入 = \sum 结算工时定额 \times 各工种的工时单价$$

$$配件材料费收入 = \frac{配件材料成本(1 + 成本利润率)}{1 - 税率}$$

在结算工时费用时,各级维修作业用于结算的规定定额工时数、各工种每工时单价(即各工种收费标准)应由各地汽

车维修行业管理部门和物价部门根据各级汽车维修的规定作业范围、各工种每工时平均成本以及总收费控制额联合确定。成本利润率一般为15%；税率(包括营业税、城市建设维护税和教育附加费等)一般规定为营业额的3.07%3.27%。

其他业务收入是指汽车维修企业除主营业务收入以外的其他营业收入,如汽车销售收入、汽车配件销售收入,以及向外单位提供劳务的收入,出租固定资产的收入,以及出售废旧物资的收入等。

汽车维修企业或维修业户必须按照《汽车维修合同》和当地汽车维修行业管理部门和物价部门联合制定的《汽车维修工时定额》和《汽车维修收费标准》进行费用结算,不得随意加收和乱收(但可以下浮)。为此《汽车维修行业管理暂行办法》规定:

①汽车维修费用应统一使用由当地汽车维修行业管理部门统一印制的发票和凭证。

②应按汽车维修类别使用专门的结算凭证，并在费用结算凭证上逐项列出各项收费项目及相应费用。例如：汽车维修级别和作业项目、计费工时数、工时单价、维修材料费用、管理费用、税费和总费用等。基础件及贵重总成应单独列出。

4.4.3 维修企业的利润和利润分配管理

汽车维修企业的利润是企业在一定经营期内,通过汽车维修服务、汽车与配件营销等所取得的财务成果,它综合地反映了汽车维修企业各项技术经济指标的完成情况以及企业生产经营管理的经济效益。

企业利润的计算

4.4.3.1 企业利润的计算。汽车维修企业的利润计算公式为:

利润总额=(营业利润+投资净收益+营业外收支净额)
-营业外支出

营业利润,是指汽车维修企业的税后业务利润扣除汽车维修中的企业管理费用和财务费用后所取得的经营成果。

营业利润=(汽车维修利润+其他业务利润)-管理费用
-财务费用

其中:其他业务利润=其他业务收入-其他业务支出

汽车维修利润=汽车维修收入-(汽车维修成本
+汽车维修经营费用+营业税及附加费)

投资净收益,是指汽车维修企业的对外投资收益扣除对外投资损失后的净值(税后数额)。

投资净收益＝投资收益－投资损失

营业外收支净额是指与企业的主营业务无直接关联的额外收入(即营业外收入减去营业外支出后的余额),例如固定资产的盘盈或出售的净收入、罚款收入、教育附加费返还等。营业外支出是指与企业的主营业务无直接关联的额外支出,例如固定资产盘亏和报损、非正常原因的停工损失费、救急和捐赠、赔款与违约金等。

企业利润的分配

4.4.3.2　企业利润的分配。利润分配是企业按照国家有关法律、法规以及企业章程的规定,将实现的利润在企业与企业所有者之间、企业内部的有关项目之间、企业所有者相互之间进行分配的行为。企业利润的分配原则:

①按照现行税法规定,缴纳企业所得税。

②在交纳所得税后的税后利润中,按照下列次序和原则实行分配:

a. 支付被没收的财产损失,支付滞纳金和罚款;

b. 弥补以前年度的亏损;

c. 提取法定盈余公积金;

d. 提取法定公益金;

e. 向投资者分配利润。

对于股份制企业,规定在提取法定盈余公积金后再按下列顺序进行分配:支付优先股股利;提取任意盈余公积金,任意盈余公积金按照公司章程或股东代表大会决议提取;支付普通股股利。按照财务管理规定,企业的税后利润在弥补亏损及提取法定盈余公积金和公益金之前,不得分配股利。但是,企业为了维护股票信誉,在已用盈余公积金弥补亏损后,经股东特别会议决议,可以按不超过股票面值6%的比率用盈余公积金分配股利,但仍要求企业分配股利后的法定盈余公积金不得低于注册资本金的25%。

4.5　财务分析

财务分析的定义

财务分析是以企业财务报告反映的财务指标为主要依据,对企业的财务状况和经营成果进行评价和剖析,为企业投资者、经营管理者、债权人和社会其他有关方面提供企业财务信息的一项财务管理活动。企业财务分析的基本内容主要包括:企业偿债能力分析、企业资产运营能力分析、获利能力分析和企业财务状况综合分析。

财务分析的基本方法有差额比较法、结构比较法、比率分析法、趋势分析法和因素分析法等。下面我们将择要进行介绍。

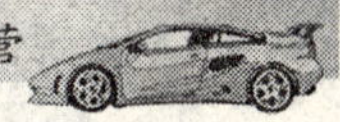

4.5.1　财务比率分析

比率分析法是通过计算某项经济指标所占比率来分析经济活动的变动程度。

偿债能力分析

4.5.1.1　偿债能力分析。偿债能力是指企业偿还各种到期债务的能力。偿债能力分析包括短期偿债能力分析、长期偿债能力分析以及偿债能力保障程度分析。

短期偿债能力是指企业以流动资产偿还流动负债的能力。反映企业短期偿债能力的财务比率主要有流动比率、速动比率和现金比率。

$$流动比率=\frac{流动资产}{流动负债}\times 100\%$$

流动比率是衡量一个企业资产流动性的基本指标，银行贷款时，往往把它作为判断借款户信用的标准，所以也叫银行家比率。流动比率越高，说明企业偿付短期债务的能力越强。

对于企业的所有者及长期债权人来说，他们不仅关心企业的短期偿债能力，更关心企业的长期财务状况，即资本结构状况。

负债比率又称资产负债率，是企业的全部负债总额与全部资产总额的比率，用于分析企业借用他人资金进行经营活动的能力，并衡量企业的长期偿债能力。其计算公式为：

$$负债比率=\frac{负债总额}{资产总额}\times 100\%$$

由于举债经营既可以给企业带来财务杠杆利益，同时也增加了财务风险。所以对于企业来说，资产负债率越高，企业扩大生产经营的能力和增加盈利的可能性就越大，但风险也随之增大，一旦经营不利，企业就可能陷入财务困境。而对于债权人来说，资产负债率反映了企业对长期债权人偿还债务的能力。资产负债率越低，资产对债权人的保障程度越高，企业的长期偿债能力就越强；反之，资产负债率越高，资产对债权人的保障程度越低。当资产负债率超过100%，说明企业已资不抵债，债权人将蒙受损失。

企业营运能力的分析

4.5.1.2　企业营运能力分析。企业营运能力的高低主要取决于资产与权益的周转速度，周转速度越快，资金使用效率越高，营运能力越强。

存货周转率是指企业一定期间的销货成本与平均存货成本的比率，用于衡量企业的销售能力和存货周转速度。其计算公式为：

$$存货周转率=\frac{维修成本中的存货成本}{平均存货成本}\times 100\%$$

存货周转率也可以用存货周转天数表示。存货周转天数是指存货周转一次所需要的天数。周转天数越少,速度越快,营运能力就越强。其计算公式为:

存货周转天数 = 计算期天数 ÷ 存货周转次数

营运资金周转率是企业在一定期间的销售净额与平均营运资金余额的比率。其计算公式为:

$$营运资金周转率=\frac{销售净额}{平均营运资金余额}\times 100\%$$

由于营运资金周转率是以流动资产减去流动负债后的净额为基础计算的,所以能更综合地反映流动资产的利用效果。这个比率越高,流动资产的利用效果越好,企业的获利能力越强。

盈利能力分析

4.5.1.3 盈利能力分析

盈利能力分析的主要指标:

$$销售毛利率=\frac{销售毛利}{销售收入净额}\times 100\%$$

$$=\frac{销售收入净额-销售成本}{销售收入净额}\times 100\%$$

$$销售净利率=\frac{净利润}{销售收入净额}\times 100\%$$

资产报酬率 = 总资产周转率 × 销售净利率

$$成本费用净利率=\frac{净利润}{成本费用总额}\times 100\%$$

$$总资产报酬率=\frac{利润总额+利息支出}{平均资产总额}\times 100\%$$

$$净资产报酬率=\frac{净利润}{平均所有者权益总额}\times 100\%$$

$$普通股市盈率=\frac{普通股每股市价}{普通股每股收益额}$$

每股净资产 = 股东权益总额 ÷ 股票股数

4.5.2 企业财务状况的趋势分析

企业财务状况趋势分析

财务状况的变化趋势分析是通过比较企业连续几期的财务指标、财务比率和财务报告,以了解财务状况的变动趋势,从而预测企业财务活动的发展前景。

4.5.3 企业财务状况的综合分析

进行企业财务状况综合分析的方法

要全面客观地评价企业的财务状况和经营成果,最后应采用适当的标准,编制综合分析表进行分析。其程序为:

(1)在反映企业偿债能力、营运能力和获利能力时,应选择能够说明和评价企业财务状况的最具代表性的重要比率指

标。

(2)根据企业经营状况和管理要求,确定所选择指标的相对重要系数。

(3)确定各项比率指标的最佳标准值。

(4)计算一定时期内企业各项比率指标的实际值。

(5)计算各项指标实际值与标准值的比率。

(6)求出各项比率指标的综合指数及其合计数。

5 维修企业营销管理

5.1 企业市场营销管理概述

5.1.1 市场营销及市场营销管理的基本概念

市场营销及营销管理的概念

市场营销可以理解为与市场有关的人类活动,即以满足人类各种需求和欲望为目的,通过市场变潜在交换为现实交换的活动。

现代市场营销活动包括市场营销研究、市场需求预测、新产品开发、定价、分销、物流、广告、人员推销、销售促进、售后服务等。市场营销的核心是交换,是关于构思、货物和服务的设计、定价、促销和分销的规划与实施过程,目的是创造能实现个人和组织目标的交换(美国市场营销协会(AMA)1985年的定义)。

市场营销管理是企业为了实现企业目标,创造、建立和保持与目标市场之间的互利交换关系,而对营销设计方案进行分析、计划、执行和控制,其任务是为促进企业目标的实现而调节需求水平、时机和性质,其实质是需求管理。

企业市场营销有四项基本功能:第一,了解市场消费需求;第二,指导企业生产;第三,开拓销售市场;第四,满足顾客需求。四项功能的关系如图3-12所示。

5.1.2 市场营销管理程序

市场营销管理程序

市场营销管理程序与价值创造及传递程序是密切联系

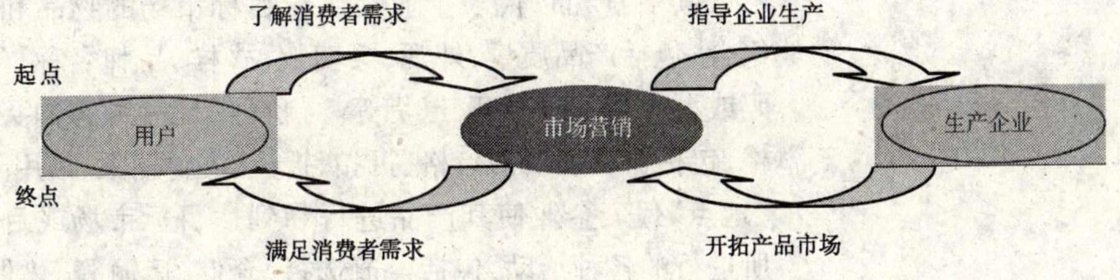

图3-12 企业市场营销的四项功能之间的关系

的。营销管理程序是通过系统性营销策略及方法去开发和创造价值,并将其传递给顾客的过程。它包括分析营销环境、确定市场机会、研究和选择目标市场、设计市场营销组合(拟定营销战略及营销方案)、管理市场营销活动(执行和控制营销方案)。见图3-13。

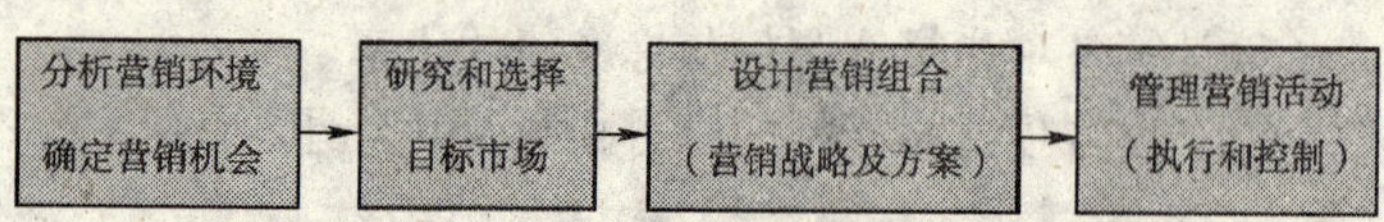

图3-13　市场营销管理程序

①分析营销环境,确定营销机会

寻找、分析、评价市场机会是市场营销管理人员的主要任务,也是市场营销管理过程的首要步骤。分析市场机会的方法有:收集市场信息、分析产品/市场矩阵(见图3-14)、进行市场细分等。

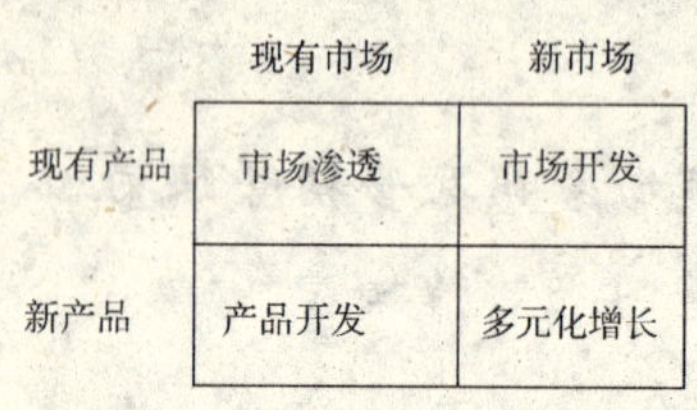

图3-14　产品/市场发展矩阵

在进行市场机会分析和评价的过程中,市场营销人员要分析这些机会与本企业的任务、目标责任制、资源条件等是否相一致,要选择那些较其潜在竞争者有更大优势的,能享有更大差别利益的市场机会作为本企业的机会。

②研究和选择目标市场

任何企业都难以满足所有顾客的需求,也难以在整个市场中长期占有优势。为了提高营销效果,企业必须根据顾客需求的差异,结合企业的优势以及与竞争者进行比较后,才能决定企业应当生产经营哪些新产品,应当以哪个或哪些市场为目标市场。

③设计市场营销组合

市场营销组合是指企业为了满足目标市场的需要而加以组合的可控制的变量。市场营销组合中可控制的变量很多,可以概括为四个基本变量,即产品(product)、价格(price)、地点(place)和促销(promotion),因此市场营销组合又称为4p组合。

其中"产品"代表企业提供给目标市场的物品和服务的组合,包括产品质量、外观、买卖权、式样、品牌名称、包装、尺码或型号、服务、保证、退货等。"价格"代表顾客购买时的价格,包括价目表所列价格、折扣、折让、支付期限、信用限制等。"地点"代表企业使其产品进行和到达目标市场或目标顾客所进行的各种活动,包括渠道选择、仓储、运输等。"促销"代表企业宣传介绍其产品的优点和说服目标顾客来购买其产品

所进行的各种活动，包括广告、宣传、销售促进、人员推销等。

④管理市场营销活动

在确定了营销组合之后应具体组织实施，并对实施过程进行有效控制。因此管理市场营销活动是市场营销管理过程中非常重要而关键的步骤。

5.1.3 我国汽车市场概况

我国汽车市场概况

在过去的20世纪已经无可争议地成为“汽车世纪”，在这一世纪迅速崛起的国家（如美国、日本、德国、韩国等）都是因为他们国内的汽车行业的快速发展而获得成功的。发达国家的汽车行业总产值占国民生产总值的10%～20%，我国却不到3%，但近几年来我国汽车工业已经有了飞速的发展，将来汽车工业也将成为我国的支柱产业。

据国家信息中心发布的汽车行业预测报告，2002年以来，中国私人购车占整个汽车市场的份额迅速提升，私人购车比例首次超过50%。该报告称，在未来的一段时期内，中国汽车制造业预计将存在5%至10%的产量过剩和10%至20%的产能过剩。今后3至5年，中国汽车特别是轿车的价格将呈现不断下降的趋势。

由此我们可以看出，在未来的一段时期内，我国的汽车行业的竞争将非常激烈。这也使得我国的汽车营销战略犹为重要。因此，建立高效、完善的现代化汽车营销体系不仅是我国汽车工业自主发展的需要，也是开发我国汽车潜在大市场的需要。

5.2 我国汽车市场营销体系

5.2.1 汽车的品牌营销

品牌的定义

品牌是汽车企业可持续发展的重要资源之一。在中国汽车市场发育和发展过程中，品牌的概念正在受到越来越多的关注。品牌意味着市场定位，意味着产品质量、性能、技术、装备和服务的价值，最终体现了企业的经营理念。从广义上说，品牌是消费者或潜在消费者因看到或听到品牌名称或标志而产生的有关产品、技术、企业实力、保障、承诺、文化精神等一切联想和认知印象的总和。从狭义上说，品牌就是消费者和产品或产品服务的关系。关系的紧密程度将影响消费者购买的决策。

汽车品牌经营的典型销售模式是集销售、维修、配件、服务等多位一体的汽车专卖店（即4S店）。它有统一的外观形象、统一的标识、统一的管理标准，只经营单一品牌，具有统一的文化理念。

中国的汽车市场经过一段时间的发展后，销售模式也发生了较大的变化，从大型的汽车交易市场发展到品牌专场店，与国际先进的营销模式逐步接轨，特别是中国的轿车市场已开始进入品牌经营阶段，轿车市场加快了品牌营销的发展步伐。各大轿车制造厂对经销商网络实施了从外观形象到内部布局，从硬件投入到软件管理，从售前到售中、售后等一系列服务程序，都有统一的规范、统一的标识、统一的形象、统一的管理并实施严格的培训。品牌经营不仅规范市场秩序、强化市场管理、避免过度和恶性竞争，同时可以稳定市场、控制价格，使经销商成为市场竞争的有力帮手，从一定程度上避免了传统销售模式中经销商多元化经营、对市场的预见不关心、不反馈市场信息、企业盲目生产造成产品积压等问题。

从品牌经营的结果与非品牌经营相比，营销质量明显提高，具体表现在：

(1)解决了以往售后服务、备件供应与销售分离的局面。

(2)划定了经营区域范围，统一了价格政策，有利于其向纵深经营方向发展。

(3)结束了层层批发式的多环节销售，转向直接面向用户的销售，减少了流通环节，降低了交易成本。

(4)建立起客户管理系统，跟踪用户对车辆的使用情况，提高了用户的满意度。

5.2.2 汽车的品牌营销管理

汽车市场进行品牌营销管理主要从以下几个方面进行：

市场调查

(1)市场信息的收集与整理。

市场调查是汽车品牌营销的基础，其目的是企业、公司、团体以及任何企事业单位的管理决策层或个人为了制定长远的战略性规划，或制定某阶段、针对某问题、某个产品的具体政策或策略，提供参考依据。例如：一个汽车品牌所处区域中，政治、经济、文化发展有哪些特点？该汽车品牌在该地区的保有量是多少？其他汽车品牌的分布情况如何？近年来的增长情况如何？当地消费者对汽车消费有哪些特殊需要和要求？同地区有哪些汽车品牌的营销商？他们的销售策略和销售业绩如何？

市场调查包括定量调查、定性调查、媒体和广告调查、商户调查、特殊社会群体调查、民意测验和书面研究几个方面。

市场细分与定位

(2)汽车品牌的市场细分与定位。

细分和界定市场是企业品牌战略的起点。具体而言，企

业应对营销的特定区域和消费者进行如下分析:哪些政治、经济和文化因素会影响消费者的行为?消费者购车的渠道有哪些?你的产品受欢迎的程度?参加区域竞争的品牌有哪些?同一品牌在同一地区有多少经销商?代理商如何选择?代理商有多少?他们的服务如何?价格差异如何?等等。

(3)品牌销售渠道的建设。

销售渠道建设

销售渠道的建设历来是汽车品牌管理中最重要的方面。传统的销售渠道如图3-15所示。现在针对汽车行业的特殊性,常用的模式与传统的分销渠道模式有一定的区别,分为"金字塔"模式(如图3-16)、扁平化模式(如图3-17)、直销模式(如图3-18)、"旗舰店"模式(如图3-19)。"金字塔"模式曾长期存在于我国的汽车销售市场,至今仍有部分品牌采用这种销售模式。但由于其固有的缺陷不便于降低整个营销渠道的成本,因此汽车营销渠道出现了多元化发展的趋势。如以奇瑞汽车销售有限公司为代表的以"旗舰店"一拖四的"限区域独家特许连锁经营模式",就是在进行市场调研的基础上,结合短期、中期、长期的发展规划,在一个城市一定的区域内发展一家经销商,这家经销商首先要兴建一个具有整车销售、备件供应、维修服务和信息技术咨询"4S"功能的大型汽车专卖店,即"旗舰店";与此同时,在这一区域其他地方,由"旗舰店"投资兴建若干个具有汽车展销和快修功能的"社区店";此外,当"社区店"周围的消费能力达到一定需求时,"社区店"可升格为"4S"功能的"旗舰店"。本着"贴近购买力,贴近保有量"的原则,这类的"社区店"可以在汽车交易市场、汽车大道、大型住宅区兴建,这样充分地将国际先进的汽车专卖店营销理念和汽车交易市场销售能力强的优势结合起来。"限区域独家特许连锁经营模式"可能给经销商的投资带来巨大的回报,并最终使广大消费者受益。

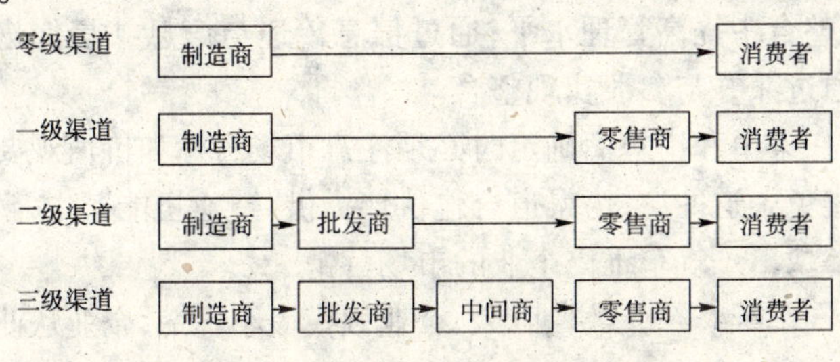

图3-15 传统分销渠道

(4)品牌营销渠道与销售商的确定与整合。

营销渠道的确定与整合

品牌营销战略会随着市场的发展和渠道的创新而发生变

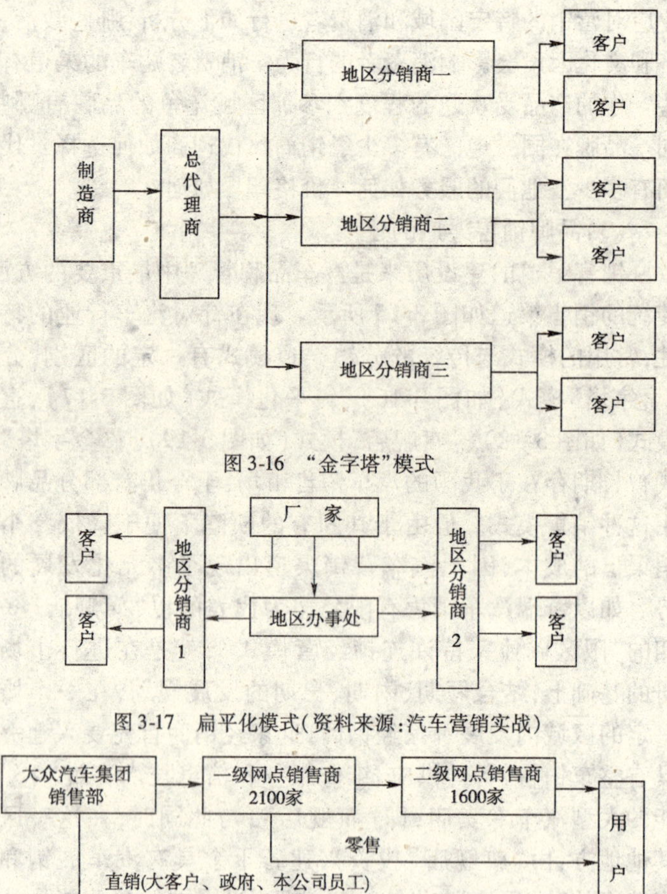

图 3-16 “金字塔”模式

图 3-17 扁平化模式(资料来源:汽车营销实战)

图 3-18 直销模式(资料来源:汽车营销实战)

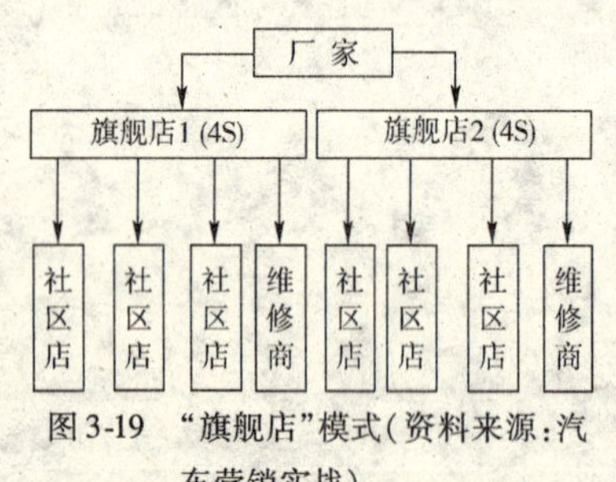

图 3-19 “旗舰店”模式(资料来源:汽车营销实战)

化,因此,经常会面临渠道的确定与整合。在整合营销渠道与销售商的过程中,一般要遵循以下几个原则:最低客户成本原则、渠道最短原则、数量适中原则、销售与维修服务并举的原则。营销渠道的整合方法主要有以下几种:充分利用现有渠道,更为精细地控制销售成本和提高效益;增强品牌意识,在渠道整合中提高管理水平;通过信息传递与信息共享促进整合,通过兼并与参股实现整合。

在渠道和销售商确定时必须注意市场目标和价值观要一致、避免渠道冲突、为渠道合作伙伴提供“造血机能”。

5.2.3 汽车维修企业的市场营销

汽车维修企业市场营销

汽车维修企业数量巨大,企业规模大小不一,企业从业人员从几百人到几人均有,企业地域分布极广。因此,不同规模的企业其市场定位和营销方式均不相同,如旗舰店营销模式中的维修企业,它是营销企业一体化的体现,主要是为品牌汽

车的营销提供整体解决方案；大多数较正规的维修企业会成为部分汽车品牌的特约维修店，其顾客有明确的定位，企业的技术水平相对较高，管理较正规，备件质量和服务质量相对较高，有较固定的顾客，这部分维修企业的重点是通过为顾客提供优质高效的服务，从而培养顾客的品牌忠诚度，在一定范围内成为维修品牌；规模较小的维修企业往往分布在道路周边，其顾客相对流动性较大，由于技术水平和设备能力的限制，能够提供的维修服务相对有限，其管理和营销较松散，缺乏体系。

思考与练习

1. 现代生产管理的发展趋势是什么？

2. 什么是生产管理系统的主要内容？

3. 请简述 ABC 分类法的基本思想。

4. 请简述质量管理的基本方法。

5. 通过调查请用因果图表示引起汽车维修企业顾客投诉的原因。

6. 什么是劳动定额？制定劳动定额的方法有哪几种？

7. 什么是劳动生产率？计算劳动生产率指标有哪两种形式？

8. 通过调研请画出一家汽车维修企业的服务流程图。

9. 什么是市场营销组合，包括哪些内容？

10. 通过调研简述一家汽车特约维修店的营销理念。

11. 什么是企业财务及财务管理？

12. 什么是资本金？什么是资本金制度？

13. 企业资产如何分类？

14. 什么是流动资产？它包括哪些方面？

15. 如何加强应收账款及存货的管理？

16. 固定资产折旧方法有几种？

17. 怎样计算汽车维修企业的汽车维修收入、工时费与材料费？

18. 财务分析的基本方法有哪些？

1. 帕累托原理:19 世纪,维尔福瑞多·帕累托(Villefredo Pareto)在研究米兰的财富分布时发现,20%的人口控制了80%的财富。这种少数具有重要的地位、多数居于次要地位的哲理广泛应用于许多方面,称做帕累托原理(ParetoPrinciple)。帕累托原理适用于我们的日常生活(日常生活中的大部分决策不怎么重要,而少数决策却影响了我们的未来)。

2. 库存管理更详细的内容可参阅各类生产运作管理方面的书籍。

3. 全面质量管理方面更深入的学习可参阅《全方位的质量管理》(美)詹姆斯 R. 埃文斯　小詹姆斯 W. 迪安著　吴蓉译　马风才审校　机械工业出版社　2004 年 3 月。

4. 有关汽车市场营销方面的案例可参阅《第一流的汽车营销——精典案例全接触》　威文　邢何明　杨利强编著　机械工业出版社。

5. 深入学习企业财务管理的有关内容,可参阅《企业财务学》,王化成编著,中国人民大学出版社,1994 年版;《财务管理学》,邵天营、陈复昌主编,立信会计出版社,2004 年版

(一)丰田、福特、通用汽车和大众——不同的供应商合作方式

大型汽车制造商们在与供货商合作和零部件标准化上的观点有一些有趣的不同之处,请看如下的案例:

1. 与供货商合作

丰田的执行副总裁 Tadaaki jagawa 宣布这家日本的头号汽车生产商接到了一份来自福特的"邀请",希望他们加入福特的一个暂时定名为汽车交易网(Auto X change)的网上汽车市场。在这个市场中,汽车制造商们和供应商们可以更高

效地完成交易并且降低成本。福特和通用正在为建立最大的网上汽车交易市场而开展竞争，以便赢得更大的规模经济。现在，他们两家都在努力争取其他汽车制造商的支持。它们都宣称，建立这个有数千亿美元的产品和服务交易在其上完成的网络市场，能够让供货商在全球范围内赢得更多的订单，并且将使供货商和制造商们大幅降低成本。

Jagawa 说，丰田认为，互联网市场只是提高效率的一种手段，而不是目的。因为采购过程所涉及的不仅仅是价格问题，还包括质量、提前期、零件配送等多个方面。Jagawa 说，丰田公司并不准备把这些竞争性零部件放到一个类似于通用公司的交易网(Trade X change)这样的开放市场上去；这与丰田公司把供货商当做合作伙伴的经营哲学背道而驰。"我们通过保证长期合约来帮助供货商降低成本；如果把这些部分放到一个开放市场上去，就把我们和供货商置于一种对立竞争的关系中了"。

Jagawa 强调，丰田在与通用公司的谈判中始终抱着一种"开放的心态"。他说，虽然这意味着丰田公司只会把原材料和一些旧的通用部件的交易放到通用或者福特公司的系统里完成，丰田公司对让自己的采购系统变得更加高效仍然很感兴趣。

2. 汽车零部件的标准化

丰田公司与通用汽车公司的一些谈判也涉及到了零部件标准化的问题。这将使两家公司以及通用公司计划的其他参与者能够共享一个通用的电子采购平台，并且能将这个在线网络的效能最大化。

丰田公司和大众公司也在努力达成一项合约，以便在欧洲销售的汽车的某些零部件能够标准化。Jagawa 说，自去年夏天起，两家公司就在谈判到底哪些零部件能够实现标准化。但他补充道，因为两家公司在对通用零部件的定义上有着"巨大的差距"，所以谈判进展非常缓慢。他说道，"大众公司提出了 20 ~ 30 个零部件作为标准化的可能对象；而我们打算最多只完成几个"。

丰田公司一直声称计划与德国汽车生产商一起完成零部件和工作平台的标准化工作，以降低其在欧洲的运营成本。由于丰田在欧洲的销量有限故而难以实现成本降低。去年，丰田公司在欧洲的汽车销量还不到 600000 辆。

Jagawa 谈到，在丰田公司与通用公司和大众公司的谈判中，都因为一个共同的原因而难于达成初步的共识——双方在“竞争性”零部件的定义上分歧太大。丰田公司认为，竞争性零部件的定义十分广泛，甚至包括滚珠轴承，在某些情况下，连电线接头也应该包括在内。而通用和大众公司似乎认为，很多零部件都可以标准化而并不会降低其竞争力。Jagawa 说，“他们认为我们可以在整车的车型设计和外观上开展竞争，我们则认为我们是通过一个零件一个零件的竞争才能制造出富有竞争力的汽车”。

案例思考：

1. 通用公司和福特迅速地推进了大型互联网市场的发展，以创造一个供货商必须通过竞价来争抢订单的环境。他们认为这些互联网市场将会有助于削减成本，因为竞价机制将会提高效率。你认为供货商将会如何看待这些互联网市场？

2. 相对于让供货商们互相竞争，丰田公司似乎更乐于把供货商当作合作伙伴。他们的观点是不是太过时了？

3. 以上这些观点分歧的一个主要原因在于丰田公司是如何定义“竞争性”零部件的。可是通过互联网上的贸易网站可以很容易地买到这些零部件。到底谁是对的？滚珠轴承和电线接头是竞争性零部件吗？

(二)世界最大的金融丑闻:住友事件

早在 16 世纪时，住友家族因在四国岛上开创并经营一座铜矿，成为日本官方指定的供铜商。随着二战后日本经济的复苏，住友财团日益发展壮大，住友商社更加广泛地参与国际间金属、机械、石油、化工、食品及纺织等领域的贸易活动，成为住友财团的核心企业及日本四大贸易商之一。

1995 年会计年度，住友在全球的总销售额达 16 兆日元，合 1468 亿美元之多。

1996 年 6 月，住友家族面临着历史性大灾难。而且这一灾祸又恰恰是在曾给住友家族带来滚滚财源的法宝——铜闯下的。肇事者是有色金属交易部部长首席交易商滨中泰男。

滨中泰男有两个绰号十分耐人寻味，一个是“百分之五先生”，一个是“锤子”。前者是圈内人对他能力的尊称，而后者正刻画了他的性格。

圈内人士之所以称他“百分之五先生”，是因为滨中泰男所带领的住友商社有色金属交易部控制着全球铜交易量的 5% 之多。由此可见滨中泰男在国际铜期货交易上的显赫战绩，同时也反映出住友在这上面的买卖决策对国际铜市场所

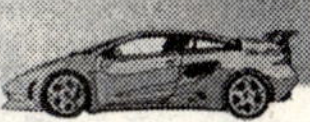

能造成的重大影响。

"锤子"是从滨中泰男的英译名称 YasuoHamanaka 演绎而来的,因为滨中泰男在英语中的读音与"锤子"十分类似。但这个雅号之所以能叫开来,更主要是因为它正反映了滨中泰男在交易中所具有的锤子一般坚硬的性格。这种性格促成了他的成功,但或许也正是这种性格又铸就了他的失败。

1970 年,年仅 22 岁的滨中泰男加盟住友商社。从那以后,他在国际铜市上连续征战了 20 多年。滨中泰男能长期保住这一身份,是极不寻常的。

20 世纪 70 年代末,滨中泰男终于有机会到伦敦金属交易所参与金属期货交易,当时他主要做的是锡和镍的期货合约,滨中泰男就开始显露其英雄本色。到 1983 年,他的铜交易量每年就已经达到 1 万吨。到 80 年代末,他已经在国际期铜大户中拥有了一席之地,"百分之五先生"和"锤子"就是这时候喊出来的。

但是,可能谁也没有想到,滨中泰男后来会犯下如此"前无古人"的超级失误。在他给住友商社带来高达 40 亿美元的损失后,人们已完全改变了对他的看法。滨中泰男的错误是利用公司的名义以私人账户进行期铜交易,正是他的"锤子"性格,给他、也给住友商社造成了 19 亿美元的巨额损失。

滨中泰男在期铜交易中所持有的是多头头寸,即大量买进期铜合约,这在铜价上涨之时无疑是获利的,滨中泰男曾经为此暗喜。但是,自 1995 年以来,国际铜价一跌再跌,1995 年 1 月 20 日国际铜价还高达每吨 3075 美元,而到 1996 年初,却跌至每吨 2600 美元以下。铜价的连续下挫使得滨中泰男的多头头寸赢利不仅损失殆尽,而且造成了相当严重的亏损。

其实,据伦敦金属交易所总裁大卫·金介绍,早在 1991 年末,他们就已注意到了滨中泰男的行为,并数次对他提出过警告。

1995 年 10、11 月份,有人已经意识到期铜各月合约之间价差的不合理状态,要求董事会展开详细调查。在对每个客户各个合约上所持有的头寸,及交易所仓库中仓单的所有权有了清晰的了解之后,伦敦金属交易所专门成立了一个由相互之间毫无联系、没有根本利害冲突的专业人士组成的特别委员会,就如何处理进行了探讨。这个特别委员会包括行业著名律师和资深监管人员等。

但是,正是滨中泰男的"锤子"性格再次将他推出深渊。

他天真地认为,凭借其雄厚的资金实力必将扼住铜价连续下跌的强劲势头。基本面的不佳表现在他日益发胀的头脑中已经显得不再重要,于是在他的操纵下,伦敦交易所铜价果然在1995年末略微持稳。

铜价的反常波动再度引起了英美两国证券期货监管部门的共同关注,滨中泰男企图操纵市场的行为也逐渐败露。监管部门的追查以及交易大幅亏损的双重压力,使滨中泰男难以承受。1996年5月,伦敦铜价已经跌至每吨2500美元以下,有关滨中泰男将被迫辞职的谣言也四处流传。业内人士担心,一旦这样一位对铜价起巨大支撑作用的显赫人物退出,国际铜价又如何能挺得住?于是,在这些传闻的刺激下,大量恐慌性抛盘使得随后几周内铜价重挫25%左右。

1996年6月5日,滨中泰男未经授权参与期铜交易的丑闻在纽约逐渐公开。1996年6月24日,住友商社宣布巨额亏损19亿美元并解雇滨中泰男之后,铜价更是由24小时之前的每吨2165美元跌至两年来的最低点每吨1860美元,狂跌之势令人瞠目结舌。

按照当时的价格计算,住友商社的亏损额约在19亿美元左右,但是接踵而来的恐慌性抛盘打击,使住友商社的多头头寸亏损扩大至40亿美元。

住友事件发生后,该商社总裁秋水富一仍然在公告中信誓旦旦地强调,住友商社将保持正常运作,并继续积极广泛地参与国际期铜及其他商品的交易。而且,尽管遭受巨大损失,住友商社的金融体制及资金实力依然强劲雄厚。但是,世界著名的信用评级机构标准普尔(亚洲)公司已经将住友商社的短期信用评级由A-1+降到A-1,还表示将对住友商社及其两个分支机构继续进行信用考察。纽约的穆迪信贷评级机构也在“住友事件”后发表声明,计划将住友的高级债务等级AA-3降低。

评点:在投资风险极高的期货市场,任何一个投资者如果漠视规范交易的条款及规定,其后果是灾难性的。虽然在投资市场上,风险与收益成正比,但这并不意味着盲目的冒险会带来滚滚财源。

案例思考:谈谈企业投资管理应遵循的原则

单元四 组织与领导

学习目标

1. 正确描述组织的概念、组织设计的基本原则、企业组织结构的基本类型。

2. 简单叙述组织运行中集权与分权、授权与委员会制的组织形式。

3. 正确描述领导理论、领导工作应遵循的原理和领导艺术的要求。

4. 正确描述激励的原则、激励理论及有效激励的方法。

5. 会分析人力资源开发管理的重要性。

6. 会分析人员招聘、员工培训、绩效评估、报酬系统设计。

1 企业组织设计与结构

组织工作是企业管理的一项基本职能。为了保证企业的目标和决策顺利完成,就需要设计、建立并维持企业中分工协作的权责结构,并使之高效运转。美国著名学者哈罗德·孔茨说:"为了使人们能为实现目标而有效地工作,就必须设计和维持一种职务结构,这就是组织管理职能的目的"。组织工作就是要设计并维持一种职务结构及进行组织结构设计,并为人员配备作准备。

1.1 组织及组织设计

1.1.1 组织概念及组织工作

1.1.1.1 组织的概念

有关组织的概念可以从一般意义和管理学上的特定意义来理解。 **组织的概念**

一般意义上的组织泛指各种社会组织和企事业单位,它是人们进行合作活动的必要条件。人是社会性动物,由于个人条件和客观环境的限制,很多事情单靠个人的力量是无法完成的,必须进行合作,这就形成了群体即组织。

管理学意义上的组织特指按照一定的目的和程序，经分工与协作构成的一种权责角色结构。这个定义包含三层意思：其一，组织必须有目标；其二，必须具有分工与合作；其三，组织要有不同层次的权力和责任制度。

1.1.1.2　组织工作

组织工作的定义与内容

组织工作是指通过设计和维持组织内部的结构及其相互关系，使人们实现组织目标而有效地分工协作的过程。组织工作一般包含如下内容：

(1)组织工作的内容就是设计、建立并维持一种组织结构。

(2)组织工作的目的，就是使组织成为实现人们共同目标的有效工具。

(3)根据分工与协作，确定各个部门之间以及各个员工之间的相互关系，激励全体员工为实现组织的目标而共同努力。

因此组织工作作为管理人员执行计划的必要手段，通过确定相应的组织结构和权责关系，使组织中各部门、各成员协调一致地工作，从而保证组织战略及目标的实现。

1.1.2　组织设计

组织设计的定义

由于管理对象的复杂性及个人能力的有限性，组织中需要分工合作，形成不同的管理层次和不同的部门，并建立不同的组织结构。组织设计就是对组织结构的设计。它要根据组织确定的目标、所处的环境以及技术条件，为组织设计出一个运行的“框架”，即划分管理层次以解决纵向的领导隶属关系；划分部门解决组织的横向分工协作关系。设计的结果是形成组织结构，并以组织系统图、职务说明书等作为人员配备的依据。

1.1.2.1　组织设计的原则

组织设计的原则

设计任何组织，都必须遵从如下原则：

(1)有效性原则。也称任务目标原则。企业组织机构的设置，必须以企业的战略任务和经营目标为依据，必须为贯彻执行和最终能实现企业的战略和目标服务。

(2)统一指挥原则。任何组织机构的设置都必须保证命令和指挥的统一，避免多头领导和多头指挥，使组织最高管理层的决定得以贯彻执行。这个原则要求组织中除了最高层主管外，每一个人都只对其惟一的直接上级负责，服从其指挥，向他汇报工作。这样，组织的上下级之间就形成了“等级链”或称权力线。各管理层次要逐级指挥、逐级负责，上级不得越

级指挥。

(3)有效管理幅度原则。有效管理幅度是指一名领导者直接有效指挥下级的人数的多少。它与管理层次成反比关系。管理幅度以多大为宜,在很大程度上制约着管理层次的多少。管理幅度小、组织层次过多会增加管理费用,沟通不便;若管理幅度过大,管理者与其下属之间的关系可能变得复杂,无法实现有效的管理。有效管理幅度没有固定的标准,主要取决于领导的能力、下级的素质、授权是否明确、组织机构健全与否等。

(4)权责一致原则。就是指组织中每一个职位的权力和责任是对等一致的,做到有职有权、有权有责。

(5)集权与分权相结合的原则。集权能保证统一指挥与管理。分权则把部分权力授予中下层组织,这样可以减轻高层主管的负担,使他们集中精力抓大事,同时也利于培养和发挥下属的聪明才智,调动下层人员的积极性。职权的集中与分散关系处理得越好,越有利于组织运行。

(6)专业分工与协作原则。合理的分工与协作对于提高工作效率非常重要。应按专业分工设置不同的科室或部门。有分工,就必然有协作。多项工作和各个部门间的分工协作做得越好,则组织机构就越高效、精干。分工协作之间是辩证统一的关系。

(7)稳定性与适应性相结合的原则。企业组织机构应有一定的稳定性。尽管外界环境和企业任务会有改变,企业的组织结构也必须维持一种相对稳定的状态。但是,企业组织结构又必须具有一定的适应性,能适应外界环境和内部条件的经常变化,保证企业的生存和发展。

(8)精干高效原则。企业的组织结构,在保证任务、目标完成的前提下,要力求紧凑、精干。结构越简单越好,人员越精越好。

(9)双向沟通原则。指在组织内部形成自上而下和自下而上、有反馈有交流的网络,实现企业民主管理的要求,形成合力和向心力。

(10)执行机构与监督机构分设原则。企业应把执行机构与监督机构分开设置,这样才能使监督机构起到应有的监督作用。

1.1.2.2 组织设计的步骤

组织设计是组织职能的基础。由于管理对象的复杂性与个人能力的有限性,客观要求设计的组织结构科学、合理、实

组织设计的步骤

用。一般情况，组织设计的步骤如下：

(1)划分层次。这种划分过程又称为组织的层级化。我们将这种按职权关系将组织从纵向划分为若干层次，且上下层次间形成的领导与服从关系就叫做组织的层级结构。

一般地，组织中的管理层次分为上层(也称为决策层)、中层(也称职能层)、基层(也称执行层或操作层)。上层的主要任务就是进行决策，即从战略高度制定组织目标和实现目标的重大决策，并对整个组织进行统一指挥和综合管理。中层的主要任务就是对战略计划、目标进行具体安排和控制。基层则主要是执行具体任务，进行具体的操作。

无论如何划分层次，各层间的相互关系总是一定的：上级与下级是领导与服从的关系，上级对下级实施指挥、奖惩和监督的权力；下级对上级则负有接受指令、完成任务、汇报工作的责任。

(2)建立部门。部门是指组织中的主管人员为完成规定的任务而有权管辖的一个特定的领域。通过部门划分形成了组织的横向结构。建立部门的目标就是要确定组织中的各项任务的分配与责任的归属，以求职责明确、分工合理。部门与部门之间的关系，是一种分工协作的平行关系。在划分和建立部门时应特别注意：①部门设置应具有弹性，便于及时调整与增减；②尽力避免忙闲不均，各部门工作量的安排应尽量平衡；③力求维持部门最少化，尽量少设部门；④要把检查部门与业务部门分开设立，保证进行的考核、检查做到公平、公正。

(3)决定管理幅度。管理幅度以多大为宜，在很大程度上制约着组织层次的多寡。管理幅度与组织层次之间成反比关系，因此，要选择恰当的管理幅度。

(4)确定职权关系。职权来源于职位，它指由一定的正式程序赋予某些职位的权力。要解决多层次、多部门和各职位间的相互关系及联系方式，必须确定职权关系，进行职权划分。

在组织内部，职权有三种类型：直线职权、职能职权、参谋职权。直线职权是某个职位或部门所拥有的直接指挥权。职能职权是指某职位或部门所拥有的专业管理权力。参谋职权则是辅助性职权，包括建议、咨询、顾问、参考等权力。

(5)通过组织运行不断修改和完善组织结构。这本质上是一个主观见于客观的过程。由于外部环境和组织自身的条件都处于不断变化中，因此组织设计不可能一蹴而就，必须不断地根据实际情况进行完善、修改和补充，不断与时俱进，使组织结构更加合理、高效。

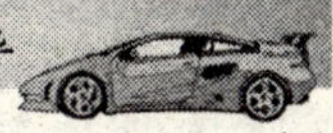

1.2　企业组织的结构

组织能否有效地运行,以实现预定的目标,很大程度上取决于组织结构是否合理。组织结构就是指构成组织的各要素的排列组合方式,也即是组织各部门与各层次间建立的人与人、人与事的相互关系,它是人们实现组织目标的手段。

1.2.1　影响组织结构的因素

影响组织结构的因素

各种组织结构的形成和发展,是由生产力和生产关系共同决定的。但归根结蒂,最重要的还是决定于生产力水平和技术的进步。具体来看,影响企业组织结构的主要因素有:

①生产规模的大小;②行业特点;③生产技术的复杂程度以及专业化水平;④市场需求的变化及营销方式;⑤企业的地理位置;⑥企业的管理水平。

因此,企业的组织结构在形式上应具有多样性。例如,维修企业可以结合自身规模、地理位置、企业管理水平,结合汽车行业迅猛发展,相应地维修及服务也大量需要的市场实际,可以采取灵活的组织结构,以便企业能快速发展,做大做强。

1.2.2　组织结构的类型

组织结构的类型

尽管组织因规模大小、目标、特点等不同而使组织结构千差万别,但我们也可以进行大致的分类,一般地,组织结构可分为:

(1)直线制

直线制组织

直线制是指这种结构中,职权由组织的上层"流向"组织的基层,上下级间形成直线职权关系。其特点是指挥、管理的职能基本上都是由行政负责人自己执行,一个下层部门只接受一个上级领导者的命令。它是最早也最简单的组织结构形式,见图4-1。

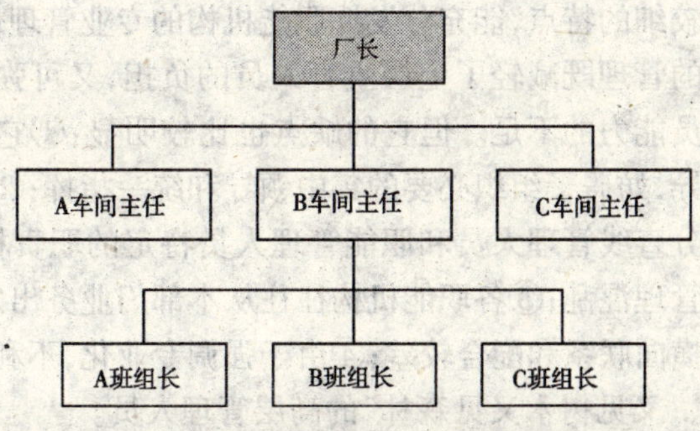

图4-1　直线制组织结构简图

这种结构的优点是:结构简单,联系便捷,权力集中、责任明确,命令统一。但其缺点也很突出:要求主要负责人是"全才",要具备各种知识和技能,并亲自处理各种业务,在组织规模较大时容易顾此失彼，导致较多失误。因此，这种结构只适用于那些规模小、生产技术简单、没有必要按职能实行专业化管理的小型企业。

(2)职能制

职能制组织

职能制组织结构是按职能化和专业化原则进行设计的，是采用专业分工的管理者代替直线制的全能管理者。通过在组织内部设立职能部门，各职能部门在自己的业务范围内，有权向下级下达命令和指示，直接指挥下层。下级直线主管除了接受上级主管的领导，还要接受上级各职能机构的领导和指令。如图4-2。

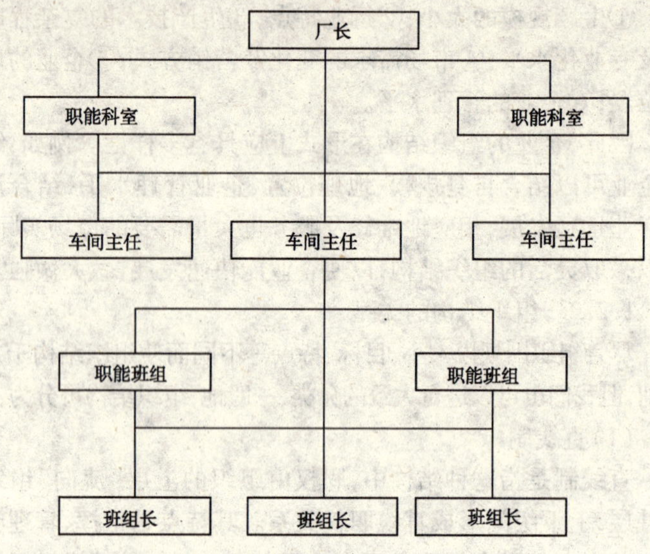

图4-2　职能制组织结构图

这种结构的优点是能适应现代组织技术比较复杂和管理分工较细的特点，能充分发挥职能机构的专业管理作用；专业人员的管理既减轻了上层主管人员的负担，又可弥补上层主管人员能力的不足。但它的缺点也比较明显：①它形成了多头领导，妨碍了组织必要的集中领导和统一指挥；②不利于明确划分直线管理人员和职能管理人员特定的职责权限，容易造成管理混乱；③各职能机构往往从本部门业务出发，导致组织的横向联系和配合较差；④由于强调专业化，不利于培养全面的、"又见树木又见森林"的高层管理人员。

(3)直线职能制

直线职能制组织

这种结构综合了"直线制"和"职能制"的优点，在它们的基础上取长补短而成。其特点是把企业的管理机构和人员分成两套系统：一套按命令统一原则，形成直线指挥系统。另一

套是按专业化原则组织的职能系统,它只对下级进行业务指导,不能进行直接指挥和命令。这是目前我国企业仍广泛采用的组织形式,结构图如图 4-3。

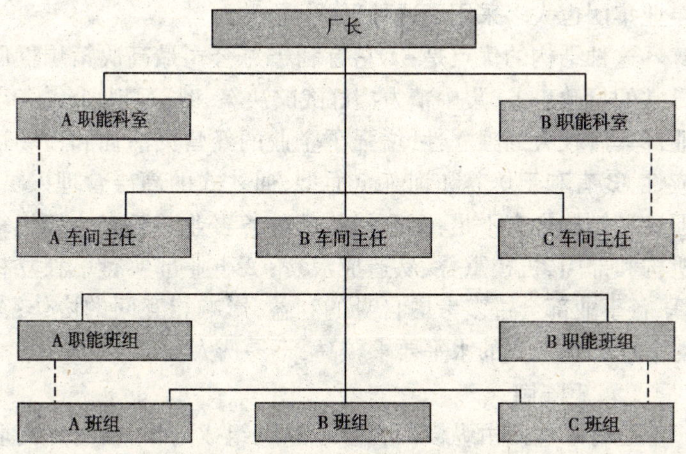

图 4-3 直线职能制组织结构图

这种结构的优点:①既保证了企业管理体系的集中统一,又可以在各级行政负责人领导下,充分发挥专业管理机构的作用,职责分明,工作效率高。②权力集中,命令统一。③企业有较高的稳定性。但它也有缺点,突出表现在:职能参谋部门与直线指挥部门间仍产生矛盾;职能部门积极性、主动性不易发挥;难以培养全面型的管理人员。

(4)事业部制

事业部制组织

这是一种"集中决策,分散经营"的组织形式。它以分权为主,按企业所经营的产品或地区、市场来划分或组建若干的经营管理事业部。企业把相当大的管理权限下放给事业部,它们在企业统一领导下,自主经营,独立核算,自负盈亏,每个事业部都有很大的独立性。事业部制结构如图 4-4。

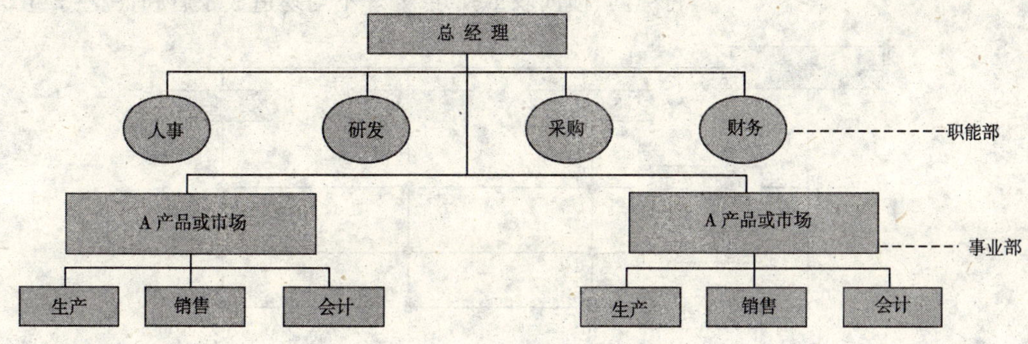

图 4-4 事业部制组织结构图

事业部制特别适用于规模庞大、品种繁多、产品工艺差别大、技术复杂、市场广阔或全球化的大型企业。是国外较大的联合公司、跨国公司常采用的组织形式，近几年我国一些大型企业集团也大多采用了这种形式。

这种结构的优点是：①它有利于总公司最高决策层摆脱日常的行政事务，集中精力搞好战略决策和长远规划；②各事业部具有较大的独立性，增强了企业的经营灵活性和市场适应性；③有利于培养和训练全面型、通才式的高层管理人员。但这种结构也有不足：①公司总部与各事业部各有一套组织机构和部门，机构重叠，易造成浪费；②事业部实行了独立核算，各事业部会过多考虑自身的利益，影响相互间的协作；③对事业部负责人的水平要求较高，不易选人。

(5)矩阵制

矩阵制组织

这种结构是由纵横两套管理系统组成的，一套为纵向职能系统，另一套是按产品或项目划分部门而组成的横向项目系统。其实质就是在同一个组织结构中，把按职能划分部门的形式与按产品划分部门的形式相结合。它的特点是为了完成某一特别任务，由各有关职能部门派人参加，力图做到条块结合，协调各部门活动，以保证任务完成。而参加项目的有关人员，一般要接受两方面的领导：日常工作受本部门的垂直领导，在执行具体任务时接受项目负责人的领导。项目进行中项目负责人有权进行工作设计，人员调配，确定程序及职工奖励，也有权解除小组人员任命。项目一旦完成，小组成员即返回原任职部门。其结构见下图4-5。

这种结构的优点为：①灵活机动，具有很大的弹性和适应性；②加强了各部门之间的横向联系和信息交流；③有利于发挥专业人员的潜力，利于各类人才的培养。缺点是：①由于实行纵向、横向双重领导，处理不当易造成矛盾和扯皮；②组织

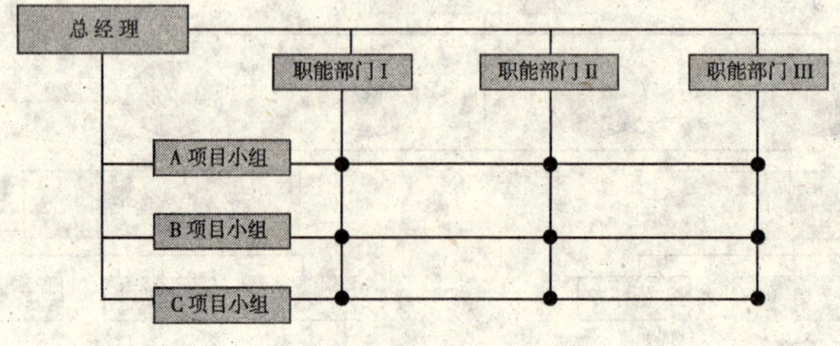

图4-5　矩阵制组织结构图

关系较复杂,对项目负责人要求较高;③由于具有临时性的特点,易导致人心不稳,凝聚力不强。

这种组织结构特别适用于那些工作内容变动频繁,且每项工作需要众多技术人员才能完成的组织,如航天、飞机制造、建筑工程等横向协作项目或攻关项目。

(6)委员会制

委员会制组织

委员会是执行某方面管理职能并实行集体决策的一种组织结构。现代社会中,委员会制作为一种集体领导和管理的组织形式被广泛采用,尤其在管理决策中日益体现其重要性。

委员会制的优点为:可以综合各种意见,提高决策的正确性;避免权力过于集中;能激发管理层的积极性;协调各种职能,加强各部门间的合作;加强沟通联络。但它也有缺点:管理的运行成本较高;职责分离,若监控缺位则达不到效果;容易造成意见不统一或妥协折衷。

1.3　组织运行

前面我们从静态方面研究了组织结构,接下来我们将从动态方面来进行研究。要使组织结构在组织目标、任务实现中发挥原有的作用,必须通过其有效运转来达到。

组织运行就是指组织结构如何动态运转。通常地,探讨组织运行主要表现在两方面:①权责分配;②协调与整体化。

1.3.1　权责分配:授权、集权与分权

1.3.1.1　组织中的授权

授权

授权是由上级主管人员将部分权利授予其下属人员行使的过程。授权过程一般有三个步骤:其一,上级主管将工作责任交付给下属人员;其二,授权,即给予下属完成所分配任务的必要的权利;其三,确立责任制并进行奖罚。

授权是一切组织中均采用的过程。要做到正确授权,必须把握如下原则:

(1)要明确所授事项。即必须向被授权者明确所授事项的任务、目标及职责范围。

(2)要因事设人,视能授权。要依据被授权人的能力大小、知识水平高低来确定授权的尺度。

(3)要适度授权。授权就是分散权力,过度授权就等于放弃了权力。因此,授权必须适度。上级领导授权时总是把握“大权集中,小权分散”的原则。

(4)要进行必要的监督、检查和控制。授权未授责,不能授权后就撒手不管,还必须进行控制。

(5)保持交流沟通,随时联系、互动。

授权并不是永久的,一旦任务目标完成,或者上级管理人员认为下级无能,未达到预期目标或要求等,可以随时收回授权。

1.3.1.2 集权与分权

集权与分权

组织运行中,常常需要集权或分权。集权是指职权更多集中到较高的管理层次。分权是指将责权授予中下层管理人员,即职权分散在整个组织中。绝对的集权或分权的情况很少,一般只是相对而言。

集权通常是高层管理者控制整个组织,他们协调组织中的各项活动并保证所有决策按他们的意志进行。这种方式不仅决策缓慢、片面,而且阻碍创新。分权方式通常是让下级自行决策,这样加快了决策过程,系统柔性大,反应较快。但也难免下层决策失当等情况发生。

选择集权还是分权的方式受到以下一些因素的影响:当环境和组织相对稳定而且可以预测时,集权方式是可行的,决策慢些或考虑得更仔细也无妨。因此在一些小的维修企业中,在业主自己掌握经营情况下,常采用集权的方式。当组织紧缩开支、精简人员时,采用集权也便于高管控制费用和局面。相反,当一个组织在复杂多变、动态的环境下运行时,需要深思熟虑、仔细思索,这时采用分权方式才是合适的。

大部分组织在遇到日益复杂的外部环境时,很多公司均趋向于采用分权式的组织结构(如事业部制)。通常情况下,权力的分散可以通过两个途径:一是制度分权,二是主管人员在工作中授权。制度分权是指组织设计中的权力分配。制度分权与授权的结果相同,都是将部分决策权交给较低层的管理人员,使权力分散化。但是制度分权与授权却是完全不同的两种:制度分权是一种制度安排,是客观、必然的,而授权则是随机、偶然的,会因人而异;制度分权是一条原则,而授权则主要表现为领导在工作中的一种领导艺术;制度分权是将权力分给某个职位,而授权则是将权力委任给某个下属;制度分权是相对稳定的,而授权可以是临时的,也可以是长期的。

1.3.2 协调与整体化

协调与整体化

在组织运行中,还必须在各部门、各工作单位和各工作岗位之间建立横向的协调关系,这就是我们所说的协调与整体化。一个组织所需协调的程度取决于工作者与各单位间相互依赖的程度。

虽然分工关系到职能部门专业化和部门工作的绩效,但

分工却带来了不利于组织整体化的缺陷,而整体化是系统优化和保证整个组织绩效的必要前提。这就需要寻求协调与整体化的途径。组织运行中的协调机制主要有如下10种:

①相互调整,②会议协商,③直接监督,④建立分层管理结构,⑤标准化,⑥建立规章和程序,⑦建立综合部门,⑧设立联络员与联络办公机构,⑨组建工作组,⑩建立职能部门联席会议。

2 领 导

领导定义

领导是管理的一个重要方面。凡是有人群的地方就必然有管理,只要有管理活动就必然有领导活动。再小的维修企业中也有领导与员工,也存在领导工作。进行有效的领导,是做好管理工作的一个基本方面。在现代社会组织中,领导被认为是影响组织绩效最重要的因素之一,领导也成为现代企业管理研究和注意的一个焦点。

2.1 领导的实质和作用

《孙子兵法》中说:"将者,智、信、仁、勇、严也"。回答了"什么是领导?"的问题。的确,领导是一个过程,是对他人行使影响的过程;领导也是一种影响力,其目的是促使集体努力,达到组织既定的目标。由此可见,领导其实就是通过人际关系,借助某种或几种力量来对他人行使影响,并使被影响的行为和态度发生变化,从而达到组织或团体的目标或愿望。因此,领导具有重要作用。

2.1.1 领导的定义及实质

领导的定义

2.1.1.1 定义:所谓领导,就是指带领、指挥、引导和鼓励部下为实现目标而共同努力的过程。而领导者则是指担负领导职务、负责实施领导过程的个人。

对于领导这个定义,我们可作如下理解:

①领导者必须有部下或追随者。没有部下的领导者谈不上领导。②领导者必须拥有影响追随者的能力或力量。这些影响力既包括由组织赋予的职位和权力,也包括领导者个人的权威和人格魅力。③领导的目的是通过影响部下来达到企业的目标。

2.1.1.2 领导的实质

领导的实质

从本质上来说,领导是一种影响力,或者说是一种对下属施加影响的过程。这种影响或通过这个影响过程可使下属自觉地去为实现组织或企业的目标而努力工作。影响力源于领导者所拥有的权力、领导者个人的特质以及领导的方法和艺术。权力是一种影响他人、施加给别人的控制力。通常地,权力并不等于领导,但它却是领导的重要基础;没有权力,领导常常是无效的。人们往往是由于领导者手中的权力——授予权、奖惩权、决策权以及其他权力而被迫接受领导。一般来说,权力越大影响力也越大。

此外,领导者个人的能力、素质和领导方法不同,也会使领导所产生的结果千差万别。领导者必须通过自身的人格魅力及表率作用,通过掌握激励与沟通的技巧,运用领导方法和艺术,对他人的行为施加影响,才能真正发挥领导作用并达到组织所希望的目标。

通过以上分析研究我们可以看出,领导具有如下特征:

(1)具有正式的职位。一般为上层管理职位。

(2)负有一定的职责。这些职责主要是:

①决策方面的职责。需要对组织的战略、发展、预算、人员任免等作出决定。

②人际关系方面的职责。他要作为协调者、联络人,并作思想工作。

③信息方面的职责。要沟通信息、及时处理矛盾和解决问题。

(3)拥有相应的权力。一个组织的领导者要顺利完成其工作职责,有效地影响他人,必须拥有一定的权力和权威。领导者拥有的权力一般来自于如下六个方面:

①法定权力。它来源于组织中的职位。它是正统的、企业章程上明文规定的,或在企业长期发展中形成并被公认的一种权力。

②奖励权。也叫奖赏权,即对下属提升、晋级、表扬、奖励的权力,用于奖励那些工作出色、业绩优异的下属。

③惩罚权。也叫强制权,其权力基础是下属的惧怕,它是一种处罚的权力,通过减薪、批评、处分、解雇等方式惩罚那些不服从领导或不能完成任务的下属。

④专长权。它来源于人的专业知识和技能,指领导者具有的专门知识、特殊技能或学识渊博而获得下属尊重、佩服的影响力。

⑤认同权。它来源于人格的魅力,指领导者有良好的个人素质、思想水平、品德修养,在组织中得到属下认同,德高望重。

⑥代表权。即部属自愿由领导者代表他们发言或作出决定，并能代表他们的利益。

2.1.2　领导的作用

领导的作用

在带领、引导和鼓舞下属为实现组织目标而努力的过程中，领导者发挥着重要的作用。具体表现在如下三个方面：

(1)指挥作用

领导最重要的就是要指挥下属。在人们的集体活动中，需要有人带领，需要头脑清晰、胸怀全局、高瞻远瞩、运筹帷幄的领导者帮助他们认清形势和环境，指明活动的目标和达到目标的途径。

(2)协调作用

领导过程其实也是一个协调人际关系的过程。由于"人上一百，形形色色"，组织中个人的才能、性格、思想、作风、工作态度、进取精神等各不相同，加之外部各种因素的干扰，人们在思想认识上产生分歧、行动上出现偏差的情况是在所难免的。因此，就需要领导者来协调人们之间的各种关系，化解各种矛盾和危机，把大家团结起来。

(3)激励作用

如何在复杂的社会背景下，在企业的各项工作中使每个员工都能保持工作热情、最大限度地发挥其工作积极性？这需要有通情达理、善解人意、关心员工的领导者来为他们排忧解难、激发鼓励他们的斗志，使他们积极进取、奋勇争先。领导者总是和激励作用联系在一起。

2.2　领导理论与领导艺术

2.2.1　领导理论

领导理论组成

领导理论实质就是关于领导的有效性理论。我们在研究领导的有效性问题时主要是从三个方面展开的，因此领导理论对应的也分成三个部分，即领导特质理论、领导行为理论和领导权变理论。

2.2.1.1　领导特质理论

领导特质理论

早期的领导理论研究主要以领导者个人的特质为焦点。领导特质理论就是从领导者个人的人格、品行、素质、修养出发来探讨领导的有效性，着重研究领导者个人特征对领导有效性的影响。这种研究的出发点是，根据领导效果的好坏，找出好的领导者与差的领导者在个人品质和特性方面的差异，由此而确定优秀领导者应具备的特质及要求。

现代领导特质理论认为:领导的品质和特性是在实践中形成的,是可以通过教育训练培养的。先天的素质只是人们心理发展的条件,它是在现代社会实践中得以培养和发展的。因此,他们主要是从满足实际工作需要和胜任领导工作所需满足的要求方面来研究领导者应具备的能力、个性和修养。美国人包莫尔提出了作为一个企业家应具备的10个条件,对体现领导特质很具代表性。这些条件是:合作精神、决策能力、组织能力、精于授权、善于应变、勇于负责、敢于求新、敢担风险、尊重他人、品德高尚。

尽管领导特质理论并非研究领导有效性的好方法,但这个理论系统地分析了领导者应具有的能力、素质、品行和为人处事的方式,这对我们选拔、培养和考核领导者是很有帮助的。

2.2.1.2　领导行为理论

领导行为理论

领导行为理论着重分析领导者的领导行为和领导风格对其下属的影响,从而找出较为有效的领导行为和风格。

在行为理论早期,人们认为领导的行为方式有三种:权威(专制)式、民主式和放任自流式,这称为勤温理论。

(1)权威式(专制式)领导。指领导者靠权力和强制命令让人服从,把权力定位于领导者个人。因此他独断专行、自己设计工作计划也决定政策;主要依靠行政命令、纪律约束、训斥和惩罚;很少参与群众活动,与下属无情感交流。

(2)民主式领导。以理服人、以身作则,它把权力定位于群体,重大政策由集体决定;主要应用个人权力的威信而不是靠职位权力和命令使人服从;分配工作时尽量照顾个人的能力、兴趣和爱好,采取鼓励和协作的态度;积极参与团体活动,与下属关系融洽。

(3)放任自流式领导。指工作事先无布置,事后无检查,权力定位于组织中的每一个人。企业无规章制度,放任自流,一切悉听尊便;个人自负其责,整个企业处于无政府主义状态。

后来,行为理论经过总结和发展,美国俄亥俄州立大学的研究者又提出了四分图理论,把"以人为重"还是"以工作为重"两个方面进行组合,形成了四种不同的领导行为。在此基础上美国心理学家布莱克和莫顿经过长期深入的研究,提出了著名的管理方格理论。

管理方格理论核心是一张方格图,以横轴表示领导者对生产的关心,纵轴表示领导者对人的关心。每根轴划分为9

小格,第一格表示关心程度最低,第九格表示关心程度最高,整个方格图共有81个方格,每一小方格分别代表对“生产”和对“人”关心的不同程度的组合形成的领导方式,如图4-6。

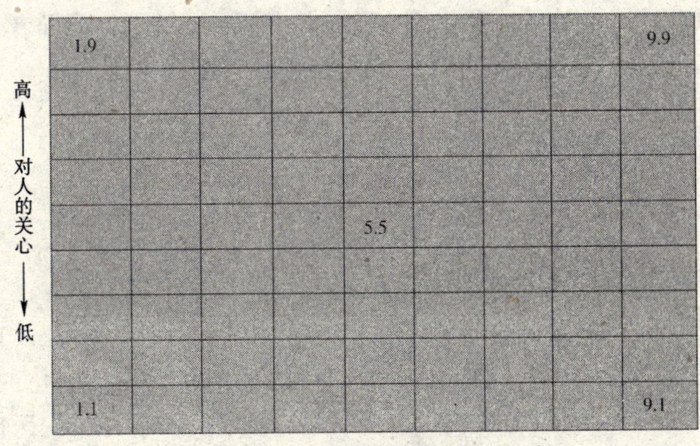

图4-6　管理方格图

在管理方格图中,布莱克和莫顿列举了五种典型的领导行为:

(1)1.1型方式。称为贫乏型管理。这种方式对职工和对工作(生产任务)的关心都很差,这无疑会使企业失败。这是一种不称职的管理。

(2)9.9型方式。这种方式对生产和对工人的关心都达到了最高点。在这种方式下,职工努力工作,相互协作;领导诚心诚意关心职工,提高士气,促进生产,这是一种协调配合的管理方式。这是团体式管理。

(3)1.9型为俱乐部式管理。这种方式中领导只注重搞好人际关系,特别关心员工,注重创造舒适、友好的工作环境,不太注重工作效率。

(4)9.1型为任务型管理。这种方式中领导只关心生产任务的完成,很少关心下属的成长和士气。这是一种专权式的领导,不能调动员工的积极性、创造性。

(5)5.5型为中间型管理。这种方式中领导对人和生产都只是适度关心,既不过于重视人也不过于重视任务完成,以免顾此失彼。这是一种中庸式的管理,长远来看会使企业落伍。

从上述不同的方式中可得出如下结论:作为一个领导者,既要关心企业生产任务的完成,又要关心员工的正当利益;既要重视工作,又要注重士气,只有这样,才能使领导工作卓有成效。

2.2.1.3　领导权变理论

领导权变理论

这一理论认为，领导工作强烈地受到领导者所处的客观环境的影响，因此不存在“普遍适用”的领导方式。领导行为若有效，除取决于领导者个人的品质、才能外，还必须随被领导者的特定关系的变化而变化。换句话说，领导和领导者是某种特定环境的产物，他们之间的关系可用函数表示为：

$$S=f(L,F,E)$$

式中：S——领导方式；

L——领导者特征；

F——追随者、被领导者的特征；

E——环境。

这个式子表明领导方式是领导者特征、追随者特征及环境之间的函数，即领导方式是随着这三个变量不断变化的。其中，领导者的特征主要指领导者的个人品质、价值观、工作经历等；追随者特征主要指追随者的个人品质、工作能力、价值观等；环境则主要指工作特征、组织特性、社会状况、文化影响、心理因素等等。

2.2.2　领导艺术

领导艺术的定义及内容

领导者的工作效率和效果在很大程度上取决于他们的领导艺术。所谓领导艺术，就是管理者具备的灵活运用各种领导方法的能力和技巧，就是富有想象力、创造性、灵活性、敏感性并且具有个性和人性的领导方法的体现。

现代社会纷繁复杂，组织包含的因素也越来越多，这就对领导者的领导方法提出了更高的要求。在现实中，搞好领导工作与其说是一门科学，勿宁说是一门艺术，更确切地说是科学与艺术的结合。

领导艺术的内容，目前尚无统一的意见，归结起来大致有如下三种：①把它视为履行职能的艺术，主要包括激励、沟通、指导艺术。②提高工作有效性的艺术。③决策艺术、授权艺术、用人艺术等。

在具体领导工作中，领导艺术主要表现在以下几个方面：

①决策的艺术。即能准确判断、具有远见和洞察力，作出科学合理而又富有创新精神的决策，促进组织的发展。

②用人的艺术。要善于用人，知人善任，把工作的重要性与员工个人能力很好地结合起来，使他们人尽其才、优势互补，个人目标与组织目标协调一致，激励每个员工都努力工作，积极进取。

③授权的艺术。要善于和精于授权，“大权独揽，小权分

散”,充分调动下属的积极性和创造性,使他们有职有权,同时又能帮助主要领导集中精力思考和解决主要问题。

④指挥和激励的艺术。要善于树立和维护必要的权威,使下级心悦诚服地接受指挥。同时也要善用科学合理的激励方法,鼓舞士气,挖掘潜力,使员工努力奋进。

⑤善用时间的艺术。要惜时如金,善于科学合理地安排自己的时间,做自己时间的主人,提高工作效率。

⑥领导变革的艺术。应不断变革创新,改进管理,因势利导,化解危局。

⑦集中精力抓主要环节的艺术。要抓住主要矛盾,解决主要问题,注重“两点论”与“重点论”的统一。

3 激 励

激励的定义

现代企业管理是以人为中心的管理。管理者在领导企业的过程中面临的首要任务,就是如何引导、激发和调动员工为实现企业的目标而努力工作、做出贡献。我们在维修企业中经常看到:有的员工工作积极主动、绩效突出,但有些员工得过且过,工作动力不足,甚至完不成工作任务。组织中员工绩效上的差异,究其原因多种多样,但深入分析就会发现其中存在一个共性的东西——激励问题。管理的激励功能就是要研究如何根据人的行为规律来提高人的积极性,使参与企业活动的员工始终保持旺盛的士气、高昂的热情,使企业经营活动实现较好的绩效。

3.1 激励的实质及激励理论

3.1.1 激励的实质

3.1.1.1 激励与行为

激励与行为

人们对激励的研究是从心理学开始的。心理学家一般认为,人的一切行为都是由某种动机引发的。动机是人的一种心理现象和精神状态,对人的行为能起激发、推动、强化的作用。未满足的需要是产生激励的起点,进而会导致某种行为。行为的结果,可能使需要得到满足,之后再发生对新的需要的追求;行为的结果也可能是遭受挫折,追求的需要未能满足,由此产生消极的或积极的行为。因此,从心理学的角度讲,激励从本质上来看就是指激发人的动机,鼓励人们充分发挥内在动力,朝着所期望的目标而采取行动的心理过程,这是一个人的需要、动机、行为和目标相互联系、相互作用、彼此制约的过程(图4-7)。

3.1.1.2　管理学中的激励概念

管理学中的激励概念

在管理学中,激励是指管理者促进、诱导下级形成动机,并引导行为指向目标的活动过程。美国著名管理学家贝雷尔森和斯坦尼尔说:“一切内心要争取的条件、希望、愿望、动力等都构成了对人的激励”。

激励的大小与效价和期望值有关。效价是指某种预期成果可能给行为者个人带来的满足程度;期望值则表示某种具体行动可带来某种预期成果的概率。激励的大小、效价和期望值之间的相互关系为:

激励的大小 = 某一行动结果的效价 × 期望值

3.1.2　激励理论

激励理论的类型

通过对上述激励性质的学习我们知道,激励其实就是以未满足的需要为基础,利用各种目标、诱因激发动机,驱动和诱导行为,促进目标实现,提高需要满足程度的连续的心理和行为的过程;是通过影响员工个人需要的实现来提高他们的工作积极性,引导他们努力工作的行为。因此,激励理论大多是围绕人的需要的实现、激励内容、激励过程而展开的,是关于激励的基本规律、机制和方法的概括和总结,是激励在管理活动中赖以发挥作用的基础。通常我们把各种激励理论划分为三大类:内容型、过程型和综合型激励理论。

3.1.2.1　内容型激励理论

内容型激励理论主要研究激发因素的内容,而这一内容就是从人的需要出发,试图解释是什么因素引起、维持并强化某种行为去实现目标。这类理论典型的有两种:需要层次理论和双因素理论。

(1)马斯洛的需要层次理论

需要层次理论

这一理论认为:未满足的需要产生激励,人总是为满足内在需要的欲望所激励而从事工作的。马斯洛基于如下三个假设:①人的需要影响其行为,但只有未满足的需要会影响行为;②人的需要若按重要性排列,形成了从基本到复杂的层次。③人只有在较低层次需要得到满足后,才会提高到较高

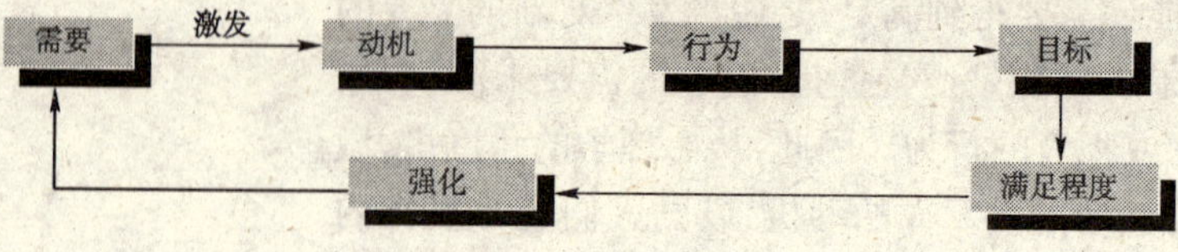

图4-7　激励的过程

层次，或从基本的需要提高到复杂的需要。马斯洛将人的需要分为五个层次：生理需要、社交需要、安全需要、尊重需要、自我实现的需要，见图4-8。

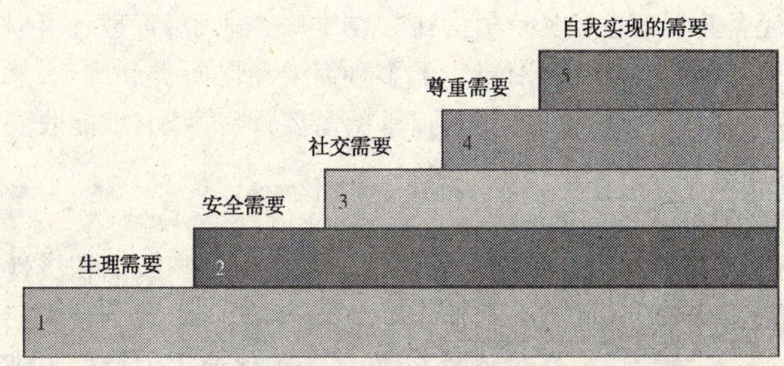

图4-8　马斯洛的需要层次图

①生理的需要。这是个人为维持生命最基本的需要，也是需要层次的基础。这类需要包括衣、食、住、行、水、空气等，它是人赖以生存和发展的基本条件和物质基础。

②安全的需要。当一个人的生理需要得到基本满足后，就希望在生理和心理上获得安全，受到保护。安全的需要包括劳动安全、职业安全、经济安全、心理安全感等，这是人类安居乐业的基本保证。

③社交的需要。人们常希望在一种被接受或属于自己的环境下工作，即人们希望在社会中受到别人的注意、关心、友爱和同情，在感情上有所归属，属于某一个群体。社交的需要表现为渴望友谊、情感及别人对自己的满意，从而消除孤独，在心理上产生一种归属感。

④尊重的需要。这属于高层次的需要，是希望别人对自己的工作、人品、能力、才干给以承认并予较高评价，是对自己成就的自我欣赏、自尊和受到尊重的需要，以及得到别人的尊重并发挥一定影响力。

⑤自我实现的需要。这是最高层次的精神需要。这种需要就是在工作上有所成就，在事业上有所建树，实现自己的理想和抱负。这种需要往往通过胜任感和成就感来获得满足。

马斯洛认为，以上五个层次的需要，从初级到高级，循序渐进。前两个层次是低层次需要，主要是物质需要；第三、四、五层次的需要是高层次的需要，属于精神需要。在低层次需要获得满足后，这种需要的内驱力减弱，而更高层次的需要就会产生，并产生新的内驱力，激励人们去提高工作积极性，达到新的目标。任何人在某个时候不一定都有这五种需要，但是却有一个决定他们行动方向的主导需要。

马斯洛的需要层次理论第一次系统地阐述了人的需要与行为之间的关系,这个理论在西方广为流传,影响巨大,对于现代企业管理也极具价值。比如在维修企业中,管理者可以根据五种需要层次来对员工的多种需要加以归类和确认,然后对他们的未满足的或正在追求的需要加以激励,就能收到很好的效果。

(2)赫茨伯格的双因素理论

双因素理论

赫茨伯格经过调查研究分析,把企业中影响人的积极性的因素,分为激励因素和保健因素两大类。他认为,促使人们产生工作满意感的是激励因素,而另一类促使人们产生不满意的是保健因素。激励因素往往与工作内容紧密相连,这类因素包括成就、赏识、工作挑战性、在职业上得到发展等,它们能对员工产生较大的激励,使他们保持旺盛的精神状态并努力工作。保健因素是指与工作条件、工作环境密切相关的因素,如个人生活、薪金、人际关系、工作条件、企业政策、安全感等。这些因素如果处理不当,会造成员工的不满,或挫伤他们的积极性。但如果它存在,却未必能激励员工。因此,赫茨伯格认为,激励因素是内在因素,是直接满足;保健因素是外因,是间接满足。前者与工作内容有关,是职工在工作时产生的,而后者则是在工作以后或工作场所以外才具有意义和价值。当职工对内在激励较满意时,能对外在因素的不满意产生一定的忍受力。反之,则将不可忍受并使工作积极性下降。

双因素理论的重要意义在于,它提醒人们充分注意工作本身内容的满足对激励的重要意义,使激励理论有了新的进展。同时对于薪酬、奖励、改善工作条件等保健因素也应予以重视,而且薪金和奖酬一定要与企业的业绩挂钩,使之真实反映一个人的贡献和效率。双因素理论关于满足员工需要的两类因素具有不同激励作用,可以给管理者以启示。即单纯靠增加薪金或改善工作条件,不能直接激励员工,即使有作用也只是暂时的。为使员工积极性充分发挥,应主要从内部,从工作本身入手,为员工创造作出贡献与成就的工作条件,丰富工作内容,增加工作趣味并赋予必要责任,使职工获得工作成就感及社会承认,就会产生更大、更持久的激励作用。

3.1.2.2 过程型激励理论

这类理论着重探讨激励的心理过程,从动态分析的角度来研究激励问题。其中代表性的有弗隆的期望理论、亚当斯的公平理论。

(1)期望理论

期望理论

弗隆于1964年提出了期望理论。他指出,只有当人们认为实现预定目标的可能性很大,并且实现这种目标又具有很重要的价值时,该目标对人的激励程度才是最大的。也就是说,决定激励程度大小的因素有两个:效价与期望值。激励的程度大小由期望值 E 与效价 V 的乘积决定,用公式表示为:

$$M = E \cdot V$$

其中,M 表示激励的程度,反映了一个人工作积极性的高低及其持久程度;E 表示期望值,是人们对想要实现的既定目标的主观概率,即主观估计达到目标的可能性的大小;V 表示效价,指人们对某一目标的重视程度与评价高低。

由上式可看出,只有当期望值 E 高、效价 V 也高的情况下,才会对被激励对象产生最大的激励。因此,激励是随着以下三种情况增大的:其一是当自己的努力能产生高绩效时;其二是当高绩效可以产生特定的结果时;其三是该结果对本人具有强大吸引力时。

上式还表明,在进行激励时,要处理如下三个方面的关系:

①要处理好努力与绩效的关系。人们总是希望通过一定的努力能够达到预期目标,如果努力后达到预期目标的概率高,就会有信心,反之则可能不积极。

②要处理好绩效与奖励的关系。如果取得绩效后能够获得合理的奖励,就会产生工作热情,获得激励。

③要处理好奖励与满足个人需要之间的关系。人们总希望自己所获得的奖励能够满足自己某方面需要,但同一方法对不同的人来说,满足需要的程度是不同的。

(2)公平理论

公平理论

亚当斯的公平理论主要研究报酬的公平性、合理性对员工积极性的影响。他认为,人们对自己所得待遇是否公平合理十分敏感,一方面将自己所得待遇与他人去比,同时,又会与自己的过去去比,并对公平程度作出判断。当一个人做出了成绩并取得报酬时,他不仅关心自己所得报酬的绝对量,而且关心自己所得报酬的相对量。因此,他要进行种种比较来确定自己所得报酬是否公平合理,比较的结果将直接影响他今后工作的积极性。

第一种比较为横向比较,将他自己与别人作比较,即:

$$\frac{\text{自己所获的报酬}}{\text{自己的投入}} : \frac{\text{他人所获得的报酬}}{\text{他人的投入}}$$

如果上面比值相等,他会认为公平。如果前一个比值小于后一个比值,他会觉得不公平,可能采用增加投入或减少努力程度来达到心理上的平衡;反之,他可能会自动多做些工作来尽量达到公平。

第二种比较为纵向比较,将自己的现在与自己的过去相比,即:

$$\frac{\text{自己现在所获得的报酬}}{\text{自己现在的投入}} : \frac{\text{自己过去所获得的报酬}}{\text{自己过去的投入}}$$

同样,若比值相等,他会认为基本公平,积极性和努力程度不会改变。若前者大于后者,他不会产生不公平感,但也不会觉得自己多拿了报偿,从而主动多做工作;反之,若前者比值小于后者,则会产生不公平感,可能导致工作积极性下降。

公平理论所描述的关于公平的感受是一种普遍存在的心理现象。在维修企业中,为实现有效的激励,管理者应深入了解员工对其劳动报酬是否感到公平,并且通过合理分配奖酬、调整奖励方式,破除平均主义和大锅饭思想,力求让每个员工都得到公平合理的待遇,使他们能为企业努力工作。

3.1.2.3 综合型激励理论

由上述学习可知,内容型激励理论强调满足人们的需要来研究激励;过程型激励理论则强调从动机的产生到行为的复杂心理过程来研究激励;综合型激励理论则是在以上两种基础上的综合和发展,主要表现是波特—劳勒的综合激励模式。这一模式详见图4-9。

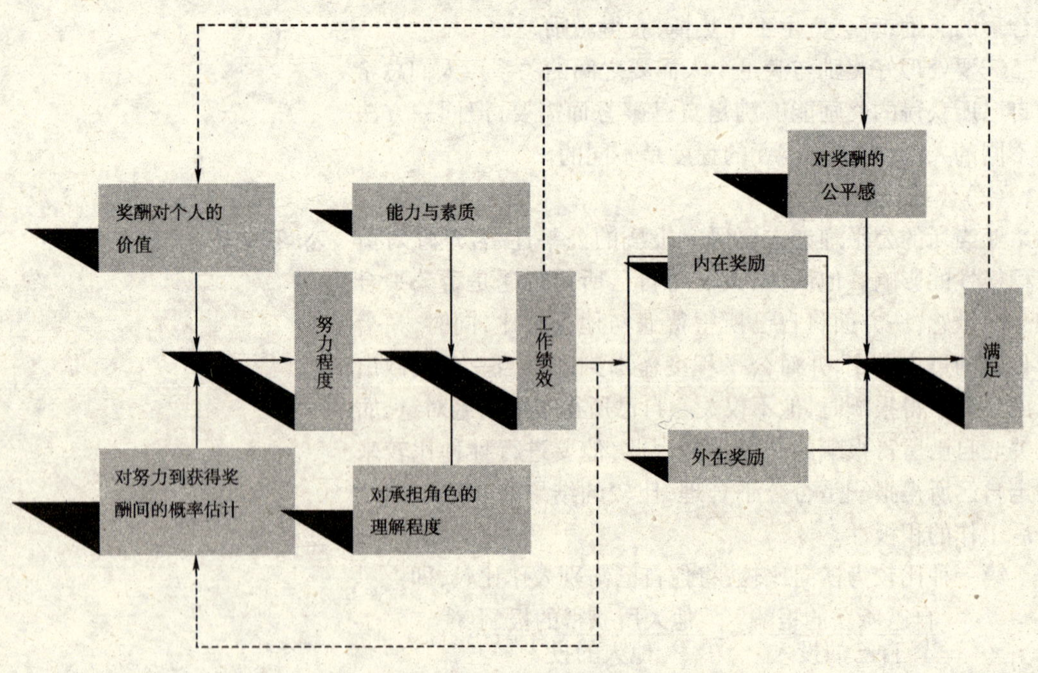

图4-9 波特—劳勒激励模式图

由图4-9可见,该模式中的变量为:①努力程度;②工作绩效;③奖励;④满足。

通过分析图4-9可以得出如下几点:①努力来自于报酬、奖励的价值、个人认为需要付出的努力和受到奖励的概率。②工作的实际绩效取决于能力大小、努力程度以及对所需完成任务理解的深度。③奖励要以绩效为前提。④激励的措施是否会产生满意,取决于受激励者认为获得的报偿是否公平。⑤满意将导致更进一步的努力。

3.2　常用的激励原则及方式

激励是企业管理者常用的重要方法,现代企业管理高度重视激励问题。在维修企业中,无论其规模大小、技术先进与否、维修设备现代化程度如何,管理者在进行有效管理时,都会重视激励员工,调动他们的工作积极性和创造性,以此增强企业的凝聚力和提高工作效率。

3.2.1　企业的激励原则

如何有效地进行激励,必须把握好以下原则:

有效地进行激励的原则

(1)因人而异原则

由于企业中的员工个体之间存在个性特征、需要、能力等多方面的差异,有的高度重视个人价值的实现;有的对交往、归属等情感需要十分强烈;有的希望从事高难度、高创造性的工作;有的则宁愿工作内容简单、程序化,如此等等。在激励中,同一激励诱因或方式作用于不同员工、不同环境和时期,都会引起不同的效果,因此,在激励中必须坚持因人而异的原则,根据不同人的不同要求采取恰当的激励方式和手段,以期达到最佳的激励效果。

(2)坚持物质利益原则

在管理工作中,要充分考虑到物质利益的原则,通过满足人们的物质追求,激发他们的工作积极性,促使他们关心自己的工作,从而推动企业乃至推动整个社会的发展。坚持物质利益原则应注意处理好个人利益与国家利益、集体利益,眼前利益与长远利益之间的关系。

(3)坚持按劳分配原则

要有效调动员工积极性,激发员工的利益动机,必须贯彻好按劳分配原则,这是目前必须坚持的主体性原则。在社会主义市场经济条件下,按劳分配可以鼓励企业员工、管理人员努力学习,改进技术,提高技能和水平,并根据工作绩效评价标准,形成员工在工资、奖金及福利等诸方面的差异。

(4)坚持领导者以身作则,发挥榜样作用的原则

企业领导者本身能以身作则、言传身教,自己起到表率和带头作用,就会对下属产生很大的激励和示范作用。通过领导者的宣传示范和树立先进典型,可以使员工树立克服困难争取成功的信心,收到很好的激励效果。

3.2.2 企业常用的激励方式

企业常用的激励方式

激励方式按其作用不同,可分为内激励和外激励两类。内激励指通过工作本身的趣味性、挑战性及完成工作的成就感来激发员工的积极性。外激励则是借助环境以外的物质诱因来引发员工的积极行为。两类激励都包含了一系列的具体方法,常用的、比较典型的有:

(1)奖励

奖励是最常用的外在激励方式。它是通过评价鉴定职工的工作表现及其成果,给予相应的报酬或奖赏,从而达到调动员工积极性的目的。对人们的工作成就给予奖励,可使人看到自己的成效、并得到尊重、取得信任或确立自己的社会地位。

奖励多种多样,总的来看包括物质奖励和精神奖励两类。物质奖励包括奖金、晋升工资、奖励实物、提供生活条件等。精神奖励包括对工作成就的认可、记功、表彰、授予称号、提级升职等等,它可以激发人的精神动机。奖励的激励效果也取决于运用的方法正确与否。

(2)工作内容丰富化

工作内容丰富化的方法始于美国的国际商用机器公司(IBM),后为很多企业所采用,具有显著的激励效果。

工作内容丰富化指的是,通过丰富工作内容、改进工作设计、赋予更多的尝试机会来增加工作本身的刺激性和挑战性,使员工获得发挥聪明才智和取得个人成就的机会。工作内容丰富化包括:对员工的核心工作中所包含要素的增加、技能的多样化、任务的完整性、任务的意义、自主权和反馈的增加、员工对工作责任和意义的体验等。

在维修企业中,可采用以下做法使工作内容丰富起来:①鼓励下属参与管理,鼓励人们更多交往;②在决定工作方法、工作程序和速度时给员工较大的自由;③采取措施确保职工能看到自己的工作对企业的贡献;④想方设法使职工对自己的工作有个人责任感;⑤对工作完成情况进行反馈;⑥在分析和改变工作环境的物质条件方面,让员工参与提出意见或建议。

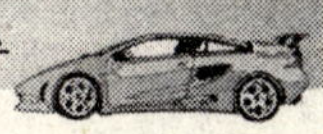

(3)职工参与管理

这是指在不同程度上让员工和下级参加组织决策和各级管理工作的研究和讨论。这是现代企业管理的一个基本制度和特征,也是有效激励员工的重要而实用的方法。

在企业中,职工参与管理形式多样,如召开职代会让职工参与企业重大决策;设职工提案建议制,鼓励职工提出生产经营的合理化建议;吸收职工参股入股,促进职工利益与企业利益结合。

(4)建立和健全规章制度

建章立制在企业管理中具有重要作用。组织中良好的规章制度都与一定的物质利益相联系,对于员工的行为能有效约束。同时规章制度为员工提供了行为规范和社会评价标准,因此它的激励作用是综合的、长远的和制度化的。

4 企业人力资源开发与管理

企业中最重要、最宝贵的资源是人。任何企业能否营造一个良好的人才成长环境,造就一支高素质、团结齐心的职工队伍,日益成为企业经营成败的关键。因此,人力资源开发和管理是现代企业管理的根本课题。作为组织中的一项重要工作和领导职能中的一个重要部分,搞好人力资源开发管理意义重大。

4.1 企业人力资源开发

4.1.1 人力资源及其特征

人力资源及其特征

人们把可以投入到生产中去创造财富的一切生产要素都称为资源。人力资源概念是指一个国家或地区一切具有为社会创造物质、精神和文化财富,从事智力劳动和体力劳动的人的总称。它于20世纪60年代开始形成概念并逐步被人们广泛接受,它是一个不同于物力资源的概念。

与物力资源相比,企业人力资源具有如下特征:

(1)再生性。人力资源是一种可再生的生物性资源,它以人的身体为天然载体,是一种“活”的资源。人力资源的使用过程,就是人力资源的持续开发、再生的过程。

(2)能动性。人力资源在企业经济活动中是居于主导地位的能动性资源。人不仅能适应环境,而且还能改造环境、创造环境。与其他生产要素相比,人力资源是最积极、最活跃的生产要素,居于主导地位。

(3)时效性。人力资源的形成、开发、使用都会受到时间方面的制约。由于人有生老病死的生命周期,作为人力资源的人能够从事劳动的时间又只是其生命周期的中间一段,因此具有时效性。

(4)社会性。人具有社会性,个人创造力会受到社会环境、文化因素的制约和影响。

(5)成长性。人力资源的组合不是简单的累加,人的创造力可以通过教育培训和实践经验的积累而不断成长,人的潜力是无限的。

4.1.2 人力资源开发

人力资源开发的途径

企业的人力资源开发是通过对人力资源吸收、培训、开发评价等一系列活动来挖掘人力资源潜能,从而最大限度地开发利用人力资源。下面我们通过人员招聘、员工培训、人员评价等方面来深入学习。

4.1.2.1 企业人力资源的吸收——人员招聘

人员招聘

人员招聘是企业获取人力资源的具体体现。把优秀、合适的人员招聘进企业,把合适的人放在合适的岗位,是企业经营成败的关键之一。人员招聘是指企业为了发展的需要,向社会吸收具有劳动能力的个体的全过程。

(1)人员招聘的原因和意义

为什么要招人?企业招聘人员一般有以下原因:①新公司成立;②现有职位因各种原因发生了空缺;③公司的业务不断扩大,公司迅速发展;④调整不合理的员工队伍。

企业招聘工作的重要意义在于:①人员招聘关系到企业的生存和发展;②人员招聘是确保员工队伍具有良好素质的基础;③人员招聘工作难度大,一旦失误,企业将损失严重。

(2)人员招聘的基本程序

企业人员招聘的程序一般包含如下10项内容:①根据企业人力资源规划,开展人员需求预测和供给预测,确定人员的需求量。②依据职务说明书,确认职务资格及招聘选拔的内容及标准。③拟定具体招聘计划,并上报企业领导批准。④人力资源开发部展开招聘宣传及其他准备工作。⑤审查求职申请表并进行初选。⑥进行笔试或面试。⑦开展有关测验。⑧录用人员体检及背景调查。⑨试用。⑩录用决策并签订劳动合同。

图4-10是某企业员工招聘录用的程序图。

(3)人员招聘的操作步骤

企业人员招聘一般包括五个步骤:招聘决策、制定招聘计划、发布招聘信息、招聘测试、人事决策。

①招聘决策。招聘决策由企业中的最高管理层作出,它是关于重要工作岗位招聘和大量工作岗位招聘的决定过程。企业在确定员工招聘时,一般要把握如下三条原则:a.公平竞争原则。只有公平竞争,才能使真正优秀的人才脱颖而出。b.宁缺毋滥原则。即宁可空岗也不能让不合适的人占据岗位。c.少而精原则。即要尽量少招人,招来的人一定要精干。

②招聘计划。招聘计划一般由用人部门提出申请,人力资源开发管理部门提出方案,最后由经理层作出决策。对于招什么人?招多少?各具体岗位有何要求?如何进行招聘?新员工何时到位?怎样进行培训等要作出详细计划。

③发布招聘信息。发布招聘信息的渠道很多,报纸、电视、广播、新闻发布会、互联网等都可。发布信息时应把握面广、及时、分层次等原则。

④进行招聘测试。招聘测试是指在招聘中应用各种科学方法对应聘者加以客观鉴定、考核的方法的总称。它是招聘中最重要的环节。测试的方法很多,归纳起来有:

a.心理测试。就是采用心理学的方法来测量应试者的心智水平及个性差异。根据心理测试的内容,又可以细分为个性测试、智力水平测试、职业倾向测试和特殊能力测试等四种。

b.知识考试。就是通过纸笔测试的方法对应聘者的知识深度、广度和知识的结构进行了解,具体可分为综合考试、专业知识考试和相关知识考试三种。

c.情景模拟。就是根据职位要求设计一套与职位情况相似的模拟项目,将被测试者置于模拟真实的环境下,测定其心理素质、能力素养的方法。

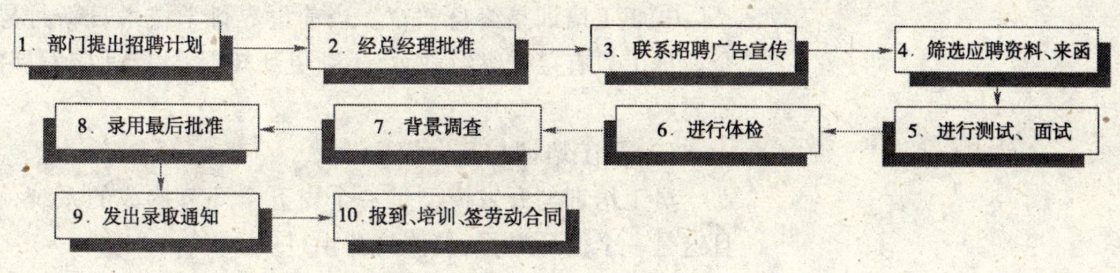

图4-10 企业招聘程序

d.面试。这是企业人员招聘中常用的一种测试方法。它是指被试者用口头语言来回答提问,面对面交流,以便了解被试者心理素质、判断分析能力、应变能力和潜在能力的测试方法。面试是非常有效的方法。面试者通过与应聘者的正式交谈,达到客观了解应试者的业务知识水平、外貌风度、工作经验、求职动机、表达能力、反应能力、个人修养、逻辑思维等方方面面的目的。

⑤进行人事决策。人事决策有广义和狭义之分。广义人事决策指有关人力资源开发管理各方面的决策。狭义人事决策主要指人事任免决定,即决定让什么人去从事哪一项具体工作。

4.1.2.2　员工培训与开发

企业员工的培训与开发

员工培训是人力资源开发的一项重要内容。它是指通过适当的途径和方法,向员工灌输正确的思想观念、传授生产、管理知识和岗位技能,开发智力和培养创造力的活动。员工从被录用开始,就要接受企业的培训和教育开发。

(1)员工培训的目的和特点

企业员工培训的目的主要有四项:育道德、建观念、传知识、学技能。对职工的培训和发展是企业的义务和责任,有效的培训可以减少事故、降低成本、提高工作效率和经济效益,增强职工的凝聚力和对企业的认同,从而增强企业的市场竞争能力。

企业培训具有如下三个特点:

①企业培训是一种定向教育,它是根据企业自身发展的需要对职工进行的针对性极强的职业教育,其直接任务就是使职工获得或改进与工作有关的知识、技能、动机、行为等等。培训的根本目的,就在于提高员工的绩效,以利于实现企业的目标。

②职工培训是为了开发智力,培养人才,是企业最重要的战略性投资。

③职工培训是终身教育。当前世界科学技术日新月异,企业员工只有接受继续教育,不断更新知识,才能适应发展的需要。

(2)员工培训与开发模型

员工培训与开发模型是一个由五个环节构成的系统,而且这是一个循环过程,具体见图4-11。

由图上见,这五个环节为:

①确定培训需要。先通过对组织、工作及个人情况进行

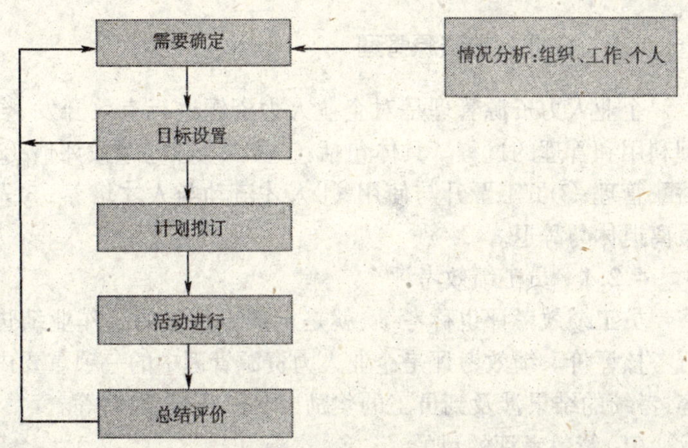

图 4-11 员工培训系统模型

分析,在此基础上确定企业及员工在人力资源开发方面的切实需要。

②设置培训目标,为培训计划提供明确的方向和依循的框架。培训目标可以细分为技能培养、知识传授、态度转变三大类,在目标中应规定这三个方面的深度和广度。

③拟定培训计划。其实就是培训目标的具体化与操作化,即根据既定目标,具体确定培训项目的形式、学制、课程设置、课程大纲、任课教师、教学方法、考核方式、辅助培训设施等。

④实施培训活动。各企业根据自己的实际,在职工培训实施中采取不同的方式。

⑤进行培训总结,并对培训效果进行评价。

4.1.2.3 员工评价

员工评价

员工评价主要包括三个方面:一是岗位评价;二是人员素质评价;三是以人和事结合的侧重于结果的绩效考评,即人事考评。

(1)岗位评价:就是进行岗位分析、岗位规范制定、岗位任职资格评价、岗位差异性评价。这是人力资源开发的一项基础性工作。

(2)人员素质评价:是指以人为评价客体,运用多种考核、测试手段,判断其知识、技能、心理、行为等各个方面的水平。

(3)人员绩效评价:即考查员工对岗位所规定职责的执行程度,从而评价其工作业绩和效果。绩效评价可以帮助员工发挥潜能,改进工作;还可以确定企业整体和各个部门的工作状况,为企业人事决策和目标调整提供参考。

4.2 企业人力资源管理

企业人力资源管理是对企业人力资源进行有效开发、合理利用和管理的过程。具体包括:①员工考核与绩效评估;②薪酬管理;③员工晋升与使用;④人才流动与人才培养;⑤人员离退休与辞退。

4.2.1 员工绩效考评

企业员工绩效考评

员工绩效考评也称考绩,就是定期对员工的工作业绩进行考核评价。绩效考评是企业人力资源管理中的一项重要内容,考绩的结果涉及到员工的奖励、调任、升迁、加薪等。

(1)绩效考评的目的

考绩的主要目的体现在以下6点:

①考绩首先是一种绩效控制的手段,它是对员工业绩的评定和认可,能使职工体验到成就感、自豪感,增强其对工作的满意度。

②是按劳付酬原则的体现。考绩的结果是薪酬管理的重要依据。健全的考绩制度与措施能使职工感到公平和心服。

③考绩结果也是职工调迁、升降、淘汰的重要标准。

④考绩对于职工的培训与发展具有重要意义。它能发现职工的长处与不足,还可以检验培训措施与计划的效果。

⑤考绩能促进上下级沟通,了解彼此对对方的期望。

⑥考绩的结果可以提供给生产、销售、财务等职能部门,供其制定有关决策时作为参考依据。

(2)绩效考评的标准

考绩标准是指用来衡量、评价员工表现的统一尺度。有效的考绩标准具有如下特征:①人所共知;②是对工作岗位而非对人;③标准经努力可以达到;④标准具体且可操作;⑤有时间限制;⑥可以变更,但要经协商。

要制定考绩的标准,还必须把握两条基本原则:①是否能使工作成果达到最大化?②是否有助于组织效率的提高?

考绩标准一般分为三种:绝对标准、相对标准和客观标准。

绝对标准是指以固定标准来衡量员工,而不是在员工之间进行相互比较,即建立的是员工工作的行为特质标准。

相对标准是指将员工之间的绩效进行相互比较,然后按正向或反向进行排名,以此确定员工业绩的优劣。

客观标准是指评估者在判断员工所具有的特质以及完成

工作的绩效时，对每项特质或绩效表现，在评定量表上每一点的相对基准上予以定位，帮助考核者作出客观评价。

(3)考绩的主要方法

绩效考评普遍采用的方法一般分为三大类，分别是：

①常规考绩法。具体有以下三种：

a. 排序法。即企业主管按绩效表现从好到坏的顺序给员工排序。但这种方法一般只适合于员工数量较少的中小企业。

b. 两两比较法。指在某一绩效标准的基础上把每个员工都与其他员工相比较来判断谁"更好"，记录每个员工与其他员工比较时被认为"更好"的次数，根据次数的多寡来给员工排序。

c. 等级分配法。它由评估小组或主管先拟定有关人员考评项目，按考评项目对员工绩效作出粗略的排序。同时设定一个绩效等级并在各等级设定固定的分配比例，按每个人的绩效排序分出绩效等级。

②行为评价法。这是主管依据客观的行为标准来考评每个员工的方法，具体有：

a. 量表评等法。这是目前用得最广泛的方法，评等的量表包括政策水平、责任心、决策能力、组织能力、协调能力等评估项目，对每项设立评分标准，最后把各项得分加权相加，就能得出每人的绩效评分。

b. 关键事件法。用一种客观的方法来收集评价资料，称为"关键事件法"。

c. 行为评估法。它是关键事件法的深化和突破，主要是通过行为事实方面的依据来评估员工，这些行为事实就是平时记录下来的关键事件。

d. 混合标准评等法。它综合了关键事件法和行为评估法的长处，又尽量避免了两者的弊端，使用混合标准量表，具有较大的优越性。

③工作成果评估法

a. 绩效目标评估法。它类似于目标管理，通过设立特定的、有时限的、有条件的、与组织目标一致的绩效目标，在评估时每项都按员工达到目标的程度独立评估，最后进行加权平均。

b. 指数评估法。它是通过更为客观的标准，如生产率、出勤率、跳槽率等，来评估绩效。一般有定性评估和定量评估两种。

4.2.2 薪酬管理

薪酬的管理

薪酬管理是人力资源管理的重要一环。企业人力资源管理最根本的就是要吸引人才，留住人才，并使之努力为实现组织目标而工作。薪酬管理与完成这些任务息息相关。

薪酬是员工个人劳动回报的各种酬劳，它可细分为直接经济报偿、间接经济报偿和非经济报偿三种形式。其中，工资、奖金、佣金等属直接经济报偿；医疗、带薪休假、工伤保险、社保等属于间接经济报偿；员工由于工作本身或工作环境带来的心理或物质上的满足叫非经济报偿。

薪酬是一把双刃剑：一方面报酬是激励员工努力工作、达到企业目标的主要手段；另一方面，报酬又是企业运作的主要成本之一，运用不当会产生严重后果。

(1)薪酬管理的原则与政策

薪酬管理中，应遵从如下原则：①公平性原则。即报酬要公平。②适度性原则。即报酬要适度合理。③安全性原则。报酬系统要让职工感到安全。④认可性原则。报酬虽由管理层确定，但应合法并得到员工认可。⑤激励性原则。报酬对员工要能产生激励作用。⑥平衡性原则。报酬系统的各方面要平衡，不能只重直接报酬而忽视非直接报酬，也不能只重金钱而忽视精神奖励。

薪酬管理还应把握如下 6 条政策：①业绩优先还是表现优先。②工龄优先还是能力优先。③工资优先还是福利优先。④需要优先还是成本优先。⑤物质优先还是精神优先。⑥公开还是保密。这六个方面应统筹兼顾。

(2)薪酬系统模型

薪酬系统主要分成两大部分：金钱报酬与非金钱奖励。非金钱奖励可细分为职业性奖励和社会性奖励。金钱报酬又细分为直接报酬与非直接报酬。直接报酬是指工资与奖金；非直接报酬分为四个部分：公共福利、个人福利、有偿假期以及生活福利。具体见图 4-12 表示。

4.2.3 人才流动与人才培养

人才流动与培养

人才流动与人才培养，也是人力资源管理的一个重要方面。

4.2.3.1 岗位与人员管理

(1)因人设岗与因岗设人。因人设岗是为某一位或某一类特殊人才而特设专门的工作岗位。对于一些关系企业长远利益的特殊人才，可以因人设岗。因岗设人是根据工作需要

而设立工作岗位，再按岗位需要去选配人员，这有利于减少冗员，提高效率。

(2)知人与善任。知人就是了解他人。知人的主要方法有：①要与人为善，这是了解他人的基础；②要学习相关知识，做到知己知彼；③要善于观察，细心了解；④要经常沟通，广泛交流。善任则是领导者善于让适宜的人担任适当的工作。善于用人是人力资源管理的主要任务之一。

4.2.3.2　员工使用与晋升

员工使用是指企业中发挥员工智力或体力的过程。在使用中，应坚持人尽其才、物尽其用；用人不疑、疑人不用等原则。

员工晋升是指员工从事更高一级的工作。企业中的很多管理岗位都优先考虑从下级岗位的员工中进行提拔，而员工也可以通过晋升而得到进步、发展。这种晋升机制一方面可以激励员工努力工作和学习，另一方面也可以使员工更快担负起更高层的管理职责，还可减少因对外聘人员缺乏了解而造成的用人失误。因此，晋升是人力资源管理中的一种重要手段。

4.2.3.3　人才流动与人才培养

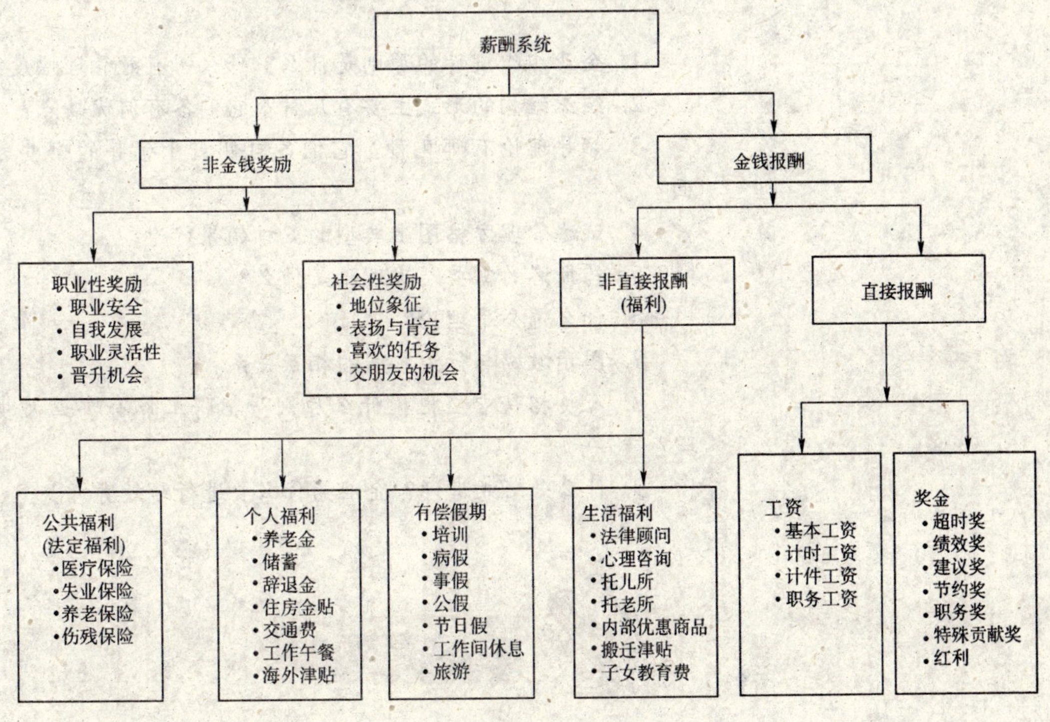

图 4-12　薪酬系统模型图

(1)人才流动是指由于多种原因,社会中的人才离开原工作岗位走向新岗位的过程。人才流动既有人才在企业内部的流动,也有人才在企业之间的流动。一个企业要想永远留住人是不现实的,人才流动是自然现象。人才的合理、正常流动,有利于充分挖掘、发挥人才的潜能,有利于全社会重视人才,对于社会的人力资源配置、对于企业的人力资源合理配置、正确使用都具有重要的意义。

(2)人才培养是指组织为了特定的目标和需求,运用具体的培训方法使人员掌握特定的知识和技能的过程。人才培养是人力资源管理的一个重要内容,对企业和社会都具有重要意义。一方面它有利于企业的发展,可以增强企业的竞争力;另一方面为社会培养了后备的可用之才。因此企业人力资源开发管理的一大任务就是如何培养满足企业需要的各类人才,使企业在竞争中立于不败之地。

思考与练习

1. 企业组织设计的原则是什么?什么叫有效管理幅度?
2. 组织结构的形式主要有几种?它们各有何优缺点?
3. 领导理论有哪几种?它们各自侧重于领导的哪些方面?
4. 试述管理方格图上典型的五种领导行为。
5. 马斯洛的需要层次理论是什么?
6. 什么是公平理论?
7. 图示激励与行为之间的相互关系。
8. 人员招聘中应把握什么原则?招聘工作有哪五大步骤?
9. 什么是绩效考评?企业为什么要进行绩效考评?

学习资源

1. 要深入学习关于组织、领导、激励的有关内容,可参阅

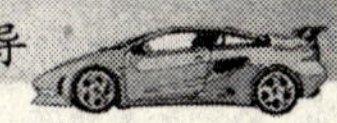

《管理学——原理与方法》(第三版)周三多、陈传明、鲁明泓编著,复旦大学出版社2003年版。

2. 要更好地学习理解关于人力资源开发管理的内容,可阅读《人力资源开发与管理》(第二版)胡君辰、郑绍濂主编,复旦大学出版社1999出版。

华海机床制造公司

华海机床制造公司是一家老企业。早在20世纪30年代末,就有几个资本家合伙在现在的厂址办起了一家小铁工厂。起初生产一些粗劣的五金件和简单的农业机械零件。后来逐步发展,到40年代中、后期,开始能生产一种小型的皮带车床了。但在当时条件下,百业凋零,这个厂也陷入困境,风雨飘摇,危在旦夕。

解放以后,在政府支持下,华海厂开始出现转机。1955年合营后,与若干其他小厂合并,工厂获得了巨大发展,到60年代,已成为生产各型铣床的专业厂。经过20多年的扩展,华海厂已经成为具有近6000名职工、生产几十种精密机床的大企业,产品遍销全国,在用户中颇享盛名。

两年多前,华海厂取得了经营自主权,自负盈亏,改为华海机床制造公司,实行经理负责制。年富力强、在本厂已工作了21年的中年工程师严金城被任命为经理。原厂的领导班子进行了大改组,成立了由经理、总经济师、总工程师、总会计师和党委书记组成的核心领导班子,而负责本公司日常业务行政管理工作的厂务委员会由以经理为首,总经、总工、总会和三位分别负责生产、人事和福利的副经理组成。

经理手下有经理办公室和企业管理处两个直属部门,直接协助他的工作。工程师出身的严经理认为,他这种企业的关键职能还应是技术。为了体现总工负责的技术管理系统的重要性,总工要掌管公司设计研究所、工艺处、质量检验处、计量处、设备与维修处、能源动力处、基建处、技术服务处与技术档案处,其中设备与维修处下辖机电维修车间。总工程师责任繁重,配备有三名副总工程师做助手,并设有总工办公室协助处理日常琐碎事务。总经济师属下仅有计划处与销售处两部门，但他还负责本公司通过横向联系所建立的经济联合体工作。总会计师属下有财务及审计两个处。生产副经理管辖生产处、采购供应处及运输处三个部门，同时还要掌管各生产车间，包括模型、锻压、铸造、第一、第二与第三金工车间、热处理车间、表面处理车间以及装配调试车间，共九个生产部门。人事副经理属下有干部、劳资、培训与安全保卫四个处。福利副经理则负责行政、房产、食堂管理三个处和职工医院。

新的结构改革确实显示出了它的特点：企业活力增加了，新班子朝气足，开拓精神强。公司的产品开始出口创汇，远销东南亚、非洲、拉丁美洲甚至东西欧和北美20余个国家和地区。引进了新技术，产品更新加快了。但是，它也显示了一些缺点，令严经理担心。

首先，新设了总经济师一职，负责原先由总工负责的成本、计划这摊子工作。原来下层生产部门与经销部门各自强调技术标准先进与低成本高效益的矛盾，本是总工一人仲裁拍板定案的，如今却使矛盾"升级"，变为总工与总经间的"高级"矛盾。

其次，现有结构中，总工手下的研究与开发、设计与工程两职能是合在一起的。这些人对引进与开发最新技术及与国外厂商合作，往往极感兴趣，因为一则可以提高自己，二则提供了出国的机会。但他们对于成本和效益的考虑较少，这便与经销、计划部门易生抵触。

再次，经销部门由于不谙技术，在对外谈判项目时，只能负责商务、价格方面的谈判，而对于技术性谈判，不得不借用设计、开发、研究部门的工程技术人员。随着销路的拓宽，这种谈判越来越多。加之，本企业未建立标准成本制，每批特种订货都要专门核算成本，使谈判旷日持久，更使大批工技人员越来越多、越久地陷入到谈判中去，使设计开发的人力资源不足。

另外，当初原设想，为建立以总工为核心的技术管理系统，将有关技术的职能部门都划归他的属下。结果使总工筋疲力尽，难以兼顾，虽配有三名副总工，仍疲于奔命，应接不暇。

严经理觉得，临时性的修修补补不能根本解决问题，是到了下决心彻底改变这种被动局面的时候了。他甚至愿意进行彻底的大改组，只要确实能改善组织效能。现在

的问题是，具体应如何改组，他还没有多少底。他准备尽快征询本企业内部各方意见与建议，提出几种方案，权衡比较，同时想向外界专家进行咨询。总之，年内必须抓紧办完这件大事。

评点：企业的组织结构一定要符合生产经营的实际，并且要相互协调，否则，容易造成效率低下或内耗。华海公司的组织结构已到了非改不可的时候了。

案例思考：1. 华海公司现行的组织结构有何弊端？

2. 假如你是严经理，你得如何对公司的组织结构进行变革？

单元五 控　制

学习目标

1. 简单叙述控制的含义，控制的基本前提；
2. 正确描述计划控制、目标控制、预先控制、同步控制和反馈控制；
3. 正确描述控制的程序；
4. 正确描述维修企业生产作业控制；
5. 会分析预算控制和目标管理。

一个组织目标的实现，首先表现在如何利用计划来对组织行为进行指导。但实际上，无论计划制定得如何周密，由于各种内部条件和外部环境因素变化的影响，一个组织不能实现或不能完全实现其计划的可能性总是存在的。为了消除这种可能性或使之降低到最低程度，组织对计划的执行过程进行有效的控制就显得尤为重要。“企业的日常工作如果不通过有效的控制，使它在轨道上正常运转，最好的计划和决策都是要落空的”。

1　控制概述

1.1　控制的含义

控制的发展

控制工作的理论基础就是控制论。控制论的主要创立者美国著名数学家罗伯特·维纳于1948年发表了《控制论》一书，标志着控制理论的正式诞生。控制论(即一般控制论)是一门研究各类系统的调节和控制规律的科学，它研究施控主体对受控系统的影响方式和规律性。控制论的发展经历了经典控制论阶段、现代控制论阶段和大系统控制论阶段。

控制的一般概念可表述为：控制就是控制者(施控主体)对受控对象所施加的一种能动影响或作用。其实质是保持或改变受控对象的某种状态，使其达到施控主体的预期目的。其含义有：①施加这种作用的目的是为了改善对象，以达到预期目标；②控制就是加在某个对象上的一种作用；③这种作用是通过信息的选择、使用而实现的。

控制是管理的基本职能之一。所谓控制，是指管理者为了保证实际工作与计划的要求相一致，按照既定的标准，对组织内部的管理活动及其效果实施检查、监督和反馈等一系列管理活动，以确保组织的目标及为此而拟定的计划得以实现。控制的有效与否，直接关系管理系统能否在变化的环境中实现管理决策制定的预期目标。

控制的含义

由上述可知，首先，控制是管理的一个基本职能，它与管理的计划、组织等职能有着密不可分的联系。控制职能是使系统以一种比较可靠的、可信的、经济的方式进行活动，保证计划目标的实现。其次，控制是一个发现问题、分析问题、解决问题的过程。对管理者来讲，重要的不是工作有偏差，或是否可能出现偏差，而是能否及时发现偏差，或预测到潜在的偏差。发现偏差，才能进而找出原因并加以纠正。第三，控制职能的完成，要以科学的程序作为保障机制。即建立控制的标准，将实际绩效同标准进行比较，纠正偏差，并建立有效的信息系统。第四，控制若要有效，须具备以下要素：控制系统必须具有可衡量性和可控制性，有衡量这种特性的方法，具备用已知标准来比较实际结果和计划结果并评价两者之间差别的方法，有一种调控系统以保证在必要时调整已知标准的方法。第五，控制的目的是使组织管理系统以更加符合需要的方式运行，使它更加可靠、更加便利、更加经济。

1.2 控制的基本前提

控制要有明确的目标

(1)明确的目标。控制本身就是为保证实现计划目标而实施的管理活动。目标决定控制的内容，没有目标，控制就没有意义。比如为保证汽车维修质量，从工艺、材料、技术、制度、考核指标、管理方法等方面都提出了一整套有针对性的控制措施，其目的就是对维修过程的质量提供保证。一般地，目标越明确、越具体，控制效果就越显著。

控制要有责权分明的组织结构

(2)责权分明的组织结构。明确目标是与责权分明相联系的，责权分明才能做到相互间的分工协作。任何一项工作都是由许多部门共同合作完成的，每个部门应对哪部分工作负责都应有明确的规定，也就是说，要有分工明确的组织结构。这样，责权分明，每件事都有专门机构负责，信息能有效畅通地传输，控制活动就易于开展。一旦发现偏差，马上就能判定偏差出在何处，由哪个部门负责，以便及时采取措施纠正。组织结构越明确、越完整，其控制效果也越明显。

控制要有科学的方法与手段

(3)科学的控制方法和手段。控制的目标是使实际运行情况和计划方案相一致。而实际运行情况需要通过一定的控制方法得到。如果发现偏差，纠偏措施也要通过一定的控制方法和手段来实现。在实际控制过程中，应根据具体的控制目标，采取相适应的控制方法，才能取得较好的控制效果。否则，往往会事倍功半。

1.3 控制的类型

控制按逻辑发展划分的类型

1.3.1 按照控制的逻辑发展，可分为试探控制、经验控制、推理控制和选优控制

(1)试探控制。试探控制也叫随机控制，是一种原始的控制方式，也是其它控制的基础。它是在人们对解决问题所必需的条件不了解、对受控对象的性质不清楚的情况下所能采取的唯一方法。在碰到一些棘手的问题而又没有好办法的时候，常会用“碰碰运气，试试看吧”这样试探性的态度去寻找解决问题的办法。这种方法需要人们不断去积累经验，摸索规律，运用恰当的手段和方法。

(2)经验控制。经验控制也叫记忆控制，是一种广泛应用的控制方式。试探控制得到的直接成果就是经验，把由试探控制得出的结果用于指导下次实践，就是经验控制。

在经验控制中，最主要的是经验的可靠性，即经验应是真实的、可信的。所谓真实性是指经验能反映解决问题的正确方法。另外还要注意经验的有效性。经验是对过去的总结，而随着外界条件和环境因素的变化，经验可能会不能适用了。

(3)推理控制。推理控制也叫逻辑控制，是试探和经验控制相结合的产物。推理控制就是根据事物之间的相似性，运用逻辑原则和方法将对事物甲的控制用于对事物乙的控制。它通过中间起过渡作用的媒介实现控制，因此又叫共轭控制。

(4)选优控制。它是控制方式发展的高级阶段，是人的主观能动性高度发挥的产物。

所谓优选控制，就是符合最优标准的控制。其核心思想是：不仅要保证实现控制目的，而且强调要在较短的时间内，以尽可能少的人力、物力、财力的消耗（即系统的输入量）来实现控制目的；或在同样的时间、资源条件下，使系统的输出达到最佳目标状态。这就要求在实际控制前或控制过程中，提供多种可供选择的方案，以便在实际控制时能够有所选择，

使受控系统能够达到尽可能好的结果。

控制按管理职能作用划分的类型

1.3.2 按照控制在管理中的职能作用,可分为计划控制、目标控制。

(1)计划控制,又叫程序控制,是一种将预先编制好的内容和步骤对受控系统的整个管理过程予以控制的方式。它以计划指标为依据来统一执行,协调关系,调整纠偏,检验结果。这是管理活动中最基本的控制方式之一,尤其适用于干扰较稳定的控制系统。管理计划控制主要有开环控制、闭环控制两种类型。

开环控制又叫硬性控制,是系统不将输出信息返回原输入端并形成再控制的直链式控制方式。这种控制方式几乎不存在反馈,信息构不成闭合回路。这种控制的优点是控制效率较高,不足是适应性较差,仅适应于对组织内具有一定规律性的作业的控制。

闭环控制又叫弹性控制或反馈控制。是根据反馈原理对系统进行调节的一种控制方式。简单地说,就是施控系统根据反馈信息,通过调节受控系统的输入,来实现控制目的。闭环控制在管理中被广泛应用,使受控对象的行为结果反过来影响自身,进而调节自身的行为。比如为激励员工的积极性,根据员工的劳动成果实施奖惩,使用的就是闭环控制方式。

(2)目标控制,又叫跟踪控制,是一种将多个要达到的目标作为受控系统的输入,从而对整个管理过程予以控制的管理形式。与计划控制相比,目标控制更注重结果控制而不是过程控制。

依据目标控制进行的现代管理活动叫做目标管理。目标管理的关键在于:确定适宜的目标体系,不折不扣地实施和严肃认真的结果检验。

控制按受控系统运行阶段划分的类型

1.3.3 按照控制发生在受控系统运行的不同阶段,可分为预先控制、同步控制和反馈控制

(1)预先控制。又称前馈控制,它是指在工作开始之前(受控系统运行之前),根据现有的信息(包括以往的经验和最新的情报信息等),预先进行分析、预测,对各种可能出现的偏差采取预防和校正措施,保证工作达到预期效果。

预先控制是一种较科学的控制方法,它将可能出现的各种偏差抑制在萌芽状态,使系统避免出现较大的损失。预先控制和预测密切相关,只有充分掌握信息,准确预测,才能使控制效果更好。

(2)同步控制。又称现场控制,即在计划实施过程中(受

控系统运行中)，深入现场及时发现存在的偏差或潜在的偏差，及时提供改进措施以纠正偏差的一种方式。现场控制能及时发现偏差，并及时纠正偏差，是一种较经济有效的控制方法，也是难度较大的控制方法，它需要敏锐的判断力、快速反应的能力以及灵活多变的控制手段。

(3)反馈控制，即根据系统的实施结果，与系统控制目标相比较后，再予以反馈调节。反馈控制要求反馈信息及时、完整、真实。

控制按组织结构划分的类型

1.3.4　按控制组织结构的不同可分为集中控制、分散控制、分级控制

(1)集中控制。即全系统的控制活动由一个集中的控制机构来完成。这种形式的特点是所有的信息(包括内部、外部)都流入控制中心，由控制中心集中加工处理，且所有的控制指令也全部由控制中心统一下达。

(2)分散控制。即控制系统分为若干个分散的、有一定相对独立性的子控制机构，这些机构在各自的范围内各司其责，互不干涉，各自完成自己的目标。当然这些目标是整个系统目标中的分目标。

分散控制的特点与集中控制相反，不同的信息流入不同的控制中心，不同的控制指令由不同的控制中心发出。

(3)分级控制。又称等级控制，即系统的控制中心分解成多层次、分等级的控制体系，一般呈宝塔型，与系统的管理层次相呼应。分级控制的特点是综合了集中控制和分散控制的优点，其控制指令由上往下传越来越详细，反馈信息由下往上传越来越精炼，各层次的监控机构有隶属关系，它们职责分明，分工明确。

2　控制的程序

管理控制的程序一般分为三个步骤:确定控制标准，设立相应的指标体系;衡量成效，测定实际工作并与标准相对照，检查与衡量标准的执行情况;分析并纠正偏差。

2.1　确定控制标准

确定控制标准

控制标准是控制行为实施的依据。控制标准来源于计划，又不同于计划。计划是对实现决策目标的行动方案的总体规划和安排，必须根据计划目标和实施保障的要求，建立起一套科学的控制标准。这些标准是衡量工作成果的规范，是

在一个完整的计划中选出的计量工作成果的“控制点”。

2.1.1 控制标准及其种类

控制标准及其种类

标准是作为一种模式或规范而建立起来的测量单位。它包括两层含义:①标准是测量的一种尺度。人们试图把它作为一种模式或规范。②标准是权威建立起来的,具有权威性。

计划在付诸实施前,计划目标、行动方案都是经论证可行的。计划目标要保证决策目标的实现,计划目标经分解形成一套完整的目标体系,作为衡量和考核目标实施的绩效和成果所建立的指标体系,构成了管理控制标准。在维修企业的这一套标准体系中,包含了应遵循的国家标准、行业标准、地方标准及企业标准等。

控制标准要尽可能简化明了,具体化数字化,容易测定,容易执行。

控制标准在内容上一般包括数量标准(实物数量和货币数量)、质量标准(实物质量和工作质量)、综合标准和时间标准等等。如对一个企业而言,常用的标准有以下几种:①生产力标准,如产品产量、维修台次台数、单位台时定额、单位产品工艺消耗定额等。②效益标准,如单位产品成本、年利润额、总收入等。③时间标准,如生产周期、交货时间、维修工时定额等。④质量标准,如《汽车维护、检测、诊断技术规范》、《汽车大修竣工技术条件》等。⑤消耗指标,如材料消耗定额等。⑥综合标准,如劳动生产率、市场占有率等。⑦行为标准,如员工行为准则等。

2.1.2 关键控制点的选择

选择关键控制点方法

关键控制点亦称战略控制点,是指在经营活动过程中受限制的那些因素,或是对计划的完成更有利的那些因素。选择关键控制点原则是一条较为重要的控制原则,可表述为:有效的控制要求在对照计划衡量绩效时需注意哪些有关键意义的因素。

确定关键控制点的过程也是一个分析决策的过程。它需要对计划内容作全面深入的分析,同时还要充分考虑组织实施过程中的具体情况以及外部环境带来的干扰影响。确定关键点需要有丰富的经验和敏锐的观察力。

只有关键点选准了,控制才会更加有效。一般地关键点都是目标实施过程中的重要部分,它可能是计划实施过程中最容易出偏差的点,或是起制约因素的点,或者是起传承转折作用的点,或变化大的点。管理人员应集中于这些关键控制点来检查绩效,以确保整个运作过程符合计划要求。

如维修企业生产调度的《派工单》传票制度。《派工单》作为从计划到实施的一个控制点，调度员通过《派工单》，将维修项目及维修要求下达给承修车间及承修班组，由承修班组根据《派工单》所列作业内容与作业要求进行维修，专职检验人员也凭此《派工单》进行检验。《派工单》上作业项目、进度和质量要求都很明确，便于维修过程各工序的交接及生产现场的控制。

2.2 成效衡量

成效衡量的定义

成效衡量即是对受控系统的运行（不是最终的）效果作定量或定性的描述。该步骤的内容主要是将实际工作成绩和控制标准相比较，对工作作出客观评价，从中发现二者的偏差，为进一步采取控制措施及时提供全面准确的信息。通过成效衡量可以发现偏差，但不能把衡量工作变得复杂困难，因此衡量成效的精度和频率应适度。

任何工作都处在某一动态的变化环境之中，当某项工作受其内部因素和外部环境影响时，必然会偏离原计划，出现偏差，控制者应及时发现并尽早纠正。

偏差还未出现，但征兆已显露时，应及时采取措施予以补救，以防偏差出现或尽量缩小偏差量。偏差已经出现时，应及时将信息反馈，以便进一步分析原因，采取措施。

2.3 分析偏差并予以纠正

偏差产生、分析及其纠正

偏差是计划实际执行情况与标准间的差异。有三种可能的情况：

（1）实际的结果超出了计划或控制标准，这是正偏差；

（2）实际情况与计划或控制标准基本相符；

（3）实际结果没有达到计划或控制标准的要求，这是负偏差。不管是正偏差还是负偏差，都应仔细地分析产生的原因。如出现正偏差，可能意味着原计划不科学。例如维修业务量超出计划，意味着市场调查与预测不充分，需要调整库存、加强设备维修、加强劳动组织等。

当发现偏差后，应认真分析偏差的程度和产生的原因，然后采取针对性的措施。有些偏差可能反映了计划制定和执行之间的严重问题，有些偏差则可能是一些偶然的、短暂的、区域性的因素引起的，不一定会对最终结果产生重要影响。因此，在采取任何纠正措施之前必须对反映偏差的信息进行评估和分析，判断偏差的严重程度，找出产生偏差的主要原因。

在实施纠偏过程中需要纠正的既可能是企业的实际活动，也可能是组织这些活动的计划或衡量这些活动的标准。当外界环境因素发生变化时，企业的计划和行动准则可能都需要调整。

通常产生偏差的原因及相应的纠偏措施有：

(1)由于实际操作者自身原因产生。例如，工作不负责，不认真，或工作不胜任，能力有限等。可重申规章制度，明确责任，制定激励措施及惩罚条例，或调整人员、加强人员培训等。

(2)由于外部环境发生重大变化，事先没有估计到，以致产生偏差。一些市场因素是不可控制的，管理系统只能采取某些措施，尽量消除不利影响，或改变策略，变换目标，另辟蹊径。

(3)由于计划目标本身不合理产生。有时制定目标时，把目标定得太高，而实际实力不够，根本达不到，如制订了过高的利润目标、市场占有率目标等。应根据自身具体情况，修订目标使之在合理的水平上。

3 有效控制与维修企业生产作业控制

3.1 控制的原理

有效的控制系统必须针对计划要求、组织结构、关键环节和下级主管人员的特点来设计。要使控制工作发挥有效的作用，在建立控制系统时必须遵循一些基本的原理。

(1)反映计划要求原理

控制是实现计划的保证，控制的目的是为了实现计划。因此，计划越是明确、全面、完整，所设计的控制系统越是能反映这样的计划，则控制工作也就越有效。

控制要反映计划要求

每一项计划每一种工作都各有其特点，为实现每一项计划和完成每一种工作所设计的控制系统和所进行的控制工作，尽管基本过程是一样的，但在确定控制标准、控制关键点及重要参数、收集什么信息、如何收集信息，采用何种方法评定成效，以及由谁来控制和采取的纠正措施等方面，都必须按计划的特殊要求和具体情况来设计。例如，质量控制系统和成本控制系统尽管都在同一个生产系统中，但二者之间的设计要求是完全不同的。

(2)组织适宜性原理

一个组织的结构设计越是明确、完整和完善，针对其设计

控制应适宜组织结构

的控制系统越是符合组织机构中各组织职能的要求，就越有助于纠正脱离计划的偏差。例如，成本控制的目标最终要落实到部门和个人，从研发到生产、储存、服务，每一个组织机构都是成本控制系统的的一个子系统，都负有成本控制的责任。

组织适宜性原理的另一层含义是，控制系统必须切合每个主管人员的特点。也就是说，在设计控制系统时，不仅要考虑具体的职务要求，还应考虑到担当该项职务的主管人员的个性。

(3)控制关键点原理

控制关键点原理

控制关键点原理是控制工作的一条重要原理。为了进行有效的控制，需要特别注意在根据各种计划来衡量工作成效时有关键意义的那些因素。对一个主管人员来说，随时注意计划执行情况的每一个细节，通常是浪费时间精力和没有必要的。他们应当也只能够将注意力集中于计划执行中的一些主要影响因素上。事实上控制了关键点也就控制住了全局。

控制工作效率的要求，则从另一方面强调了控制关键点原理的重要性。所谓控制工作效率是指：控制方法如果能够以最低的费用或较低的代价来探查和阐明实际偏离或可能偏离计划的偏差及其原因，那么它就是有效的。

选择关键控制点的能力是管理工作的一种艺术，有效的控制在很大程度上取决于这种能力。一些有效的方法可以帮助在某些控制工作中选择关键点。例如，计划评审技术就是一种在有着多种平行作业的复杂的管理活动网络中，寻找关键活动和关键线路的方法。

(4)控制趋势原理

控制趋势原理

控制的目的是使行为活动达到预期的效果，它的作用在于对未来的影响。因此，对控制全局的主管人员来说，重要的是现状所预示的趋势，而不是现状本身。控制变化的趋势比仅仅改善现状重要得多，也困难得多。趋势往往容易被现象所掩盖，它不易觉察，也不易控制和扭转。

通常，当趋势可以明显地描绘成一条曲线或是可以描述为某种数学模型时，再进行控制就为时已晚了。控制趋势的关键在于从现状中揭示倾向，特别是在趋势刚显露苗头时就敏锐地觉察到。这也是一种管理艺术。

(5)例外原理

例外原理

主管人员越是只注意一些重要的例外偏差，也就是说越是把控制的主要注意力集中在那些超出一般情况的特别好或特别坏的情况，控制工作的效能和效率就越高。

质量控制中广泛地运用例外原理来控制工序质量。工序质量控制的目的是检查生产过程是否稳定。如果影响产品质量的主要因素,例如,原材料、工具、设备、操作工人等无显著变化,那么产品质量也就不会发生很大差异。这时我们可以认为生产过程是稳定的,或者说工序质量处于控制状态中。反之,如果生产过程出现违反规律性的异常状态时,应立即查明原因,采取措施使之恢复稳定。

因此,在实际运用当中,例外原理必须与控制关键点原理相结合。仅仅立足于寻找例外情况是不够的,我们应把注意力集中在关键点的例外情况的控制上。

(6)直接控制原理

直接控制原理

直接控制,是相对于间接控制而言的。一个人,无论他是主管人员还是非主管人员,在工作过程中常常会犯错误,或者往往不能觉察到即将出现的问题。这样,在控制他们的工作时,就只能在出现了偏差后通过分析偏差产生的原因,然后才去追究其个人责任,并使他们在今后的工作中加以改正。这种控制方式,我们称之为"间接控制"。显而易见,这种控制的缺陷是在出现了偏差后才去进行纠正。针对这种缺陷,控制的最直接方式,就是采取措施来尽可能地保证主管人员的质量。因为主管人员对他所负担的职务越能胜任,也就越能在事先觉察出偏离计划的误差,并及时采取措施来预防它们的发生。

3.2 有效控制的基本要求

有效控制应具有整体性

要使控制发挥作用,取得预期成效,设计控制系统时,还要特别注意满足以下要求:

(1)控制应具有整体性

整体性要求具有长远观念。计划目标、控制标准的制定要有长远观念,对影响计划执行甚至企业经营的因素(包括自身因素和外部因素)要有预见性,要能形成企业持续发展的长效机制。

整体性要求具有全局观念。在组织结构中,由于各个部门及其成员都在为完成其个别的或局部的目标而工作,因而许多主管人员在进行控制时,往往从本部门的利益出发,只求如何才能圆满完成或超额完成自己局部的目标而忽视了整体目标的实现。他们忘记了组织的总目标必须靠各部门及其成员协调一致的活动才能实现。应从组织整体的目标出发,使各部门各环节都能服从于组织的总目标。既要明确各部门各子系统控制的性质和范围，又要指明各子系统之间相互作用的影响，把各个局部的控制与整体的控制有机协调起来。

（2）控制要讲求客观性

有效控制要讲求客观性

控制作为一种管理活动，难免有许多主观因素在内。但控制如果失去客观性，不仅达不到控制的目的，还会导致一系列不良后果。如对下属工作的评价不应仅凭主观来决定，在那些不得不靠主观来控制的地方，主管人员或下级的个性将会影响对工作的准确判断。因此，实事求是，一切从实际出发，是有效控制的重要保证。

管理控制的客观性主要表现为控制标准要客观、合理、简单明了，只有这样，才能客观地衡量、评价工作的业绩，才能保证实施有效的控制。特别是那些无法定量的标准，控制主要依靠主管人员的主观评价、检查和监督，若不客观合理地衡量下属的工作业绩，就无法达到控制的目的。

（3）控制要保证适时性

有效控制要保证适时性

有效的控制，要求能对组织活动中产生的偏差迅速发现并及时采取措施加以纠正，由此才能避免偏差的进一步扩大，或防止偏差对组织产生的不利影响扩散。适时纠偏，要求管理人员必须及时掌握能够反映偏差产生及其严重程度的信息。控制的适时性主要表现在两点：

第一，在偏差还未发现之前，就能准确预见，制定对策，防患于未然。预测偏差的产生可通过建立组织运行状况的“预警系统”来实现。例如企业生产中的“质量控制图”就是一个简单的预警系统。

第二，一旦发生偏差，能够迅速发现，及时纠正，不至于积重难返。

（4）控制工作应具有灵活性

有效控制应具有灵活性

控制工作即使在面临着计划发生了变动，出现了未预见到的情况或计划全盘错误的情况下，也应当能发挥它的作用。管理学家孔茨曾经说过：“在某种特殊情况下，一个复杂的管理计划可能失常。控制就应当报告这种失常的情况，它还应当含有足够灵活的要素，以便在出现任何失常情况下，都能保持对运行过程的管理控制。”换言之，如果要使控制工作在计划出现失常或预见不到的变动情况下保持有效性的话，所设计的控制系统就要有灵活性。这就要求在制定计划时，要考虑到各种可能的情况而拟定各种抉择方案。一般说来，灵活的计划有利于灵活的控制。

控制的灵活性的另一层含义是，控制应当从实现组织计

划和目标出发,采用多种灵活形式达到控制的目的。因此,要实行弹性控制,制定能随机应变的控制方式和方法,如弹性预算、跟踪控制等。

(5)控制要注意经济性

有效控制要注意经济性

组织的一切活动都应以较少的费用来取得较多的收益,控制工作也不例外。在管理中究竟把控制工作做到什么程度,要根据费用效益分析来决定。所谓费用效益分析,是指把为进行活动所支出的费用与通过活动取得的收益加以比较,以期效益大于费用。控制并非越全越好,越细越好。

控制对经济性要求虽然简单,但做起来却常常很复杂。一个管理者很难了解哪个控制系统是值得的,它所花费的费用是多少。因此可以说,如果控制技术和方法能够以最小的费用或其他代价来探查和阐明偏离计划的实际原因或潜在原因,那么它就是有效的,因而也是符合经济性要求的。

要实现控制的经济性,首先应根据组织规模的大小、所要控制的问题的重要程度以及控制所能带来的效益等几个方面,来设计详略程度不同的控制系统。其次,所选用的控制技术和控制方法,应该是能够以最少费用就可以检查和阐明工作偏差及其原因。第三,不要追求所谓"全面控制",把着眼点放在组织工作最重要的方面和关键的环节上。

(6)控制工作应有纠正措施

有效控制应有纠正措施

一个正确有效的控制系统除了能揭示哪些环节出了差错,谁应当对此负责外,还应确保能采取适当的纠正措施,否则这个系统就等于名存实亡。应当记住只有通过适当的计划工作、组织工作、人员配备、指导与领导工作等,来纠正那些已显示出的或所发生的偏离计划的情况,才能证明该控制系统是正确的。

3.3 维修企业生产作业控制

汽车维修企业生产部根据业务部门按月或按周下达的《维修合同》或业务承接单编制生产作业计划,内容包括维修车型与台数、维修作业等级和生产进度要求等。以派工调度的方式组织实施作业计划,并及时监督、检查作业计划执行情况,对出现的偏差进行纠正。这就是维修企业生产作业控制或生产调度。

3.3.1 生产作业控制的内容和要求

3.3.1.1 生产作业控制的内容

生产作业控制的内容

(1)检查生产进度,检查生产作业计划完成情况。经常巡视在修车辆的维修进度情况，加强监督生产工艺流程中明显影响生产作业计划的薄弱环节与关键环节。

(2)现场调度各维修班组及维修人员，现场调度维修车辆，协调工艺流程的各环节。

(3)抓好维修配件材料供应及外加工，特别是短线原材料或配件以及外购件、外协件的供应。

(4)做好作业统计核算，如工时统计、配件及原材料耗用统计、维修车辆数及项目统计等，对照生产作业计划检查和分析。

3.3.1.2　生产作业控制的基本要求

生产作业控制的基本要求

(1)计划性。控制必须以生产作业计划为依据，其灵活性必须服从计划的原则性，以确保计划目标的实现。

(2)预防性。合理组织维修作业的工艺流程，采用合理的作业方式和劳动组织，抓好原材料及配件供应，对可能影响生产作业计划的因素进行有效控制。

(3)准确性。调度人员深入生产现场，准确掌握第一手资料，对生产进度实时监督，对计划完成情况做出客观、准确的评价。

(4)生产作业控制要保证维修生产过程的连续性、协调性、均衡性。

3.3.2　作业控制工作制度及调度方式

3.3.2.1　作业控制工作制度

作业控制工作制度

(1)值班制度。应建立调度值班制度，较大规模企业可设中央调度控制台。要经常检查车间、工段作业计划完成情况及各工艺流程环节协调配合情况，检查调度会议决议的执行情况，及时处理生产中发生的问题，填写调度日志。

(2)调度报告制度。把每日值班调度的情况上报，确保信息反馈及时、通畅。

(3)调度会议制度。分定期调度会议和现场调度会议。定期调度会议主要是协调平衡生产，集中解决生产中的关键问题。现场调度会议主要是检查生产作业计划和调度会议决议的落实情况，监督、检查生产技术准备工作，包括调整劳动组织、调整物资供应、调整生产技术和维修设备等。

(4)现场调度制度。

3.3.2.2　调度方式。目前国内维修企业通常采用的生产调度方式有两种：

作业控制调度方式

(1)《派工单》传票制度。调度员通过《派工单》的方式，将维修项目及维修要求下达给承修车间及承修班组(或者将

《派工单》悬于待修车辆上随车移动），由承修班组根据《派工单》所列作业内容与作业要求进行维修，专职检验人员也凭此《派工单》进行检验。《派工单》上作业项目、进度和质量要求都很明确，便于维修过程各工序的交接及生产现场的控制。

（2）《派工单》公示制度。维修车间在接到《派工单》时，将《派工单》所列作业内容与作业要求集中公示于《车间在修车进度表》上，具体内容包括：当前维修车辆的编号、维修类别、派工单号、主要作业项目与附加作业项目、要求完工日期、主修人以及当前所存在的问题等。

4 几种常用的控制方法

4.1 预算控制

预算的定义

预算是所有以货币及其他数量形式反映的有关企业未来一段时间内全部经营活动各项目标的行动计划与相应措施的数量说明。预算控制最清楚地表明了计划与控制的紧密联系。预算是一种综合性极强的控制方法，编制预算对企业业务活动的控制提供了一种标准和手段。

4.1.1 预算的种类

预算的种类

按管理控制的系统性、全局性要求，全面预算管理是能把组织所有关键问题融合于一个体系之中的管理控制方法之一。全面预算管理就是将企业的决策目标及其资源配置以预算的方式加以量化，并使之得以实现的企业内部管理活动或过程的总称。它兼具控制、激励、评价等功能。

全面预算反映的是企业未来某一特定期间（一般不超过一年或一个经营周期）的全部生产、经营活动的财务计划，它以实现企业的目标利润为目的，以销售预测为起点，进而对生产、成本及现金收支等进行预测，并编制预计损益表和预计资产负债表，反映企业在未来期间的财务状况和经营成果。

全面预算具体包括特种决策预算、日常业务预算与财务预算三大类内容。其中特种决策预算最能直接体现决策的结果，它实际是中选方案的进一步规划，如资本支出预算，其编制的依据可追溯到决策之前搜集到的有关资料，只不过预算比决策估算更细致、更精确一些。

日常业务预算是指与企业日常经营活动直接相关的经营业务的各种预算。具体包括销售预算、生产预算、材料消耗及采购预算、工资及其他直接支出预算、制造费用预算、生产成本预算、经营及管理费用预算等。这些预算前后衔接,既有实物量指标,又有价值量和时间量指标。

财务预算作为全面预算体系中的最后环节,可以从价值方面总括地反映经营期决策预算与业务预算的结果,亦称为总预算,其余预算则相应称为辅助预算或分预算。

主要预算内容:

(1)销售预算。根据企业目标利润规划和市场情况编制,用销售额、销售税金、销售成本、销售利润反映。

(2)生产预算。根据销售预算确定销售量,考虑期初、期末存货水平,按单位或总量生产要素消耗量计算,包括材料消耗、直接人工和制造费用等预算。

(3)期间费用预算。根据经营规模、销售水平和负债状况编制,包括管理费用、销售费用和财务费用预算。

(4)营运资金预算。主要反映与企业正常营运有关的短期收入与支出。收入主要包括:现期收入,收回前期应收款项和票据,需筹措的短期资金等。支出主要包括:需支付的材料款、工资、费用、税金、应付款、借款和利息等。

(5)资本预算。反映企业负债、权益的预期变动和增加资本的投向,按筹资及投资两个内容进行可行性分析,并详细反映。

(6)损益分配预算。反映企业在预算期的利润总额及其分配情况,依据企业销售、成本、投资以及营业外收支情况,结合企业收益分配办法编制。

(7)财务状况预算。反映在预算期末,企业有关资产、负债及权益项目的预算执行结果及变动情况,覆盖销售、成本、费用、损益、现金流量、长期投资等财务经营领域。

4.1.2 预算编制方法

传统预算法

(1)传统预算法。传统预算大多采用固定预算方法。固定预算又称静态预算,是指根据预算期内正常的、可实现的某一业务量(如生产量、销售量)水平作为唯一基础来编制预算的方法。固定预算方法的缺点:

①过于机械呆板,因为编制预算的业务量基础是事先假定的某个业务量。

②可比性差,这是该方法的致命缺点。当实际的业务量与编制预算所根据的业务量发生较大差异时,有关预算指标的实际数与预算数就会因业务量基础不同而失去可比性。因此,按照固定预算方法编制的预算不利于正确地控制、考核和评价企业预算的执行情况。

固定预算只能适用于那些业务量较为稳定的企业或非营利组织编制预算。

弹性预算法

(2)弹性预算法。弹性预算是为克服固定预算的缺点而设计的,又称变动预算或滑动预算。它是指在成本习性分析的基础上,以业务量、成本和利润之间的关系为依据,按照预算期可预见的各种业务量水平,编制能够适应多种情况预算的方法。

编制弹性预算所依据的业务量可以是产量、销售量、直接人工工时、机器工时、材料消耗量和直接人工工资等。

弹性预算与固定预算相比,具有如下两个显著的优点:

①预算范围宽。弹性预算能够反映预算期内与一定相关范围内的可预见的多种业务量水平相对应的不同预算额,从而扩大了预算的适用范围,便于预算指标的调整。

②可比性强。在预算期实际业务量与计划业务量不一致的情况下,可以将实际指标与实际业务量相应的预算额进行对比,从而能够使预算执行情况的评价与考核建立在更加客观和可比的基础上,便于更好地发挥预算的控制作用。

由于未来业务量的变动会影响到成本、利润等各个方面,因此,弹性预算从理论上讲,适用于编制全面预算中所有与业务量有关的各种预算。但从实用角度看,主要用于编制弹性成本费用预算和弹性利润预算等。

弹性预算具体可用列表法、图示法、公式法。

零基预算法

(3)零基预算法。零基预算的方法全称为“以零为基础编制计划和预算的方法”,简称零基预算。它是指在编制成本费用预算时,不考虑以往会计期间所发生的费用项目或费用数额,而是以所有的预算支出均为零为出发点,一切从实际需要与可能出发,逐项审议预算期内各项费用的内容及开支标准是否合理,在综合平衡的基础上编制费用预算的一种方法。零基预算法的基本原理是:在每个预算年度开始时,将所有过去进行的管理活动都看作是重新开始,所有的预算支出均以零为基础。根据组织目标重新审查每项活动对实现组织目标的意义和效果,并在成本——效益分析的基础上重新排出各项管理活动的先后次序,再依据重新排出的先后次序,分配资金和其他各种资源。

在实施零基预算法时应注意以下几个方面的问题:

①负责最后审批预算的主要领导人员必须亲自参加对活动和项目的评价过程,使他真正清楚该项预算的由来,以及判断它是否合理。

②在对各项管理活动和具体项目进行评价和编制预算的过程中，要求所涉及的重要管理人员必须对组织有透彻的了解和理解。

③在编制预算时，资金按重新排出的优先次序进行分配，应尽可能地满足排在前面活动的需要。如果资金有限，在分配到最后时，对于那些可进行但不是必须要进行的活动和项目，最好将这些活动和项目暂时放弃。

由此可见，零基预算法的精髓在于把管理控制的重点从传统的现场控制和反馈控制转向了预先控制，它强调“做正确的事”，而不是“正确地做事”。突出了组织目标对全部管理活动的指导作用以及计划职能与控制职能间的联系，以求更集中和更有效地使用资源，使组织目标的实现收到事半功倍的效果。

零基预算的程序：

零基预算的程序

①动员与讨论。即动员企业内部所有部门，在充分讨论的基础上提出本部门在预算期内应发生的费用项目，并确定其预算数额。

②划分不可避免项目和可避免项目。即将全部费用划分为不可避免项目和可避免项目，前者是指在预算期内必须发生的费用项目，后者是指在预算期内通过采取措施可以不发生的费用项目。在预算编制过程中，对不可避免项目必须保证资金供应；对可避免项目则需要进行成本——效益分析，按照各项目开支必要性的大小确定各项费用预算的优先顺序。

③划分不可延缓项目和可延缓项目。即将纳入预算的各项费用进一步划分为不可延缓项目和可延缓项目，前者是指必然在预算期内足额支付的费用项目，后者是指可以在预算期内分期支付或延缓支付的费用项目。在编制预算的过程中，应优先保证满足不可延缓项目的开支，然后再根据需要和可能，按照项目的轻重缓急确定可延缓项目的开支标准。

零基预算的优点是：

零基预算的优点

①不受现有费用项目限制。这种方法可以促使企业合理有效地进行资源分配，将有限的资金用在刀刃上。

②能够调动各方面降低费用的积极性。这种方法可以充分发挥各级管理人员的积极性、主动性和创造性，促进各预算部门精打细算，量力而行，合理使用资金，提高资金的利用效果。

③有助于企业未来发展。由于这种方法以零为出发点，

对一切费用一视同仁，有利于企业面向未来考虑预算问题。

零基预算的缺点在于这种方法一切从零出发，在编制费用预算时需要完成大量的基础工作，如历史资料分析、市场状况分析、现有资金使用分析和投入产出分析等等，这势必带来浩繁的工作量，搞不好会顾此失彼，难以突出重点，而且也需要比较长的编制时间。

此法特别适用于产出较难辨认的服务性部门费用预算的编制。

4.2 目标管理

目标管理的提出

目标管理是美国著名管理学家德鲁克的首创。1954年，他在《管理实践》一书中，首先提出“目标管理与自我控制”的主张。德鲁克认为，并不是有了工作才有目标，而是相反，有了目标才能确定每个人的工作。所以“企业的使命和任务，必须转化为目标”，如果一个领域没有目标，这个领域的工作必然被忽视。因此管理者应该通过目标对下级进行管理，当高层管理者确定了组织目标后，必须对其进行有效分解，转变成各部门以及各个人的分目标，管理者根据分目标的完成情况对下级进行考核、评价和奖惩。

如果没有方向一致的分目标指示每个人的工作，则企业的规模越大，人员越多，专业分工越细，发生冲突和浪费的可能性就越大。企业每个管理人员和工人的分目标就是企业总目标对他的要求，同时也是员工对企业总目标的贡献。只有完成每一个分目标，企业总目标才有完成的希望。而分目标又是各级领导人员对下属人员进行考核的主要依据。

目标管理是以相信人的积极性和能力为基础的。企业各级领导者对下属人员的领导，不是简单地依靠行政命令强迫他们去干，而是运用激励理论，引导职工自己制定工作目标，自主进行自我控制，自觉采取措施完成目标，自动进行自我评价。目标管理的最大优点在于它能使人们用自我控制的管理来代替受他人支配的管理，激发员工的生产潜能，提高员工的效率来促进企业总体目标的实现。

4.2.1 目标管理的概念

目标管理的概念

目标管理是指组织的最高领导层根据组织面临的形势和社会需要，制定出一定时期内组织经营活动所需达到的总目标，然后层层落实，要求下属各部门主管人员以至于每个职工根据上级制定的目标，分别制定目标和保证措施，形成一个目标体系，并把目标的完成情况作为各部门或个人考核的依据。目标具有以下特征：

(1)目标是分层次、分等级的；

(2)各级、各类目标要构成一个目标体系；

(3)目标具有多样性。

4.2.2　目标管理的特点

优点：

目标管理的特点

(1)权力责任明确。目标管理通过自上而下或自下而上层层制定目标,在企业内部建立起纵横联结的完整的目标体系,把企业中各部门、各类人员都严密地组织在目标体系之中,明确职责、划清关系,使每个员工了解自己的工作价值,激发大家关心企业目标的热情。

(2)强调职工参与。目标管理非常重视上下级之间的协商、共同讨论和意见交流。由于目标管理吸收了企业全体人员参与实施的全过程,尊重职工的个人意志和愿望,充分发挥职工的自主性,实行自我控制,改变了由上而下摊派工作任务的传统做法,调动了职工的主动性、积极性和创造性。

(3)注重结果。目标管理所追求的目标,就是企业和每个职工在一定时期应该达到的工作成果。目标管理不以行动表现为满足,而以实际成果为目的。工作成果对目标管理来说,既是评定目标完成程度的根据,又是奖评和人事考核的主要依据。

缺点：

(1)过多注重结果可能导致忽略过程的控制,不利于过程的优化和效率的持续提高。

(2)适当的目标不易确定,有些定性目标难于定量化。使得基于目标的绩效评价失去客观性,对员工的能动性带来负面影响。

目标管理可能看起来简单,但要把它付诸实施,管理者必须对它很好的领会和理解。首先,管理者必须对目标管理有积极的、深刻的认识,如果管理者本身不能很好地理解和掌握目标管理的原理,那么,由他来组织实施目标管理也是一件不可能的事。其次,管理者必须知道企业的目标是什么,以及他们自己的活动怎样适应这些目标。第三,目标管理所设置的目标必须是正确的、合理的。所谓正确,是指目标的设定应符合企业的长远利益。所谓合理是指设置目标的数量和标准应当是科学的,因为过于强调工作成果会给人的行为带来压力,导致不择手段的行为产生。第四,所设目标无论在数量或质量方面都具备可考核性,这是目标管理成功的关键。如果目标管理不可考核，就无益于对管理工作或工作效果的评价。

正因为目标管理对管理者的要求相对较高，且在目标的设定中总是存在这样、那样的问题，使得目标管理在付诸实施的过程中，往往流于形式，在实践过程中有很大的局限性。

4.3 全面质量管理控制

全面质量管理的控制

全面质量管理是企业为保证和提高产品质量，综合运用一整套质量管理体系、手段和方法所进行的系统控制活动。其指导思想是质量第一、用户至上、一切以数据说话。它的特点就是全面、全员、全过程的“三全”管理，对质量的理解不仅仅是产品、服务质量，还包括工程质量、工作质量，把从设计、制造、使用、服务等全过程都纳入质量控制的范畴，全员参与管理。相关内容前已学习，此不赘述。

4.4 计划评审技术

计划评审技术

计划评审技术能帮助管理人员在众多的有着时间顺序联系的单个活动中，找到对整个计划的按期或在最短时间内完成有重大影响的关键活动，确定各项活动在时间上的顺序安排以及它们的机动时间，组织并行作业，并以关键活动控制工程进度和工期。计划评审技术作为一套完整的工具，将可变的时间、资源及技术等因素，纳入计划、执行、监督、考核的统一管理之内，可以明确表明各活动之间的相互关系，合理的进行资源分配，提高管理效率。

1. 什么是控制？如何理解管理控制职能？
2. 控制有哪些类型？举例说明预先控制、同步控制和反馈控制。
3. 简述控制的程序。
4. 简述有效控制的基本要求。
5. 简述维修企业生产作业控制的内容及基本要求？
6. 根据你的认识，以一实例来说明关键控制点的确定。
7. 谈谈你对目标管理的认识。

有关系统论、控制论、信息论和控制的基本原理等内容，可参阅《现代管理基本理论和方法》，张绍学等著，四川大学出版社，1999 年版；《管理学原理》，吴照云主编，经济管理出版社，2001 年版

影像柯达

1877 年，一位银行职员外出旅行，他带着使用湿板的照相器材，装满了一马车，他为此很生气，开始积极研究把湿板变为干板，之后他制造出了小型照相机，与胶卷一起出售，同时开始冲洗显像服务。这位使照相机风行世界的发明家，就是美国柯达公司的创始人乔治·伊斯特曼。

从柯达创立至今，一个世纪过去了。在照相技术上，这家公司一直走在前面，即使就第二次世界大战之后的摄影历史来看，柯达在彩色、黑白胶卷方面，都是遥遥领先。还有，从人类首次成功登上月球的阿波罗计划开始，有关美国开发太空的记录，没有柯达产品是无法想象的。

从创立那一天起，柯达便坚持“创造好产品”这一方针。

公司的决策开始下放给较低层，新产品上市的速度也快多了。为了适应开发创新的需要，1985 年，柯达把组织形态改为营业线结构，以适应国际市场各种不同的需求，以及全球各地互异的生产方式。柯达的每一条营业线，都是一个独立的组织。负责某项产品的研究开发、生产、行销等业务。另外，营业线也必须为自己的决策以及成败负责。

营业线的建立，使该公司向质量管理国际化迈进一大步，而营业线的实质意义是赋予各个营业线经理决策权，以快速反映市场变化。

柯达各部门的研究开发负责人成立专家小组，试图通过协调，寻求一项产品开发最有效、最快速的办法。小组成员首先比较柯达与其他公司产品开发有何不同，再检讨柯达最近3项新产品的开发过程，以确认柯达产品开发的优劣点；然后专案小组开始扩大规模，行销与生产部门一起加入研讨。

柯达在加速开发新产品中，其成功所在：

(1)根据市场需求，将产品功能明确化。将无形的市场信息，归结出产品可具备的功能，是一件困难的工作，但却也是增加企业竞争力的关键所在。不过，收集方法必须正确，否则，不但会导致开发出来的产品无人问津，更浪费公司宝贵的资源。柯达为了确保市场信息的正确，特别订立了一套作业流程，包括收集市场信息、消化信息，直到用之以开发产品。

(2)将产品开发过程明确化。专题小组制订一套产品开发作业系统，不但详细列出各项开发步骤，同时详列检查步骤，以确保开发工作顺利进行。这套产品开发作业系统，适用于柯达每条营业线、部门，而这套系统被定名为“制造能力确保系统。”

(3)以专题管理的方式，成立专题小组，从事各项产品的开发工作。柯达认为任何一项产品的开发，都必须先成立专题小组。而专题小组的成员则包括研究开发、生产、行销等部门的有关人员。不过，小组的成员与组长，将随着产品开发工作的进行而有所改变。

(4)鼓励在各部门间流通。通过加薪与奖金的方式鼓励在公司内部转换工作，以确保各部门的活力，并充分运用人力资源。

(5)合理规划工作流程，提高设备利用率，缩短产品生产周期。柯达在刚开始成立营业线时，授权各营业线自行购买所需设备，结果设备重复的情况层出不穷。现在柯达要求各营业线共同使用部分设备，而营业线应确保自己使用设备的时间与其他营业线不产生冲突，这样就必须事先规划整个工作流程并利用等待设备的空闲时间训练职工，或从事新产品测试工作。

(6)建立小量生产的生产线。柯达的开发工作接近尾声时，事先小量生产，以测试市场反应，作为改良的依据。尽管建立小量生产的生产线，必须花下大笔投资，不过却可以免除暂停一条生产线的浪费。

这几条措施使柯达的新产品开发适度加快，从而占据了有利竞争位置。

评点:生产作业管理是企业对设备、流程、人员等进行规划、设计、指挥与控制,以便将原材料和能源转化为产品,生产作业活动还涉及到以服务和以资源为基础的产业群。美国柯达公司在生产作业方面最值得借鉴的一点就是新产品(符合市场需要)的开发速度快,而且随时把市场反馈回来的对产品功能要求的信息融进新产品,把市场需求作为产品开发、生产管理,甚至是作业流程控制的关键点。这一成功做法正是柯达公司在生产作业管理方面的独到之处。

案例思考:你对控制关键点的确定有何看法?

单元六 创 新

学习目标

1. 正确描述创新的概念及类型。
2. 简单叙述创新的作用。
3. 正确描述创新过程的一般特点和阶段。
4. 正确描述维修企业的创新组织形式、维修企业的创新原则。
5. 会分析并培养初步的创新意识。
6. 能够进行初步创新过程设计。

创新是一个民族进步的灵魂,创新是一个国家兴旺发达的不竭动力,创新也是管理的一个重要职能。创新在国家经济发展和企业竞争中的作用已越来越为人们所重视。

1 管理的创新职能

基于创新过程的过程复杂性,我们通常将创新过程的管理称为创新管理,它与管理的传统职能一样,对组织的发展起着关键的作用。著名学者熊彼特说:"企业家精神的真谛就是创新,创新是一种管理职能"。

1.1 创新及其作用

1.1.1 创新的概念

创新是一个将机会转变成新创意,并将这些创意转化成广泛实践应用的过程。从企业管理的角度而言,创新就是从一种新思想的产生到研究、发展、试制、生产制造并实现首次商业化的过程。 创新的概念

1.1.2 创新的作用

从宏观层面而言,一国经济活动中只有创新活动空前活跃,该国经济才能迅速发展。世界经济论坛的《国际竞争报告》认为,20 世纪 90 年代以来,发达国家提升竞争力的途径,已经全面转向依靠科技创新。因而,当今无论发达国家还是 创新的作用

发展中国家均把技术创新视为经济发展的主要源泉。创新对于世界经济社会的发展具有巨大的推动作用。

创新对企业的作用主要体现在两个方面：

(1)作为企业成长的关键因素。面对科学技术的突飞猛进和经济全球化的大环境，企业很难再以传统的方式获得超常规的增长，而创新则成为了企业实现这一增长和获利的关键驱动力，是促进企业成长和获取竞争优势的关键因素。研究发现，最具创新性和最不创新的公司之间存在显著的业绩差异。当前，无论从收入提高还是股东回报的角度看，新产品或服务比例是衡量企业成功的关键指标。因此，具有较强的创新性的企业往往通过不断推出新产品和服务使自己与其他企业拉开距离，从而实现高增长。

(2)作为企业竞争优势的主要来源。创新的贡献主要体现在以下方面：①新产品能帮助企业占领和保持市场份额，提高企业在市场上的赢利能力。②成熟的产品单纯依靠价格优势无法在市场中实现销售额增长，很多非价格因数却在这一过程中起作非常重要的作用，如设计、产品定制及质量等。加之当前产品的生命周期日益缩短，因而经常用更好的创意替代原有产品的能力显得越来越重要。③不断变化的市场环境使得新产品开发成为对企业至关重要的一种能力。④工艺创新也起到了重要的战略性作用。如制造或提供独一无二的产品或服务，或者以比其他企业更为经济有效的方式制造产品或提供服务，都有可能形成企业的竞争优势。

1.2 创新的内容及过程

1.2.1 创新的内容

创新的内容

美国经济学家约瑟夫·熊彼特将企业创新内容的组合概括为以下五种形式：①引入新的产品或提供产品的新服务；②采用新的生产方法、新的工艺过程；③开辟新的市场；④开拓并利用原材料或半制成品新的供给来源；⑤采用新的组织方法。

1.2.2 创新与其他概念的区别

创新与其他概念的区别

创新与我们已熟知的研究、发明、技术改造等概念不同，其区别如表6-1所示。

1.2.3 创新的类型

创新的类型及划分

划分创新类型的方式比较多，一般而言，主要从以下三个维度进行划分：变革的对象、变革的感知范围和变革的效果。

创新与其他概念的区别　　表6-1

概念名称	简要定义	与创新的区别
发明	首次提出新概念、新思想、新原理	缺少大量生产与市场化的活动
基础研究	认识世界,为推动科技进步而进行的探索性活动,没有特定的商业目的	缺乏深入的试制、生产与市场化活动
应用研究	为增加科技知识并为某一特定的目标而进行的系统性创造活动	与生产市场化联系不足
发展	运用基础研究与应用研究的知识来开发新材料、新产品、新装置	仍未考虑市场化的工作
技术引进	引进新设备、新技术、人才,提高生产与市场能力	能否进入市场不能保证
技术改造	主要是对生产设备进行系统或部分的更新	可以完善生产能力,但能否市场化尚不得知
技术变革	严格意义上是从发明到技术扩散的全过程	比创新的过程更长,现实中操作较难
技术进步	若干年内创新的累积与综合性过程	对创新的后期总结

(1)从变革的对象上划分

创新分为产品创新和工艺创新。所谓产品创新是指企业提供某种新产品或新服务,而工艺创新则是指企业生产和传输产品和服务的新方式。一款新型汽车、一种针对弱势群体的新保险政策都是产品创新的例子。而在汽车的生产过程中所使用的新型生产方法和设备,或者与保险政策相关的新的办公程序和处理过程,则是工艺创新的例子。当然,这种划分的界限不是绝对的。一种新型轿车的推出,常常既是一种产品创新,又是一种工艺创新的结果。同时,我们还应注意到,改变人们对原有产品和工艺的感知也是一种创新。

(2)从变革的感知范围上划分

创新分为渐进式创新和激进式创新。在汽车行业中,推出新车型和推出新概念车,二者有着明显的不同,因为后者有可能涉及新型的电子发动机以及不同于钢铁和玻璃的新型合成材料等。从渐进式的改良到激进式的改革的过程中,创新的程度是不同的。激进式的改革会改变我们认识和运用这些变革的方式,这些变革的方式属于常规变革只对特定领域产生影响，但有时这些变革又显得非常剧烈，如蒸汽机在第一次工业革命中扮演的角色。

(3)从变革的效果上划分。

创新分为A、B、C、D四类。A类创新指形成新的市场或行业的创新。如无纺纤维的实际应用产生时，用户还没有产生该产品的需求。B类创新指改变竞争的基础创新。在现有的产品领域中创造一个新的竞争地位或者将现有领域再次细化，在符合用户需求之前，B类创新突破就可能已经在研究实验室中发生。C类创新指延长产品的生命周期的创新。如美国矿业制造公司(简称3M公司)将报事贴制成不同颜色，不同形状，从而扩大了产品的市场，延长了产品的生命周期。D类创新指用户需求的复杂整合的创新。寻求用户表现出来的和没有表现出来的需求，并与直接的用户研究相结合，进行产品原型修改。

1.2.4　创新的过程

创新的过程

在实践过程中，创新是由市场和技术相互作用形成的。这种作用是创新过程中的关键因素，有时候"市场推动力"占优，有时候又是"技术拉动力"占主导地位。成功的创新往往是在这两者相互作用下进行的。如图6-1所示。

1.2.4.1　创新过程的特点

创新过程具有的特点

创新是一个非常复杂的过程，涉及到对多种不同活动的有效管理。已有的管理职能并不能完全有效地解决创新过程中出现的问题。因此，我们通常将创新过程的管理称为创新管理，它与管理的传统职能一样，对组织的发展起着关键的作用。一般而言，任何企业的创新过程都具有以下特点：

(1)运用SWOT法(即优势、弱点、机会、威胁分析法)审视企业内部和外部的环境，处理由变革带来的标识威胁和机会的相关信号。

(2)以企业的发展战略为基础，决定企业应该对哪些信号做出反应。

(3)获得企业做出反应所必须的资源(通过研发活动创造新资源、通过技术转移从其他地方获得资源等)。

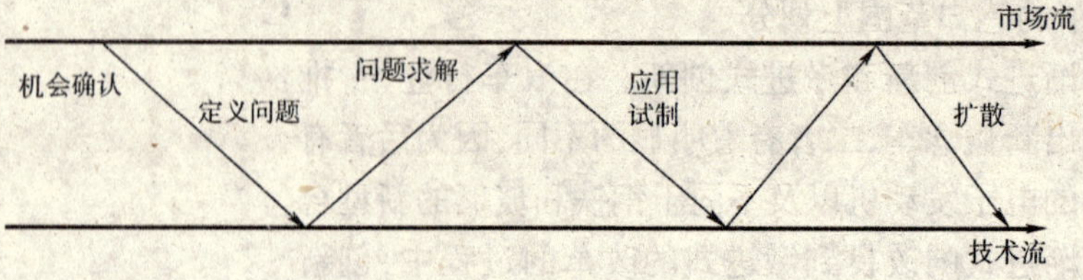

图6-1　创新的过程

(4)实施该项目,并对信号做出有效的反应(开发技术以及内部和外部市场)。

1.2.4.2 创新过程的阶段

创新过程一般可分为三个阶段,如图6-2所示:

创新过程的三个阶段

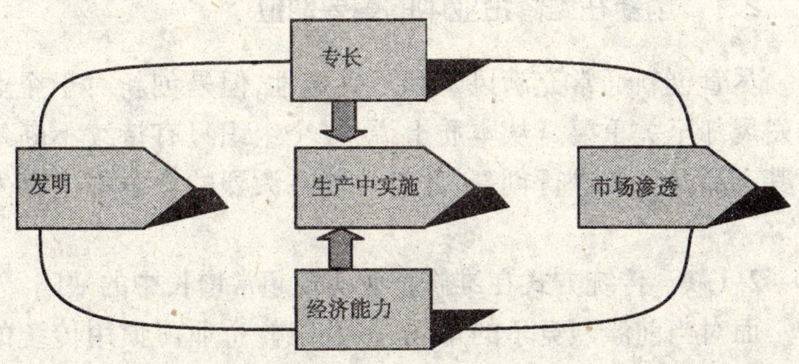

图6-2 创新的三阶段过程

(1)发明阶段,即获得设想。

(2)实施阶段,即将设想在企业内进行转化。

(3)市场渗透阶段,即将设想转化成为发明创造(产品或新技术)推向市场。

成功的创新包含大量的反馈过程:一方面,要获得技术、占领市场和赢得顾客,形成企业的专长;另一方面,还需要良好的经济基础。一个企业良好的创新能力的形成意味着对创新反馈过程的准确把握。

1.2.5 创新管理在当前企业中的困惑与现实

创新管理在当前企业中的困惑与现实

创新是企业实现新增长的关键因素,也是企业获取竞争优势的有力手段。但创新常常与高失败率、高智力、高投入以及高度组织相伴随。如万向集团在对油封的一次改进,出错损失达20万元左右,经过多次改进,耗资400万元方才成功。在其减振器的开发过程中,大的改图达6次(将整套图纸换掉),小的改进则不计其数。

一般情况下,大多数企业进行创新时都趋向于采取将渐进型创新和基础型创新结合在一起的组合型创新。这种方式在理论上很完整,但在实践中却常常难以实现。大多数企业,创新仍然局限于特定的部门内,如研发或营销。当今的顾客需要的是企业用更高明的手段解决他们的问题,他们需要富有意义的选择,能产生实际价值的新解决方案,但由于企业中无人为创新负责,也缺乏明确的创新目标,导致创新倾向于不愿冒风险的渐进式的创新,致使他们常常失望。

2 创新——企业进步的灵魂

2.1 创新在维修企业中的重要地位

尽管创新通常充满风险和不确定性,但是创新对于企业的发展却至关重要。从本质上说,一个组织只有持续不断地对其产品及工艺进行创新,才有可能在激烈的竞争中生存发展。

2.1.1 传统方式在维修企业实现超常增长中的缺陷

传统方式实现企业超常增长的缺陷

面对当前激烈竞争的市场,多数维修企业习惯用传统的方式实现超常的增长目的,但往往却难以成功。通常,传统的方式包括:加强营销和销售,行业的自然增长率,消减成本,提高生产效率,传统的新产品与服务渠道并购等。

然而,传统的方式却无法弥补增长鸿沟。在加强营销方面,尽管广告攻势可以一定程度提高销售额、市场份额,但营销最终无法提高顾客维修的频度。在依靠行业的自然增长率方面,由于产品从高速增长到饱和的周期越来越短,因此难以指望靠本行业的自然增长率来促进自己的增长。在消减成本、提高生产效率方面的做法对维修企业的增长是最基本的,但无法使维修企业获取超群的收入。服务渠道在加强新产品方面,传统的渠道擅长原有产品的线性拓展和改进,虽然偶尔会产生有价值的新产品或服务,但大多数情况下不能带来突破性的重大增长。在并购方面,常面临风险性,如不同文化的兼容性、说服股东、避免管理精力的流失等。

2.1.2 建立创新型维修企业是未来维修企业成长的方向

创新型维修企业是未来的成长方向

可以预测,在21世纪,变化将成为日常行为。体制改革进一步深化,政府行为趋于规范化,规则国际化、维修企业民营化成为必然趋势。竞争将全面展开,优胜劣汰机制真正建立,维修企业发展取决于自身努力。维修企业信息化、网络化成为必然趋势。有形的产品只会不断贬值,无形的智能和稀缺的资源将会不断增值。再生工程、学习型组织、顾客满意学、知识管理理论成为企业管理的主要理论。

创新将全球化并且成为时代的主题,建立创新型维修企业是未来维修业发展的方向,维修企业的成长也将从传统的效率型企业经由质量型企业、灵活型企业并逐步过渡到创新型企业。如图6-3所示:

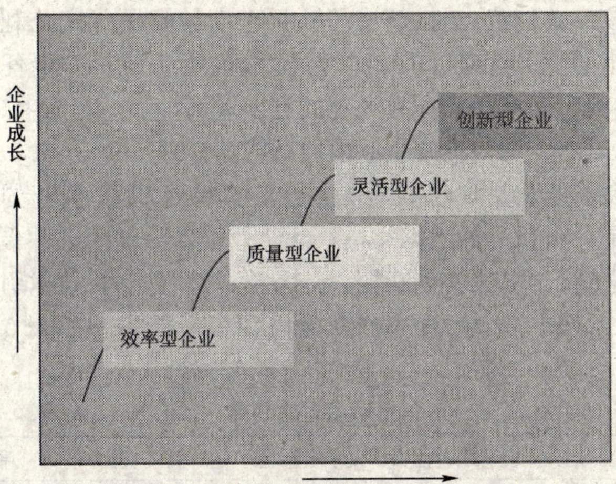

图 6-3 维修企业成长的趋势

2.2 创新与现代维修企业管理

2.2.1 现代维修企业创新的组织形式

2.2.1.1 线性组织模式

线性组织模式

遵循步步为营、循序渐进的思想,等同于职能制的组织形式。其部门间相对独立,存在着前后相联的逻辑关系,共同组成产品创新活动系统。该模式的优点是:简单明了、专业分工明确。但随着市场竞争的日趋激烈,该模式的弊端也日益明显,过长的开发周期难以适应产品开发的新需求。

2.2.1.2 并行和交叉组织模式

并行和交叉组织模式

该模式要求产品开发人员从设计一开始就考虑到产品整个生命周期中从概念形成到产品报废处理的所有因素,如质量、成本、进度计划和用户要求等。该模式的优点是:能及时交流信息,共同解决问题,使产品开发时间缩短,并改善质量和成本。但对不同产品开发人员的沟通和合作要求较高,协调难度较大。

2.2.1.3 小组制组织模式

小组制组织模式

该模式的主要特征是涉及创新的主要人员,如研究与发展人员、生产人员、营销人员等在一个小组中工作,由一个素质好的项目经理管理从设想的产生直到推动其进入市场的全过程。该模式的优点是:可以加快创新的速度,以应付变化迅速的市场。但会影响小组成员在专业知识上的获取,从而导致创新的后劲不足。

2.2.1.4 矩阵组织模式

矩阵组织模式

该模式的优点是:解决了项目进度的问题并充分利用了专业组的业务优势。但其职责不明确,组织成员常责任心不强,协调职能经理和项目经理的难度较大。

2.2.2 现代维修企业的创新能力管理

现代维修企业创新能力管理

创新能力是现代维修企业创新的基础,提高企业的创新能力是一项长远的战略举措。从企业创新活动的五种最主要形式来划分,一般的创新能力分为技术检测能力、技术引进能力、技术吸收能力、技术创新能力和核心能力。如表6-2所示:

创新能力的分类 表6-2

技术检测能力	技术引进能力	技术吸收能力	技术创新能力	核心能力
企业追踪、观测、寻求和选取外部先进技术信息和知识的能力	将外部技术知识经过选择、评价和谈判引进企业内部的能力	将引进的外部技术和知识经过应用整合到企业内部知识体系的能力	将内外部知识激活,进行整合与创造的能力	企业形成的独特、难以模仿的创新能力

企业创新能力的培养可以从知识的学习和采用合适的技术能力积累两条途径进行。

2.2.3 维修企业创新的原则

维修企业创新的原则

结合当今世界绩优公司的具体实践,我们总结维修企业创新致胜的五大原则如下:

(1)创新必须作为一项修炼

创新必须作为一项修炼意味着首先区分创造力与创新。创造力产生新创意,而创新则使新创意带来或高或低的商业价值。不少维修企业采用了头脑风暴训练等方式,力图促进员工的创造力。这些训练课程尽管很有趣,但没有产生实际商业效果。原因在于这些维修企业的创新不是一项修炼。创新型维修企业意识到:创新修炼虽然严格但对于产生更高的创新成功率以及为顾客和维修企业带来更大价值来说是必要的。员工的技能、知识、承诺以及创新能力是唯一能将他们与竞争者区分开来的因素。将创新视为一项修炼涉及:使人们了解如何思考他们的创意,以及哪些与组织的经营目标相一致。

(2)创新必须具有综合性

创新不能仅仅局限于单一部门或某一群精英分子,创新更不能游离于组织体制之外孤立进行。创新必须深入到组织中每一角落,包含新产品、服务、流程、战略、商业模型、分销渠道、市场等。创新必须成为整个组织的有机的一部分。创新的综合性意味着它成为每一组织单位和职能部门的运作方式与责任，包括采购、运作、财务、人力资源、新产品开发、营销等。

(3)创新必须有组织地、系统地、持续地寻找新机会

现实中有的创新来自于偶然，但绝大多数创新来源于精心的准备和执著的追求。荷兰皇家石油通过一个创新计划建立了遍布全球的工程师、研究人员、管理者和个体的网络，他们到处寻找突变点，寻找那些可以采用新技术加以切入现有产业的点，有规律地寻找新机会。

(4)创新必须涉及组织所有人的参与

当前多数组织的创意大多自上而下，而不是自下而上的。很多维修企业不仅不期望员工创新，而且实际上也不希望员工思考。一项调查显示：接近2/3的维修企业的员工表示他们的脑力有一多半没有得到充分利用。70%多的受调查者把自己的维修企业比作速度慢腾腾的卡车，抱怨员工没有决策权，缺少培训和报酬。总部在伦敦的Virgin Bride集团的一位女空姐由于不满自己婚礼的筹备方式，意识到为那些忙人提供一站式的婚典筹备服务是一个好的商业机会，于是在公司的会议上提出了这一创意，结果现在她成为该公司的新CEO。当前，西门子和EDS等已经建立起全球创意网络和复杂的局域网来丰富组织寻找新机会的途径。

(5)创新必须以顾客为中心

创新型维修企业强调以顾客为中心，他们知道顾客需求是多变、反复无常，甚至古怪的，常常难以预测，但这并不影响他们努力去满足顾客需求。因为他们知道：为顾客创造价值是成功的唯一途径。由于当今的顾客更精明，可以通过网络了解更多的信息并对多样化的产品和服务进行比较和对比，创新的修炼意味着学会以新的方式倾听顾客和潜在顾客的需求；意味着邀请顾客参与从有潜在价值的新概念的设计到应用的整个过程。

1. 如何区别创新与相关概念？
2. 创新的类型有哪些？

3. 为什么传统方式难以给维修企业实现超常的增长？

4. 试述维修企业的各种创新组织形式有何优缺点？

5. 试述创新中需要注意的主要原则有哪些？

6. 试编写一个简单的创新案例。

SWOT 分析法：

SWOT 分析法又称为态势分析法，它是由旧金山大学的管理学教授于20世纪80年代初提出来的，SWOT四个英文字母分别代表："优势"（strengths）、"弱势"（weaknesses）、"机会"（opportunities）和"威胁"（threats）的第一个英文字母的缩写。

SWOT 分析是一种对企业的优势、劣势、机会和威胁的分析，在分析时，应把所有的内部因素（包括企业的优势和劣势）都集中在一起，然后用外部的力量来对这些因素进行评估。这些外部力量（包括机会和威胁），它们是由于竞争力量或企业环境中的趋势所造成的。这些因素的平衡决定了企业应做什么以及什么时候去做。可按以下步骤完成这个SWOT分析表：

（1）把识别出的所有优势分成两组，分组的时候应以下面的原则为基础：看看它们是与行业中潜在的机会有关，还是与潜在的威胁有关。

（2）用同样的方法把所有劣势分成两组。一组与机会有关，另一组与威胁有关。

（3）建构一个表格，分成四个区域。

（4）把公司的优势和劣势与机会或威胁配对，分别放在每个格子中，各区域的应对策略如图6-4所示。

外部因素 \ 内部因素	优势	劣势
机会	1区域 利用	2区域 改进
威胁	4区域 监视	3区域 消除

图6-4　SWOT分析图

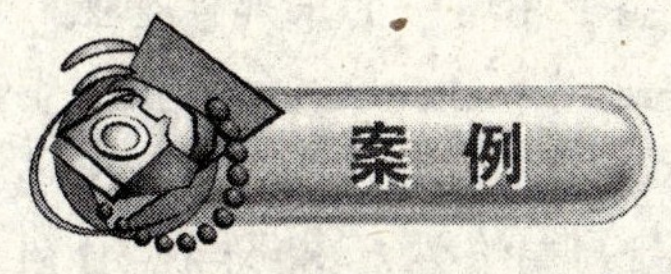

汽车企业的技术创新:万向集团

浙江万向集团1969年创建之初,只是一家“小铁匠铺”,掌握简单的实用技术。到1979年,企业初具规模,但资金力量和技术力量的不足,迫使万向改变战略,集中力量搞专业化模仿进口产品,进行再改良。通过设备更新和改造提高万向节产品的质量。1990年末,组建了浙江省万向机电集团公司,企业发展进入新阶段,形成以万向节为主业,相关多元化发展的技术战略导向。

90年代末,在技术进步方面的战术指导思想演变为“四高”和“三淘汰”(高起点投入、高精尖设备、高层次人才、高档次产品,淘汰落后的设备、落后的产品和落后的人员)。继而,万向采取了一系列的创新策略:如努力营造良好的技术创新平台;重视基础管理工作;促使产品创新与工艺创新协同发展;积极引进外部智力,推动企业技术创新;强调用户在参与技术创新中的作用;逐步探索万向的技术创新组织体系的发展;组建以技术中心为核心的技术创新组织保障体系;采取促进技术创新的系列激励机制。“九五”期间,万向集团取得了一系列的科技成果。Delphi项目:与美国汽车底盘和转向系统公司合作,主要产品为第三代汽车轮毂单元。Ford项目:与福特公司合作,包括花键轴和焊接叉两个系列产品,花键轴项目的成功使得万向直接进入福特公司的主机配套市场。Rockford项目:邀请Rockford公司相关专家到万向对生产工艺过程进行全面的评审,并形成相关改进意见和建议。万向依据这些意见和建议,极大提高了工厂热处理工艺的水平以及质量控制的能力。万向集团技术创新的发展历程与主要现状如下图6-5所示:

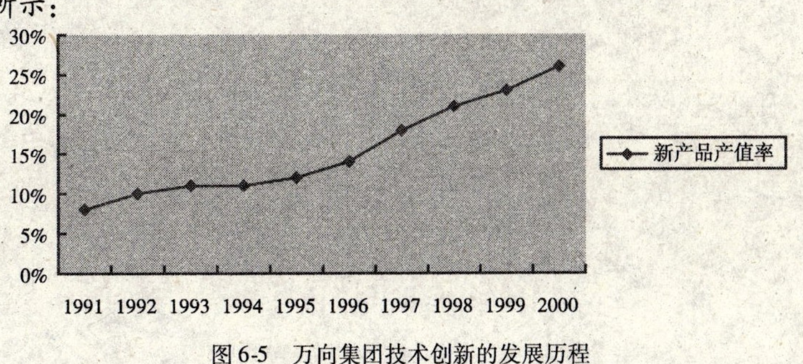

图6-5 万向集团技术创新的发展历程

目前，万向拥有员工近万名，资产过50亿，成为国家120家试点企业集团和520户重点企业中惟一的零部件企业。也是机械工业十大杰出企业和企业技术创新示范工程试点企业之一。正是得益于不断创新这条道路，万向三十年实现了跨越式发展。70年代，实现了日创利润1万元；80年代，日创利润10万元；90年代，实现日创利润100万元。

参考文献

1 周三多.《管理学》——原理与方法(第三版),上海:复旦大学出版社,2003
2 单宝玲.《现代企业管理原理》.天津:天津大学出版社,1999
3 许庆瑞.《管理学》.北京:高等教育出版社,2002
4 戴庚先.《现代企业管理》.北京:电子工业出版社,2002
5 项保华.《企业战略管理——概念、技能与案例》.北京:科学出版社,1994
6 汪克夷.《管理学》.大连:大连理工大学出版社,1998
7 刘冀生.《企业经营战略》.北京:清华大学出版社,2000
8 [美]哈罗德·孔茨等.《管理学(第九版)》.北京:经济科学出版社,1993
9 [德]F·X·贝阿等.《企业管理学(第一、二卷)》.上海:复旦大学出版社,1996
10 张承跃.《中国企业经营与管理案例》.北京:经济管理出版社,2000
11 胡君辰等.《人力资源开发与管理》.上海:复旦大学,1999
12 余凯成.《人力资源开发与管理》.北京:企业管理出版社,1997
13 [美]J·P·科特.《现代企业的领导艺术》.北京:华夏出版社,1997
14 王芳华.《现代企业管理》.上海:复旦大学出版社,1996
15 [美]F·W·泰勒.《科学管理原理》.北京:中国社会科学出版社,1985
16 [法]H·法约尔.《工业管理和一般管理》.北京:中国社会科学出版社,1985
17 沈树盛、安庆国.《汽车维修企业管理》.北京:人民交通出版社,2004
18 胡建军编著.《汽车维修企业创新管理》.北京:机械工业出版社,2002
19 刘焰主编.《汽车配件及营销专门化》.北京:人民交通出版社,2003
20 吴照云主编.《管理学原理》.北京:经济管理出版社,2001 年版
21 张绍学等著.《现代管理基本理论和方法》.成都:四川大学出版社,1999 年版
22 戴庚先主编.《现代企业管理》.北京:电子工业出版社,2002 年版